주제 통합 수업,

아이들을 수업의 주인공으로!

주제
통합
수업,
아이들을 수업의 주인공으로!

초판 1쇄 발행 2014년 3월 28일
2판 5쇄 발행 2020년 2월 28일

지은이 이윤미·서정아·노현주·정남주·이우익·이길화·하늘빛·박미영·원혜진·송민주·박현혜·정광순
펴낸이 김승희
펴낸곳 도서출판 살림터

기획 정광일
편집 조현주
북디자인 시아
그림 이태수

인쇄·제본 (주)현문
종이 월드페이퍼(주)

주소 서울시 양천구 목동동로 293, 22층 2215-1호
전화 02-3141-6553
팩스 02-3141-6555
출판등록 2008년 3월 18일 제313-1990-12호
이메일 gwang80@hanmail.net
블로그 http://blog.naver.com/dkffk1020

ISBN 978-89-94445-73-1 13370

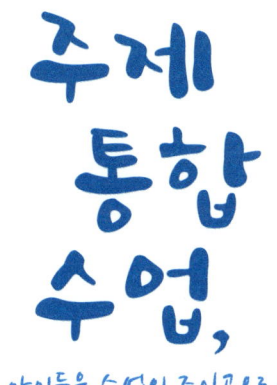

주제
통합
수업,

아이들을 수업의 주인공으로!

이윤미 · 서정아 · 노현주 · 정남주 · 이우익 · 이길화
하늘빛 · 박미영 · 원혜진 · 송민주 · 박현혜 · 정광순
지음

살림터

열 사람의 한 걸음이 모두의 첫걸음이 되기를……

정광순_한국교원대학교 교수

　몇 해 전 제자를 통해 전주 신동초등학교에 만들어진 '학습공동체'를 알게 되었다. 2010년도부터 서너 명의 교사가 교육과 수업 관련 책을 읽고 이야기를 나누면서 모이기 시작했다. 그리고 다음 해 열 명의 교사가 참여했고, 함께 수업을 바꾸어 보기로 했다. 2011학년도를 시작하면서 모두 5학년을 신청하고 학생에 맞는 수업을 만들어서 실천하기 시작했다.

　그들의 실천은 교과서를 들여다보고, 교과서를 재구성하면서 출발했다. 처음 교과서 재구성은 주어진 교과서에서 버릴 수 있는 것을 선택하고, 집중해야 할 것을 찾는 것이었다. 신동초 5학년의 학습 스타일과 공부 정도에 맞는 것으로 바꾸어 보는 것이었다. 또 신동초등학교의 연간 학교교육 일정에 맞춰 교과서 단원의 순서를 조정하는 것이었다. 이렇게 하다 보니 5학년에 주어진 10개 교과를 횡적으로 보게 되었고, 서로 관련 있는 교과 단원들을 볼 수 있게 되었다. 10명의 교사가 관련 지어 본 몇 개 교과 단원을 하나의 '주제'로 묶었다. 그리고 이런 주제를 중심으로 만들 수 있는 교과통합수업을 만들었다.

　10명의 교사들은 이렇게 함께 생각하고, 아이디어를 내고, 계획하고, 계획한 것을 공유하고, 아이들이 참여하면서 계획을 수정하면서 실행하고, 실행한 것을 기록했다. 힘들지만 좌절하지 않고, 포기하지 않았다. 그리고 2013학년노 6학년에서 다시 만났다. 인근 학교에서 소문을 듣고 찾아온 교사 세 명도 합류했다. 2102학년도 5학년에서 한 것을 거울삼아 또 그렇게 1년을 노력했다.

이 책은 그들이 2013학년도에 만든 '신동 6학년 교육과정'을 그들의 손으로 있는 그대로 담아 낸 것이다. 그들이 학년 초 6학년 교육과정을 어떻게 편성했는지, '지구', '행복한 경제', '나는 시민이다', '세계 여행'이라는 통합교육과정을 어떻게 개발하여 실행했는지를 보여 주고 있다.

어느 분야든 해당 분야의 발전과 전문성이 강한 분야는 분야 내에 전문 학습공동체를 많이 가지고 있기 마련이다. 동 분야의 전문가들이 함께하는 학습공동체는 집단 지성을 발휘하기 때문에 개인과 집단 모두에게 유익하다. 개인의 전문성과 집단의 전문성에 대한 자생력과 자기 정화력을 스스로 구축하기 때문이다.

전주 신동초등학교 '열 사람의 한 걸음'은 수업의 두 주인공인 교사와 학생이 행복할 수 있는 수업을 위해 모인 교사라는 전문가들의 학습공동체이다. 이 공동체를 통해서 그들은 서로 기대서 스스로 할 수 있는 만큼씩 해마다 자신의 수업을 공부하고 자신의 수업을 바꾸어 가고 있다. 교육과정과 수업을 연구하는 학자로서 나는 그들이 어떤 과정으로 교육과정에 대한 능력을 만들어 가는지를 지켜보고 도움을 주고 있다. 그들은 교육 실천과 경험 안에서 교육과정에 대한 문해력을 획득해 가고 있었다. 나는 그들의 행보를 지도로 그리는 중이다. 이 지도가 교사의 교육과정과 수업에 대한 전문성을 성장시키는 경로와 원리를 찾게 해 줄 수 있지 않을까 해서 여러모로 궁리 중이다.

아마도 이 책은 교육과정에 관심 있는 교사들이 주로 읽을 것이다. 이 책은 자신의 통합교육과정을 개발하거나, 자신이 맡은 학생에게 맞는 수업을 만들고 싶어 하는 교사에게 스스로의 관심을 발견하고 발전시키도록 하는 데 도움을 줄 것이다. 나아가서 뜻 맞는 교사들이 모여 원하는 학습공동체를 꾸릴 수 있는 용기를 갖게 해 줄 것이다.

'협력과 나눔'의 실천에 박수를……

김승환_전라북도교육감

『주제통합수업, 아이들을 수업의 주인공으로!』는 전주 신동초등학교 교육과정 재구성의 결과물입니다.

많은 사람들이 말합니다. 수업을 바꾸어 보자고. 하지만 정작 수업을 바꾸는 진지한 노력을 하는 경우는 많지 않습니다. 무엇을 위하여 수업을 바꾸는가? 그것은 수업과 학습의 즐거움을 얻기 위해서일 것입니다. 같은 일이라도 즐거움을 갖고 하면 일하는 맛도 느끼고, 재미도 있고, 그 일을 통해서 얻은 경험도 오래 기억에 남습니다.

이와는 반대로 수업과 학습에 대한 목적의식이 명확하지 못하고, 어제나 오늘이나 단순한 지식 주입과 암기에 몰두하고, 점수 비교를 하면서 자신을 다그치는 수업과 학습에서 즐거움을 찾기는 어렵습니다.

우리가 핀란드의 교육을 선망의 대상으로 삼는 이유는 핀란드 학생들의 학업성취도가 높아서가 아니라 행복지수가 높기 때문입니다. 핀란드 학생들은 학업성취도가 높아서 행복한 것이 아니라, 행복하게 공부하기 때문에 학업성취도가 높은 것입니다.

전주 신동초등학교 주체통합수업 만들기는 그래서 많은 사람들의 주목을 받을 수밖에 없는 수업입니다. 방법론과 지향점도 선명합니다. 동 학년 교사들 간의 협력과 나눔을 방법론으로 선택했습니다. 지향점에 도달하기 위해서 반드시 선택해야 하는 방법론이지만, 그렇게 해야 한다는 것(당위론)과 현실적으로 하고 있는 것(실재론)이 반드시 일치할 수 있는 것은 아닙니다. 그런 점에서 신동초 6학년 선생님들의 수업에 관한 협력과 나눔의 실천은 매우 값진 것입니다.

아이들은 수업 시간에 학습을 하면서 많은 것을 알게 됩니다. 하지만 아는 것에서 멈추어 서는 것은 아이들의 삶에 아무런 도움도 주지 못합니다. 아이들이 학습을 통해서 알게 된 지식을 자신들의 삶에 유기적으로 연결시킬 수 있을 때, 아이들은 더욱더 지적 호기심을 높여나가게 될 것입니다.

신동초 주제통합수업의 지향점은 바로 아는 것과 살아가는 것의 연결이었습니다. 예를 들어 국토대장정을 주제로 하는 경우 우리 국토의 위치와 영역을 그저 지식으로 암기하는 것에서 그치는 것이 아니라, 그러한 지식을 토대로 지형도를 만들고, 특색 있는 신문을 만들고, 인구 분포의 특징을 탐구하는 작업을 수행한 것입니다.

신동초 주제통합수업은 정적인 학습에서 동적인 학습으로, 고정적인 학습에서 유동적인 학습으로, 지식 전수 학습에서 지식 활용 학습으로, 교과서에 묶이는 학습에서 교과서를 뛰어넘는 학습으로 차원을 바꾼 학습이라고 말할 수 있습니다. 한마디로 아이들의 의식 속에 침전되는 지식이 식물상태의 지식에서 살아 움직이는 지식으로 바뀌게 된

깃입니다.

　이 책은 2012~2013년 신동초 2년간의 주제통합수업의 기록물이자, 교사와 아이들이 수업과 학습을 놓고 하나가 되어 이룩해 놓은, 다이아몬드의 가치와도 비교할 수 없는 소중한 저작물입니다.

　19년간 독일 비스바덴의 헬레네 랑에 학교Helene-Lange-Schule에서 교장직을 수행했던 에냐 리겔은 그의 저서 『꿈의 학교, 헬레네 랑에』에서 이렇게 말합니다.

　　하라고 한 대로만 움직이는 꼭두각시가 아니라, 자기가 맡은 학생들과 그 학년, 그리고 학교 전체를 위해 무엇이 최선인지를 함께 생각하고 고민하며 결정하는 교사야말로 모두에게 큰 힘이 된다.

　신동초 주제통합수업을 이끌어 온 선생님들 그리고 선생님들의 가르침에 잘 따라 준 학생 여러분들께 격려의 박수를 보내드립니다.

함께 꾸는 꿈은 현실이 된다!

이윤미

"그게 가능해?", "너무 거창해 보여서 우리는 못 하겠다." 주변으로부터 종종 듣는 말이다. 우리가 하는 교육과정 재구성 작업이 무척 어려워 보이나 보다. 정작 우리는 진도 나가기 식 수업에서 벗어나 여유롭게 교육과정을 운영하고 있는데 말이다. 동 학년 회의를 좀 많이 하기는 하지만 쉬는 시간이면 어김없이 연구실에 모여 수다를 떠는, 퇴근 시간은 엄격히 지키는 너무도 평범한 교사들이다. 뭔가 대단한 사람들이겠지 하는 오해를 하지 말고 읽어 주셨으면 좋겠다. 교과서의 권위로부터 벗어나려는 용기만 있다면 그 누구라도 가능하다.

2년이라는 짧은 시간 동안 나름의 변화와 성과를 만들어 낼 수 있었던 비결은 동 학년 교사들 간의 '협력과 나눔'이었다. 함께 방법을 고민하고 해결해 나가면서 집단지성이 발휘되었고, 한 사람이 자료 한 개를 만들면 열 개가 되는 '도깨비방망이'를 갖게 되었다. '협력과 나눔'은 든든한 우리의 원동력이자 버팀목이 되었고, 계획에서 실행에 이르기까지 하나가 되어 움직이는 경험은 기대 이상의 연대감을 갖게 했다.

아이들이 학교에서 보내는 시간 중 대부분은 수업이다. 당연히 수업이 즐겁고 행복해야 학교에 가고 싶을 것이다. 그러나 많은 학생들에게 수업 시간은 참고 견디는 시간이다. 쉬는 시간에 친구들과 놀기 위해 학교에 간다는 아이들도 있다. 당연한 결과이다. 너무 많은 교육 내용,

일방적 지식 전달 방식의 수업, 암기 위수의 평가는 아이들을 지치게 하고 있다.

교사들도 마찬가지다. 시도 때도 없이 바뀌는 교육과정, 교과서, 진도 나가기 식 수업으로 인해 함께 지쳐 가고 있고 아이들의 힘겨움을 바라볼 수밖에 없음에 자괴감을 느끼고 있다. 우리 '열 사람의 한 걸음'은 이런 현실을 극복해 보고 싶었다. 아이들도 즐겁고 교사도 즐거운 수업! 특히 아이들이 주인공이 되는 수업을 만들고 싶었다. 조연처럼 앉아 있는 수업에서 벗어나 진정 학습의 주체가 되는 수업을 만들고 싶었던 것이다.

수업을 바꾸기 위해서는 아이들의 눈높이에 맞춰 교육과정을 재구성하고, 왜곡된 평가를 본연의 위치로 바꾸는 일이 선행되어야 한다. 그러나 이런 일들을 혼자 해내기는 쉽지 않다. 동 학년이 9개 학급이나 되는 큰 규모의 장점을 살려 교육과정, 수업, 평가를 바꾸는 데 집중했다. 그동안 어떻게 가르칠 것인가에 대한 고민은 많이 해온 반면 무엇을 가르칠 것인가, 왜 가르치는가에 대한 고민이 상대적으로 적었다는 사실에 주안점을 두고 변화를 시도하였다.

교과지식과 삶의 관련성이 멀어져 '앎'과 '삶'이 괴리되는 현상을 극복하기 위해 전 세계적으로 나타나고 있는 현상이 바로 '주제통합'이다. 초등학교 시기의 아이들이 배우고 싶어 하는 것은 '교과'가 아니라 '주제'이기 때문이다. 아이들은 지식 중심의 교과를 가르칠 때보다 그들이 경험하는 구체적 주제들을 가르칠 때 더 잘 배운다. 또한 주제를 중심으로 중복된 내용을 통합하면 여유 시간을 확보하여 다양한 활동 중심의 수업을 만들 수 있다. 우리는 교과 교육과정을 중심으로 편성하여 진정한 배움이 일어날 수 있도록 활동 중심의 수업을 설계하였다. 그 결과 수업 시간에 멍하니 앉아 있는 아이들이 현저히 줄었고, 자신이 직접 경험한 활동이기에 서술형 평가 시간에도 자신의 생각을 적을 수 있는 아이들이 많아졌다.

이렇게 탄생한 교육과정은 '배려와 협력', '소통'에 초점을 두어 실행되었다. 경쟁을 걷어 낸 평화로운 분위기에서 생활하면서 아이들은 조금씩 변화되기 시작했다. 초등학교 고학년이 되면 학교 폭력, 배움에 대한 부정적 생각이 존재하는데 우리 신동초 아이들은 작은 다툼, 이 시기 특유의 몰려다니는 현상을 제외하고는 몸도 마음도 건강하게 잘 자라고 있다. 제일 주목할 만한 성과는 아이들이 이구동성으로 수업 시간이 재미있어졌다고 말하는 것이다. 주제통합수업을 아이들이 무척 좋아하는데, 그 이유가 자신들의 활동이 중심이 되기 때문이라고 말한다.

이러한 교육과정과 수업을 변화시킬 수 있었던 건 평가권이 온전히 담임교사에게 있었기에 가능했다. 사실 평가만 바꾸어도 수업이 저절로 바뀐다. 일제식 암기 평가를 그대로 둔 채로 수업만 바꾸는 것은 진정한 의미의 변화를 만들 수 없다. 수업과 평가를 분리하지 않는 것이 이상적이지만, 갑작스런 변화는 무리가 있을 듯하여 중간고사를 없애고 기말고사에 서술형 평가를 도입하는 것부터 시작했다. 선다형을 지양하고 재구성된 교육과정을 반영한 사고력 중심의 서술형 평가를 만들었다. 좌충우돌하며 시작된 서술형 평가는 2년째에 접어들면서 조금씩 발전하고 있다. 아이들과 교사 모두 평가 시간을 배움의 연장으로 인식한 후로 평가 스트레스가 별로 없다. 학생들은 좋은 점수를 올리기 위해 교과서를 구석구석 외워야 할 필요도 없고, 교사들은 누군가를 선발, 변별하기 위해 문제를 어렵게 낼 필요도 없다. 평가 시간은 수업 시간에 했던 활동들을 떠올리며 자신의 생각을 정리하는 시간이다. 평가 결과는 아이들의 현재를 진단하고 다음 수업을 설계하는 데 소중한 자료가 된다.

이렇게 재구성된 교육과정, 수업, 평가를 부족하나마 세상에 내놓게 되었다. 한편으로는 자랑스럽기도 하고, 한편으로는 부끄럽기도 하다. 그나마 용기를 낼 수 있었던 건 초등 교사의 실행 경험들은 조금은 미흡하더라도 서로 공유되고 확산되어야 한다는 생각에서였다. 다소 서툰 경험일지라도 서로 나누고 고민해 보는 과정을 통해 더 나은 초등 교육을 만들 수 있다고 믿는다. 이 책이 '교과서 진도'에 허덕이고, '교과서의 권위'에 압도되고 있는 선생님들에게 작은 파문이라도 일으켜 교육과정의 진정한 주인으로 거듭날 수 있게 하는 계기가 되었으면 좋겠다.

'혼자 꾸는 꿈은 그저 꿈이지만 함께 꾸는 꿈은 현실이 된다.'는 말처럼 우리 '열 사람의 한 걸음'이 꾸는 꿈은 조금씩 현실이 되어 가고 있다. 우리가 내디딘 한 걸음! 작지만 소중한 이 성과가 여러 선생님들에게 널리 퍼져 희망을 만드는 씨앗이 되기를 소망해 본다.

개정판을 내면서

『아이들이 수인공이 되는 주제통합수업』이 출간된 지 7개월이 되었는데 벌써 개정판을 내게 되었다. 이렇게 빨리 새 책을 준비하게 된 것은 우선 이 책을 찾아준 독자들 덕분이다. 그리고 2015년도부터 5, 6학년 교과서가 바뀌기 때문이다. 몇 년 전 6학년 교육과정에 있던 역사가 5학년으로 내려가면서 같은 내용을 두 번 배우게 된 아이들, 보조 교과서로 대충 배우는 아이들이 생겨났다. 학교 현장은 그야말로 아수라장이었고 그 피해는 고스란히 아이들에게 돌아갔다. 그런 혼란이 있고 얼마 지나지 않았는데 내년부터는 역사를 5학년 2학기와 6학년 1학기에 걸쳐서 배우게 된다고 한다. 한숨만 나온다. 우리나라처럼 교육과정이 수시로 개정되는 나라가 또 있을까? 백년지대계라는 교육을 이렇게 근시안적으로 바꾸어도 된단 말인가?

지금 논란이 되고 있는 2015 개정 교육과정도 문제투성이다. 교과서에 한자가 같이 등장하고, 안전 교과가 신설되어 1~2학년 수업 시수가 늘어난다. 국어 시간에 잘 지도하고 있는 연극을 뜬금없이 대단원으로 개설하라 하고, 실과 시간에 소프트웨어 기초 소양 17시간을 편성하라고 한다. 초등학생에게 어떤 소프트웨어 교육을 시키라는 이야기인지 도대체 모르겠다. 1~2학년의 수업 시수를 줄여도 부족할 판에 오히려 늘리겠다니…… 학교 현장의 반응은 매우 부정적이다.

그러나 교육부는 교사들의 의견에 아랑곳하지 않는다. 어떻게 이렇게까지 교사들의 의견을 무시할 수 있단 말인가! 하지만 그리 놀라운 일도 아니다. 교원 평가, 성과급, 교육과정 개정 등 그 어떤 정책도 교사들의 의견을 반영하고 있지 않다. 어떤 철학이 반영되어 있는지, 일관성이 있기는 한지 도무지 알 수가 없다. 언제까지 이런 교육과정 개정을 반복해야 할지…… 교사들 사이에서는 교육부가 해체되어야 교육이 산다는 말까지 돌고 있다. 언제쯤 정부와 정치적인 외압에 굴복하지 않는 사회적 교육과정위원회를 만들 수 있을까?

이런저런 복잡한 생각으로 개정판을 내게 되었지만, 내심 우습기도 하다. 교육과정이 개정되건 말건, 교육 내용이 어느 학년으로 이동하든지 간에 흔들리지 않는 중심축이 되는 것이 '교육과정 재구성'이기 때문이다. 경제 부분이 6학년에 있건, 5학년으로 내려가건 간에 우리 반 아이들의 발달 단계에 맞게, 그 내용이 지니는 가치를 담아 얼마든지 교사 수준에서 재구성해서 가르칠 수 있기 때문이다. 교과서는 하나의 자료일 뿐이고, 교육과정과 교과서를 기반으로 자신이 가르치는 학생들에 맞게 교사 나름대로의 자율권을 펼쳐 가는 것이 진정한 교육이라 생각한다.

우리 '열 사람의 한 걸음'이 만들고 실천하는 교육은 외적인 압력과 변화에 민감하지 않은 뚝심 있는 교육이다. 교육과정을 개정하고, 교과서를 바꿔도 움찔하지 않는다. '어떻게 가르칠 것인가'에서 벗어나 '무엇을, 왜 가르치는가'를 고민하는 교사는 나약함에서 벗어나 튼튼한 교육을 만들 수 있다. 우리는 이런 교육관을 갖고 연구자적 자세로 교육과정을 연구, 개발하고 있다.

다행히 2012년 5학년에서 실천했던 교육과정이 있었기에 2개 학년에 걸친 개정판을 만들 수 있었다. 서투른 우리의 실천을 기록으로 담다 보니 세상에 내놓기 부족한 부분이 많다. 이 책을 읽는 분들이 우리의 성과물에서 아이디어를 얻어 더 나은 교육과정을 만들고 실천하셨으면 하는 바람을 가져 본다.

2014년 10월
열 사람의 한 걸음

차례

1장

교육과정 재구성을 위한 첫걸음!

아이들에게 삶을 주자.
교과서 외워서 점수 따기를
경쟁으로 시키는 것은 삶이 아니다.
삶이 없는 교육은 교육이 아니다.
_이오덕

2011년 겨울, 학교 선생님들과 독서 모임을 하며 학교 혁신에 대해 고민하던 중에 '우리 학교에서도 뭔가 실천해 보자!' 하는 생각을 하게 되었다. 혁신학교도 중요하지만 보통학교에서 학교 혁신을 만들어 내는 것도 중요하다는 생각으로 5학년에서 모이기로 결정하였다. 우리의 계획을 여기저기 소문을 낸 결과 함께하겠다는 선생님들이 하나둘 늘어 갔다. 이렇게 뭉친 우리 '열 사람의 한 걸음'은 겨울방학 동안 5학년 교육과정을 분석하는 작업을 시작했다. 도시의 대규모 학교에서 학교 혁신을 시도하는 것은 또 하나의 도전이라며 지지해 주시는 선생님들도 계셨고, 속도와 보폭의 조정이 필요하다며 걱정해 주시는 선생님들도 계셨다. 그 말씀들을 마음에 새기며 '혁신이 너무 어려워서는 안 된다.', '할 수 있는 만큼만 하자.' 등의 원칙을 세웠다. 적당히 어렵지만 적당히 쉽기도 한 수준에서 길을 만들어 가기 시작했다. 동 학년 교사가 많다는 장점을 살려 교육과정, 수업, 평가를 바꿔 보는 것에 무게를 두었다. 그렇게 시작된 우리의 실천은 그 이듬해에도 계속되었다. 2년의 시간이 흐른 지금, 우리가 어떤 길을 걸어왔는지 발자취를 더듬어 보았다.

1. '교육과정' 바로 보기

초등학교 교사에게 '교육과정'이란 무엇일까? 국가에서 제공하는 교육과정 문서? 아니면 학년 초 연구부장이 제본해서 주는 책자? 우리는 일단 교육과정을 무엇으로 규정할 것인가를 협의했다. 그동안 읽었던 책들을 다시 찾아보며 교육과정을 재개념화했다.

사토 마나부[1] 교수는 교육과정을 배움의 경험에 대한 '디자인', 배움의 경험을 창조하는 '교사의 실천', 배움의 경험에 대한 '성찰과 평가'라고 말한다. 이상우[2]는 특정한 교육목적을 달성하기 위하여 시행하는 모든 계획과 활동을 포괄하는 개념, 즉 교육 목적을 결정하고 교육 내용을 선정·조직하며, 교육의 방법·결과를 평가하는 절차까지 포함시켜 '왜, 무엇을, 어떻게'에 대한 모든 것이라고 말한다. 초등교육과정연구모임[3]은 아이들의 전면적 발달을 위한 청사진이고, 교육과정을 구체화시킨 참고자료가 교과서이며, 교육과정 낱낱 흐름들이 교수-학습이라고 말한다.

우리는 위의 정의들을 토대로 교육과정은 '교사의 계획을 바탕으로 아이들과 함께 실천해 가는 기록이고, 지속적으로 만들어 가는 것'이라 규정하고, 아이들의 성장과 발달을 이끌어 낼 수 있는, 아이들의 '삶'과 '앎'의 간격을 줄일 수 있는 교육과정을 만들기 시작했다.

1. 사토 마나부 지음, 손우정 옮김, 『수업이 바뀌면 학교가 바뀐다』, 에듀니티, 2011.
2. 이상우, 『협동 학습, 교사를 바꾸다』, 시그마프레스, 2012.
3. 초등교육과정연구모임, 『행복한 혁신학교 만들기』, 살림터, 2011.

2. 교육철학, 아동관 바로 세우기

교육 활동의 길잡이가 되는 철학과 아동관을 바로 세우고 가치관을 공유하는 것이 중요했다. 우리 안에서 생각의 차이를 줄이는 좋은 방법은 독서 모임이었다. 책읽기를 통해 생각을 나누면서 조금씩 의견을 모을 수 있었다.

우리 교육의 가장 큰 문제로 학생들의 배움에 대한 자발성 결여, 협력적 태도 부재 등을 들 수 있다. 이러한 문제점을 극복하는 것을 최우선의 가치로 삼고, 이오덕, 프레네, 사토 마나부, 뉴이 등의 책을 읽으며 목표를 명확히 세워 나갔다. 그중에서도 '아이들을 숨 쉬게 하고, 오늘을 살게 하자'는 이오덕[4]의 철학을 가장 밑바탕으로 삼았다. "아이들에게 삶을 주어야 하며, 모든 교과 지도는 삶을 부대끼며, 삶과 관련지어서 해야만 참교육이 될 수 있다."는 선생님의 말씀을 새기며 '아이들을 살리는 삶의 교육'에 가까이 가고자 노력하기로 했다. 그동안 독서와 토론을 통해 서로의 철학과 아동관을 바로 세우는 과정을 거쳤기에 순풍에 돛 단 듯 순항할 수 있었다.

3. 교과서 신화에서 벗어나기

초등 교사에게 교과서는 성경Bible과 같은 존재다. 교과서에 나오는 내용을 빠짐없이 가르치고 평가하려는 경향이 강하다. 교과서의 권위에 압도되는 분위기라 할 수 있다. 그러나 교과서는 하나의 자료일 뿐이다. 교과서로만 가르치는 것에서 벗어나 교과서를 통해 가르치는 것

---

4. 이오덕, 『내가 무슨 선생 노릇을 했다고』, 삼인, 2011.

이 필요하다.

먼저 자주 바뀌는 교육과정과 교과서, 교과서의 과도한 양, 높은 난이도 등 악명 높은 교육과정과 교과서가 발생시키는 문제점을 바로 보는 것이 필요했다. 교육과정상의 목표를 먼저 살펴보고 교과서가 교육과정에 따라 잘 집필되었는지 비판적으로 바라보는 작업부터 시작하였다. 각 교과의 성취 기준을 뽑아 각자의 책상에 붙여 놓고 재구성 회의 때마다 기준을 확인하며 교육의 양과 난이도를 조정하였다. 아이들의 수준에서 이해할 수 없는 지식 위주의 내용을 과감하게 제외하니 시간의 여유가 생겨 다양한 교육 활동을 계획할 수 있었다.

이러한 과정 속에서 "보통교육의 목표에 맞게 교육 내용을 구성해야 한다.", "교과별로 최소 필수 학습 요소를 정선하여 교육 내용을 적정화해야 한다.", "고학년에서도 과목 통합성을 높여 과목 수를 줄여야 한다."는 주장들에 더욱 공감할 수 있었다.

4. 평가를 본연의 위치로!

평가가 수업에 미치는 영향력은 매우 크다. 국가수준학업성취도 평가, 시·도 단위의 도학력평가와 같은 일제고사를 보는 한 교육과정의 재구성은 요원하다. 이러한 평가로 인한 '진도 나가기 식' 수업은 아이들, 교사 모두의 창의력을 빼앗아 버린다.

평가를 일제식 시험과 동일하게 생각하는 문화와 줄 세우기 위주의 평가로 인해 평가 본연의 기능이 희미해져 버렸다. 아이들은 짧은 시간 동안 많은 지식을 외우고 빠른 속도로 잊어버린다. 외우기 중심의 시험으로 인해 아이들은 공부의 즐거움을 느끼지 못한 채 배움과 담을 쌓고 있다. 성적이 나쁜 아이들은 열등감에 시달리고, 성적이 좋은 아이들도 나름의 불안감에 시달린다. 누구를 위한 평가인지 모르겠다.

평가가 가진 본연의 기능을 되찾아야 한다. 평가는 성적 산출로 줄을 세우는 것이 아니라 학생 개개인이 교육 목표에 도달할 수 있도록 도와주는 교육과정 운영의 일부이다. 교육 목표 도달을 돕기 위해서는 가르친 교사가 평가하고, 교육과정과 평가를 분리하지 않아야 한다. 교육과정과 평가에서 교사의 자율성을 보장할 때 비로소 교사의 전문성이 발휘되고, 그 전문성은 학생들이 질 높은 교육을 받을 수 있는 밑거름이 된다. 또한 가르치는 도중에 필요에 따라 수시로 평가하고 다시 수업에 반영하여 수입의 질을 높이는 것이 중요하나. 이를 위해 가장 먼저 해야 할 일은 도학력평가, 내부형 일제고사인 중간·기말 평가를 폐지하는 것이다. 나아가 절대평가,[5] 발달적 평가[6]를 도입해야 한다.

그러나 일반 학교인 신동초등학교에서 우리가 할 수 있는 평가 개선책은 한계가 있었다. 일단 중간고사를 없애고 기말고사만 실시하고, 기말고사는 서술형 문제를 도입하는 것으로 시작하였다. 평가에 예민한 학부모들을 설득하는 것이 중요했다. 안내장, 총회, 가정방문을 통해 암기력을 평가하는 것보다 고등사고 능력을 평가하는 것이 더 중요하다고 강조했다. 창의력 및 인성 교육을 위한 평가 방법 개선은 서술형 평가[7]의 확대와 수행평가의 내실화를 통해 이루어질 수 있다고 학부모님들을 설득한 결과, 현재는 다수의 부모님들이 이를 지지하고 있다.

평가에 대한 생각을 바꾸어 나가면서 우리 아이들과 선생님들에게 평가 시간은 소중한 배움의 시간이 되었다. 점수를 주고 서열을 매기

---

5. 타인과의 비교가 아니라 교육과정과 교사가 정한 기준의 충족 여부를 평가의 잣대로 삼음.
6. 질적 측면을 기술하고, 인지적 측면만이 아닌 정서적, 사회적 측면까지 포함, 지필 평가 위주보다는 발달과정을 관찰을 토대로 평가하고, 평가 결과는 전면적 발달을 위한 처방으로 활용.
7. 서술형 평가: 서답형 중 단답형과 완성형을 제외한 문항으로서 학생들로 하여금 주어진 문제에 대해 자신의 생각을 구성하고 이를 글로 표현하도록 하는 문항 유형.

는 평가의 시간이 아니라 그 시간 동안 내 자신을 돌아보는 값진 시간이다. 평가시간을 통해 아이들에게 배움이 일어난다면 그 자체로 의미 있다는 걸 깨달은 것이 가장 값진 경험이라고 말하는 쌤도 있다. 아이들도 평가로 인해 스트레스를 받지 않으니 학교생활을 더 즐거워한다. 신동초등학교의 평가 시간은 자신들이 했던 활동을 떠올리며 그 속에서 느꼈을 여러 가지 생각들을 정리하는 시간이다.

5. 교사부터 협력하자!

성열관[8]의 연구에 의하면, 혼자 하는 방식의 연수와 연구보다 함께 하는 방식의 집단지성 함양이 더 빠르고 효과적이라고 한다. 또한 교사들이 연수를 받았다고 해서 그 결과가 곧 태도나 신념의 변화로 이어지는 것이 아니라, 학교 현장에서 그것의 효과를 체험했을 경우에 변화로 이어진다고 한다.

우리 '열 사람의 한 걸음'은 동료와 협력하지 못하는 위축된 교사 문화를 극복해야만 학생들의 협력태도를 기를 수 있다고 생각했다. 함께 나누며 성장하는 교사가 되자는 약속으로 시작했는데, 물론 쉽지는 않았다. 대부분의 교사들은 학창 시절에 모범생이자 우등생이었을 가능성이 높다. 그리고 다른 사람과의 협력보다는 경쟁체제 속에서 살아남기 위해 개인적 스펙을 잘 관리해 왔을 것이다. 이러한 모범생들이 모여 있는 학교 문화는 그리 협력적이지 못하다. 솔직히 자신의 왕국인 교실에서 '나만 잘하면 된다는 생각'을 갖고 있는 교사들이 많은 게 현실이다. 엄기호[9]가 말하듯 교무실은 토론이 사라진 침묵의 공간이

8. 성열관·이순철, 『혁신학교』, 살림터, 2011.
9. 엄기호, 『교사도 학교가 두렵다』, 따비, 2013.

고, 교사들의 대화에 교육이 없다. 이런 교사 문화를 극복하고 싶었다. 학교에서 또는 학년에서 벌어지는 일들이 '교사 개인의 역량'으로 치부되는 현실을 바꿔 보고 싶었다.

함께 고민하고 서로에게 힘이 되고자 했던 우리의 노력은 좋은 결실을 맺고 있다. 우리들이 자신만의 색깔을 양보하고 하나가 되었던 경험을 병아리가 달걀 껍데기를 깨고 나오는 과정으로 비유해 보고 싶다. 때로는 함께 울고 함께 웃기도 했던 이 시간들을 통해 우리는 조금씩 성장해 왔다. 지금 이 순간도 티격태격하며 흔들리기도 하지만 더 나은 내일을 위한 약간의 시련들이라 생각하며 이겨 내고 있다.

작은 학교와 달리 큰 학교는 동 학년 교사들이 많아 수업 준비, 서술형 평가 출제, 각종 연구 등을 함께 나누어 함으로써 시간과 노력면에서 효율성이 높다. 또한 수업계획부터 실행까지 함께하고 있기에 서로에게 수업을 여는 것도 부담이 적다. 수업을 하고 난 후 미흡했던 점들을 보완·정리하면서 더 나은 수업을 설계한다. 이런 과정 속에서 교사의 수업 능력을 따지는 것은 별 의미가 없다. 이로써 수업 내용에 대한 고민을 더 많이 할 수 있고, 학습자의 경험과 성장을 관찰할 수 있다.

학교의 진정한 변화는 교사들의 변화로부터 온다. 교사들이 변해야 학교가 변한다는 것은 불변의 진리다. 교사문화의 변화는 서로 돕고 의지하고 나누는 과정에서 싹트는 것이 아닐까? 우리 '열 사람의 한 걸음'은 단지 교수-학습의 훌륭한 방법을 찾는 것에 몰두하지 않았다. 우리는 교육과정과 수업에 대한 실천적 연구를 하는 교사로 살아가는 것에 무게를 두고 협력적 교사 문화를 만들어 가고 있다.

2장

'삶'과 '앎'이 일치하는 교육과정 만들기

우리는 분과화된 교과에 대한 환상을 깰 필요가 있다.
교육은 삶이다. 삶은 관계이다.
아이들은 경험을 통해서 이해한다.

_Peter Abb

1. 왜 통합일까?

지난 20세기 학교의 교육과정은 점점 표준화되어 왔다. 그러나 표준화된 교육과정은 급변하는 사회에 유연하게 대처하지 못했고, 이는 '삶'과 '앎'이 괴리되는 현상을 낳았다. 이러한 상황을 극복하고자 하는 움직임 속에서 두드러지게 나타나고 있는 현상이 바로 '통합'이다.

우리나라는 일제식 수업, 교과서 중심 수업, 암기식 평가가 지배적이기에 잘 느껴지지 않지만 핀란드, 프랑스, 영국 등 세계 여러 나라의 교육과정과 수업은 활발히 변하고 있다. 그 중심에는 '통합'이 있고, 특히 초등학교에서는 주제를 중심으로 통합이 활발히 진행되고 있다.

초등학교에서의 주제통합교육이 활발히 진행되고 있는 이유는 무엇일까? 듀이[10]는 교과를 구성하고 있는 내용들은 원래 직접적 경험으로부터 추상화된 것이기 때문에 다시 경험으로 되돌아갈 때 참된 의미를 갖는다고 말한다. 즉, 아동의 경험을 중심으로 교과를 가르치지 않을 경우 교육 내용이 추상화되어 학습 동기가 결핍될 수 있다는 것이다. 이를 막기 위해 구체적이고 직접적인 경험 속에서 교육 내용을 '심

10. 존 듀이 지음, 박철홍 옮김, 『아동과 교육과정 경험과 교육』, 문음사, 2002.

리화'해야 한다고 듀이는 주장하였다.

아동의 경험에 따라 교육 내용을 '심리화'하는 최적의 방법으로 '주제 통합'을 꼽는 교사들이 많다. 왜 그럴까? 그 이유는 어른들이 가르치고 싶은 것은 '교과'이지만, 아이들이 배우고 싶어 하는 것은 '주제'이기 때문이다. 교과를 순서대로 가르칠 때보다 아동의 경험 세계의 구체적인 주제들을 대상으로 삼아 아이들이 배우고자 하는 것을 가르칠 때 진정한 배움이 일어난다. 이러한 주제를 충분히 학습했을 때 아이들은 교과의 세계를 알고 싶어 할 것이다.

주제를 중심으로 통합된 교육과정은 교과보다는 아동에 무게를 두고 있으며, 아동이 진정으로 원하는 것을 가르치기 위해서 교과의 계열을 중요하게 생각하지 않는다. 즉, 통합교육과정은 '교육 활동의 의미와 비중을 교과지식 그 자체에 두는 것을 거부하고, 학생 개개인의 경험과 내적 성장에 교과지식을 적극 활용하고자 하는 아이디어'라고 할 수 있다. 통합교육과정에서 교육이란 교사들이 교과 지식을 전달하면 학생들은 수동적으로 받아들이는 과정이 아니라, 교사와 학생이 능동적으로 가르치고 배우는 과정이다.[11]

통합교육과정의 관점은 초등교육과정에서 강조하는 '과정으로서의 교육' 이상과도 일치한다. 미래를 준비하는 '도구로서의 교육'이 아닌 '과정 그 자체'에 의미를 두는 것이다. 따라서 초등교육에서 통합을 더욱 적극적으로 도입하여 왜곡된 교과 교육의 본질을 살리려는 노력을 해야 할 것이다.

11. 정광순·홍영기·강충열, 『초등학교 통합교과 교육론』, 학지사, 2012.

2. 이렇게 만들었어요

2년에 걸쳐 실행된 대략의 과정을 정리해 보니 그림과 같다. 처음부터 이런 과정이 계획되었기보다는 실행 과정 속에서 변화되며 체계화되었다.

교육과정 분석부터 교과 재구성하기 단계까지는 교사의 활동이고, 학습하기부터 학생과의 활동이 시작된다.

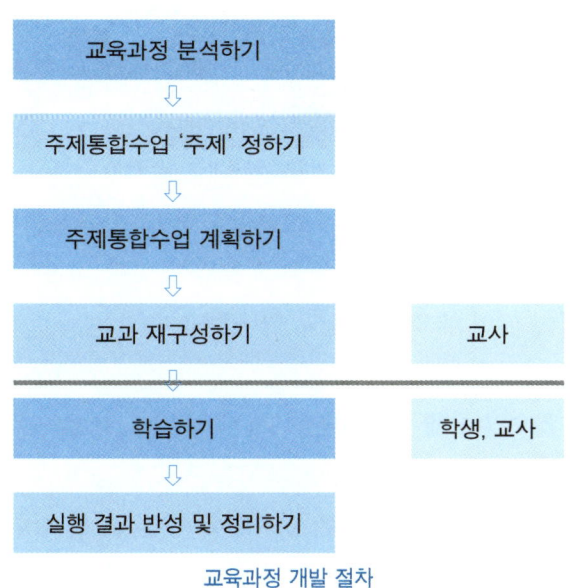

교육과정 개발 절차

① 교육과정 분석하기

교육과정 재구성은 되도록 학기가 시작되기 전 2월, 8월 말에 미리 분석하여 대략의 계획안을 짜 놓아야 한다. 그렇지 않으면 새 학기의 엄청난 업무 파도에 밀려서 시작도 못 해 보고 '진도 나기' 수업을 되풀이하기 쉽다. 재구성 작업에서 가장 중요한 것은 '교육 내용 덜어 내기'이다. 그래야 활동 중심의 교육과정을 만들 수 있는 여유가 생기기

2013년 2월 5, 6학년 교육과정 워크숍

때문이다. 이 과정에서는 국가 수준 교육과정 성취 기준을 기초로 하여 재구성하는 것이 중요하다.

② 주제통합수업 주제 정하기

교과서 내용에 기초한 주제, 탈교과적 주제 등을 다양하게 선정해 볼 수 있다. 우리의 경우 대부분 교과서에 근간을 둔 통합수업을 만들고 있으나 간혹 교과서의 내용과 별개로 통합수업을 만들기도 했다. 6학년 1학기 '전쟁과 평화' 통합수업을 그 예로 들 수 있다. 사회과 3단원은 근현대사로서 아이들이 어려워하는 단원이다. 제국주의가 기승을 부리던 19~20세기의 상황을 살펴보면 우리나라의 근현대사를 이해하는 데 도움이 될 거라 생각했다. 나아가 전쟁의 참혹함을 느끼고 평화의 필요성을 새겨보는 활동에 주안점을 두었다.

주제통합은 특정 교과나 단원만 적합하다는 편견을 버려야 한다. 발상의 전환이 이루어지면 거의 대부분의 교과 내용과 연계하여 통합적 주제로 탄생시킬 수 있다. 통합수업 주제는 대, 중, 소로 나누어 다양하게 정하는 것이 좋다. 길게는 5~6주, 짧게는 1주 정도로 진행되는데, 3~4주 정도의 통합수업이 아이들이 집중력을 이어 가고 심도 있는 학습을 하기에 좋은 것 같다. 우리의 경우 학기마다 2~3개의 통합수업을 계획하여 실행하고 있다. 2013학년도 6학년 1학기에는 친해지고 싶어, 행복한 경제, 지구 통합수업 3개를, 2학기에는 꿈 찾기, 나는 시민이다, 세계 여행 3개의 통합수업을 진행하였다(교과서 개편 이전 기준).

③ 주제통합수업 계획하기

주제통합수업 주제가 결정되면 교사들이 학생의 입장이 되어 미리 '잠정적 주제망'을 짜 보고 계획을 촘촘하게 만들어 놓는 것이 좋다. 교과서를 분석하여 통합수업 주제에 따른 소주제들을 만들어 보거나, 교과와 관련이 없더라도 학습했으면 하는 주제들을 넣어 다양하게 만들어 본다. 교사들이 미리 짜놓은 잠정적 주제망은 실제 아이들과 함께 주제망을 짜는 과정에서 또는 실행 과정에서 계속 수정되거나 첨삭된다.

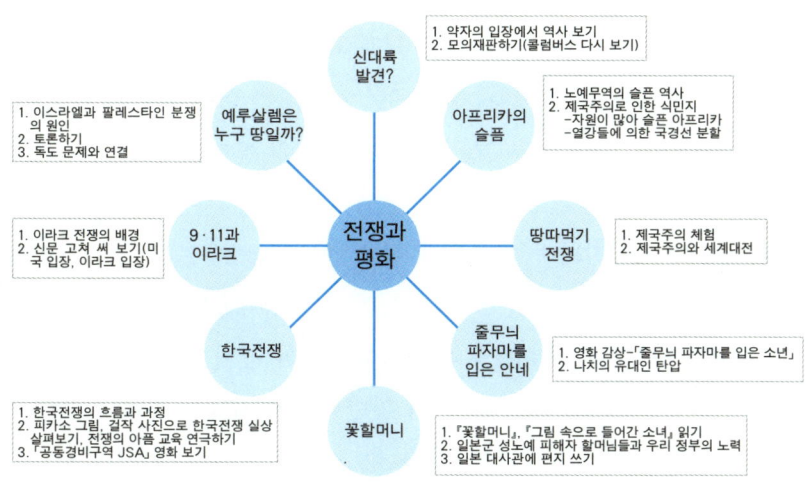

잠정적 주제망의 예

소주제를 계획할 때는 아이들이 좋아하는 주제를 정해서 자유롭게 학습하게 하는 것도 좋다. '지구' 통합수업의 '미스터리 지구'가 그 예이다.

④ 교과 재구성하기

통합수업 주제가 결정되면 그와 관련된 교과 내용을 정리한 후 그 외의 내용들을 적절하게 배치한다. 국어 교과의 경우 통합수업과 연계한 글쓰기, 뉴스 만들기, 기사 쓰기 등 도구교과로 활용되는 경우가 많아 국어과와 사회과의 통합이 가장 활발했다. 주제통합수업뿐 아니라 다른 교과들 사이의 통합도 적극적으로 실행하고 있다. 교과 내용을 줄이고 맥락적인 학습을 만들어 내는 데 통합만큼 좋은 것이 없기 때문이다. 다른 교과도 조금만 고민하면 엮어 낼 수 있다. 2013학년도 6학년 2학기 교육과정은 앞의 표와 같다.

⑤ 학습하기

학기가 시작되면 아이들과 함께 전체 학습의 순서, 방향 등에 관해 이야기를 나누며 '교과서는 하나의 자료다.'라는 사실을 이야기한다. 그러나 교사뿐 아니라 학부모, 아이들도 교과서에 얽매이는 게 현실이다. 이를 극복하기 위해 학부모총회, 안내장 등을 통해 꾸준히 인식을 개선해 나가고 있다.

통합수업이 시작되면 아이들과 함께 주제망을 짜는데, 교사들이 미리 만들어 놓은 주제망을 토대로 아이들의 생각을 이끌어 낸다. 관심을 유발할 수 있는 자료를 준비해서 아이들의 흥미를 이끌어 낸 후 주제에 관한 토론을 하게 하면 좀 더 활발한 이야기들이 많이 나온다.

통합수업을 실행할 때에는 학습 주도권을 교사에서 아이들로 넘겨주려는 노력과 함께 모둠원 간의 협력에 초점을 두고 실시하도록 한다.

기간	학교 행사	프로젝트	국어 듣·말·쓰	국어 읽기	사회	수학	과학	미술	실과	도덕
8. 26 ~8. 30.	8. 26(월) 개학식									
9. 2 ~9. 6.	9. 2(월) 학년교육 과정설명회 9. 6(금) 전교어린이회 선거	꿈 찾기	5. 언어의 세계 1. 문학과 삶	2. 정보의 해석	1. 우리 나라의 민주 정치 (신동 민주 공화국) 3. 정보화 세계화 그리고 우리 2. 세계 여러 지역의 자연과 문화 3-3) 전통과 세계의 만남	1. 분수와 소수의 혼합계산 2. 원기둥과 원뿔	3. 에너지와 도구	7. 시각 문화 환경과 우리 10. 판을 이용한 표현	4. 생 활 속 의 전 기 전 자 6. 인 터 넷 과 정 보	개학카드 맞추기 관심을 가져 주세요 1분의 배려
9. 9 ~9. 13.	9. 12(목) 수학여행 9. 13(금) 수학여행		6. 생각과 논리							
9. 16 ~9. 20.	9. 18(수) 추석연휴 9. 19(목) 추석 9. 20(금) 추석연휴		2. 정보의 해석							
9. 23 ~9. 27.		나는 시민 이다	6. 생각과 논리	6. 생각과 논리		3. 직육 면체의 겉넓이와 부피	1. 날씨의 변화	12. 살아 숨 쉬는 미술 문화		열명으로 건설하는 새로운 지구
9. 30 ~10. 4.	10. 3(목) 개천절 10. 4(금) 재량휴업일									
10. 7 ~10. 11.	10. 9(수) 한글날		3. 문제와 해결	5. 언어의 세계						
10. 14 ~10. 18.						4. 원기둥의 겉넓이와 부피		7. 시각 문화 환경과 우리		내 용서 레벨은 몇 단계 일까
10. 21 ~10. 25.				1. 문학과 삶						
10. 28 ~11. 1.	10. 30(수) 한옥마을 현장학습							8. 향기로운 우리미술		종이 비행기로 고민을 날려요
11. 4 ~11. 8.						5. 경우의 수와 확률	2. 여러 가지 기체		1. 간 단 한 음 식 만 들 기	돈으로 표현하는 고마움
11. 11 ~11. 15.										
11. 18 ~11. 22.	11. 20(수) 현장학습									
11. 25 ~11. 29.		세계 여행	7. 즐거운 문학			6. 방정식		9. 공간을 표현 하려면	2. 간 단 한 생 활 용 품 만 들 기	내가 누구게? 하얀 코끼리
12. 2 ~12. 6.	12. 4(수) 기말평가									
12. 9 ~12. 13.				7. 즐거운 문학		7. 정비례와 반비례	4. 연소와 소화			
12. 16 ~12. 20.	12. 18(수) 꿈나무 한마당									
12. 23 ~12. 27.	12. 25(수) 성탄절 12. 27(금) 겨울방학식									
2. 5 ~2. 7.	2. 5(수) 겨울개학식 2. 6(목) 배치고사		4. 마음의 울림	3. 문제와 해결		8. 문제 해결 방법 찾기	1. 편리하고 보기 좋은 디자인			우리가 만든 통지표 롤링 페이퍼
2. 10 ~2. 14.	2. 14(금) 졸업식									

2013년 신동초등학교 6학년 2학기 교육과정

그리고 교실 안의 공부가 학교 담을 넘어 가정까지 확장될 수 있도록 유도한다. 가정에서 관련 대화를 나눌 수 있도록 학교에서의 학습 상황을 자주 보내며 학부모와 공유하는게 좋다.

아이들 스스로 자료를 조사하고 친구들과 대화를 나누며 최종 산출물을 만들어 간다. 그냥 아이들에게만 맡겨 놓으면 산출물의 질이 떨어지기 쉽다. 그 대안으로 각자의 계획을 짧게 발표하게 한 후 친구들과 교사들의 의견을 듣는 '중간 점검' 시간을 갖게 했더니 더 의미 있는 산출물이 만들어졌다.

인터넷으로 자료를 조사해 올 경우 이해하지 못하는 정보를 복사·붙여넣기 해서 가져오는 경우가 많다. 출처, 정확도, 방향성 등을 계속 체크하며 지도해야 한다. 자료 조사 시 인터넷뿐만 아니라 실제 관찰, 인터뷰, 조사활동, 도서, 신문, 자료 등을 통해 조사하도록 지도하고, 그 관계성을 파악하는 것이 중요함을 인지하게 해야 한다. 아이들이 선호하는 산출물 형태는 UCC, 뉴스, 역할극, 책, 만화, 신문, 지도, 책자 등이 있다.

⑥ 실행 결과 반성 및 정리하기

주제통합수업이 끝날 때마다 아이들과 학습 소감, 바라는 점 등을 이야기 나누며 기록물로 남겼고, 실행 과정을 정리하였다. 우리가 실행한 교육과정을 다른 교사들과 나누고 싶어서이다. 수시로 교육과정 협의 시간을 가지며 좀 더 나은 방안을 고민하였다. 이 결과를 정리해서 내년의 교육과정 개발에 반영하고자 한다.

3장

5학년 주제통합수업 사례

통합수업은 노래다.
하면 할수록 머릿속에 쏙쏙 들어오기 때문에
통합수업은 친구다.
이야기를 나누며 함께 공부할 수 있어서
통합수업은 나무다.
하면 할수록 우리가 점점 자라기 때문에
_신동초 아이들의 생각

1. 행복한 경제

1) 통합수업을 시작하며

현실적으로 우리 생활에 있어서 가장 필요한 것을 한 가지 꼽는다면 바로 '돈'일 것이다. 돈에 대한 관심은 점점 커지고 있지만, 불행히도 아직 우리 교과서는 자원으로서의 용돈 관리, 시장, 무역 등 단편적으로 몇 가지 경제 주제를 다룰 뿐 실질적인 경제 교육을 하기에는 충분하지 않다. 우리 선생님들은 돈이 지배하는 세상에서 정작 '돈'에 대해 가르칠 생각을 하지 못했다는 것, 이 사회는 가난을 마치 무능력의 징표인 양 개인의 탓으로 돌린다는 것에 착안하여 아이들의 수준에 맞는 올바른 경제 교육을 한번 해 보자고 다짐했다.

이러한 통합학습을 구상하게 된 가장 큰 계기는 우리 사회의 경제 구조에 대한 왜곡된 시선을 바로잡고 싶었던 것과, 아이들이 합리적인 경제주체로 성장하길 바라는 마음이었다. 그러던 중 서울 수송초 배성호 선생님 덕분에 한겨레 경제연구소에서 만든 대안 교과서를 만나게 되었다. 대안 교과서 내용을 우리 아이들에 맞게 재구성하여 수준을 조정하고 자료를 만들었다.

경제는 어려운 주제이기에 좀 더 쉽게 접근할 수 있는 방법이 무엇일까 고민하던 중 '교실 속 마을 활동'이라는 책을 읽게 되었다. 이 책을 읽고 난 후 동 학년 선생님들 모두 경제 수업하기 전에 마을 활동을 하자고 의견을 모았다. 쉽게 감이 잡히지 않아 저자인 안양 비산초 김혜영 선생님을 모시고 자세한 이야기를 들었다.

마을 활동은 경제 체제를 교실에 도입하는 활동이다. 학생들은 3주 동안 자습시간, 쉬는 시간, 점심시간 등을 통해 평등 경제 시스템(사회주의) → 자유 경제 시스템(자본주의) → 공정 경제 시스템(지공주의)을 일주일에 한 가지씩 체험하며, 각 경제 구조의 장점과 단점을 몸소 느낀다. 어른들처럼 교실 속에서 직업을 갖고 그 대가로 가상의 돈을 벌며, 소비를 하고 세금을 내는 식이다. 마을 활동 과정에서 세금을 낼 수 없을 정도로 가난해진 주민에게는 파산이 선고된다. 파산한 주민은 현실과 비슷하게 경제 활동에 참여하지 못한다. 규칙대로 하면 통장을 선생님에게 반납하고, 일주일 동안 경제 활동을 할 수 없지만, 우리는 파산이 선고되더라도 매일 나오는 기본적인 수업 수당과 상·벌금으로 생활이 가능하도록 하였다. 마을 활동은 단순히 색다른 경험을 제공하는 데 그치는 것이 아니라 '경제'를 배우기 위한 활동임을 염두에 두고 아이들에게 마을 헌법을 상기시키며 첫 발걸음을 내딛게 하였다.

2) 통합수업 개요

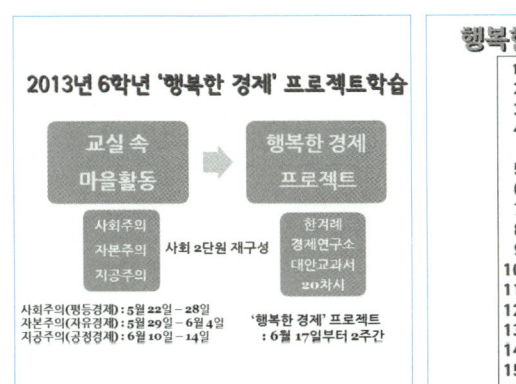

'행복한 경제' 통합수업 구조도

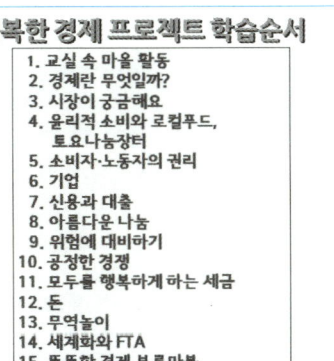

'행복한 경제' 학습 순서

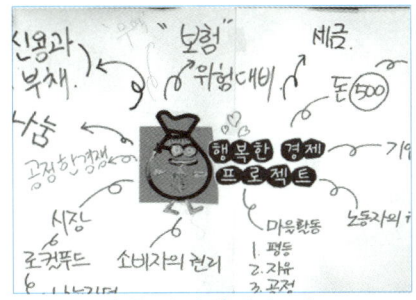

'행복한 경제' 마인드맵

(1) 교실 속 마을 활동

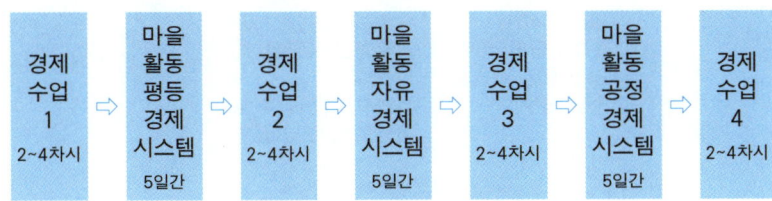

'교실 속 마을 활동' 학습 흐름도

	평등 마을 (사회주의, 평등)	자유 마을 (자본주의, 자유)	공정 마을 (지공주의, 자유와 평등)
교사 역할	마을 운영자 ·세금으로 공익적 행동 보여 주기	대지주 ·불로소득 조장 ·불로소득 비난하지 않도록 주의	은행(사회 안전망) ·파산, 가난한 학생에게 이자 없이 대출
토지	·토지 무상 지급 (지정석) ·토지세 동일	·토지 세금이 없음 ·토지 판매 가능 -판매가: 경매 낙찰가 이상 -임대료: 토지 경매가의 20% ·토지는 경매로 결정	·토지 선택권을 경매로 구입하여 토지 선택 ·토지 이용료 20% 납부 ·토지 교환 가능 (토지 교환권 경매 가능)
노동	·직업별 1개씩 정해 주기 ·공무원 정하기	·경매로 직업 취득 ·사업은 모두에게 열어 줌 ·공무원 정하기	·직업별 1개씩 ·직업은 1개+창의적 직업(겹치면 안 됨) ·공무원 정하기
공무원(필수)	세금, 생활비, 임금, 검사, 상금, 벌금, 환경미화원		
임금 — 직업 활동	·첫날 일주일 치 2,000냥 지급	·첫날 일주일 치 2,000냥 지급	·첫날 일주일 치 2,000냥 지급
임금 — 수업 수당	·매일 똑같이 600냥 지급	·첫날 결정된 돈을 5일간 지급 (상금으로 차등 지급, 상대평가)	·첫날 결정된 돈을 5일간 지급 (상금으로 차등 지급, 절대평가)
세금 — 토지세	·100냥	·토지세 없음	·토지 이용료 20% 납부
세금 — 소득세	·임금의 40% ·수업수당의 40% ·공무원은 세금을 첫날 납부	·소득의 10% 세금 ·수업수당의 10% 세금 ·공무원은 세금을 첫날 납부 ·사업자는 전날 수익금으로 다음 날 납부	·임금에 대한 세금 없음

3가지 경제 시스템 분석표

(2) 경제란 무엇인가?

동기 유발: 경제란 무엇인가?

⇩

영수증으로 알아보는 경제

⇩

경제의 3요소, 생산의 3요소

⇩

'경제'란? 모둠 문장 만들기

① 동기 유발: 경제란 무엇인가?
'경제' 하면 떠오르는 말 이야기 나누기

② 영수증으로 알아보는 경제
- 영수증 두 장을 선택하여 경제에서의 '선택', '기회비용' 배우기
- 나에게 3만 원이 생긴다면 어떤 선택을 할까 생각해 보기
- 영수증에서 알 수 있는 경제 개념 찾아보기: 신용카드, 가격, 품목,
  상, 부가가치세 등

③ '경제란?' 모둠 문장 만들기
- 모둠에서 배운 내용을 바탕으로 경제 정의 내리기
- 다른 모둠의 경제 문장 공유하기

(3) 시장이 궁금해요

동기 유발: 시장의 종류, 자갈치 시장 홍보 동영상, 외국의 시장

⇩

우리나라 재래시장 및 골목 상권의 몰락

토의·토론하기

① 동기 유발

-시장이란 무엇일까?: 시장의 종류 알아보기

-부산 자갈치 시장 홍보 동영상 시청

-외국에는 이런 시장도 있어요: 미국의 차고세일, 네덜란드 암스테르담의 꽃시장

② 우리나라 재래시장 및 골목 상권의 몰락

-파리 날리는 재래시장

-골목 상권의 몰락, 대기업의 횡포 등 동영상 시청

-기업형 슈퍼마켓SSM이란? SSM으로 인한 재래시장 매출액의 변화

-선진국들은 어떻게 하고 있을까요?

③ 토의·토론하기

-대형 마트 의무 휴일제 어떻게 생각하세요?

-우화를 읽고 '디즈니 창의성 전략'을 이용하여 토의·토론하기

 • 내가 생쥐 가게 주인이었다면 어떻게 했을까요?

(4) 윤리적 소비와 로컬 푸드 그리고 토요나눔장터

동기 유발: 윤소맘의 뜻은 무엇일까요?

⇩

윤리적 소비란 무엇일까요?

| 우리가 할 수 있는 일이 없을까요? |
| 우리도 윤리적 소비를 할 수 있어요 |
| 로컬 푸드란 무엇일까요?, 어떻게 구매할 수 있나요? |
| 로컬 푸드 완주 대표와의 만남: 강연 듣기 |

① 동기 유발
-윤소맘의 뜻은 무엇일까요?
-아이쿱 생협 홍보 동영상 시청

② 윤리적 소비란 무엇일까요?
-생명을 살리는 윤리적 소비 영상 시청
-윤리적 소비 어떻게 할까요?

③ 우리가 할 수 있는 일이 없을까요?
-「커피 한 잔의 비밀」영상 시청

④ 우리도 윤리적 소비를 할 수 있어요
-로컬 푸드와 함께하는 나누고 돕는 신동 어린이 장터 운영

⑤ 로컬 푸드란 무엇일까요?
-얼굴 있는 먹을거리 로컬 푸드
-로컬 푸드 대 글로벌 푸드

⑥ 어떻게 구매할 수 있나요?

-지역의 매장 방문, 인터넷, 토요장터 등

⑦ 로컬 푸드 완주 대표와의 만남

(5) 소비자의 권리

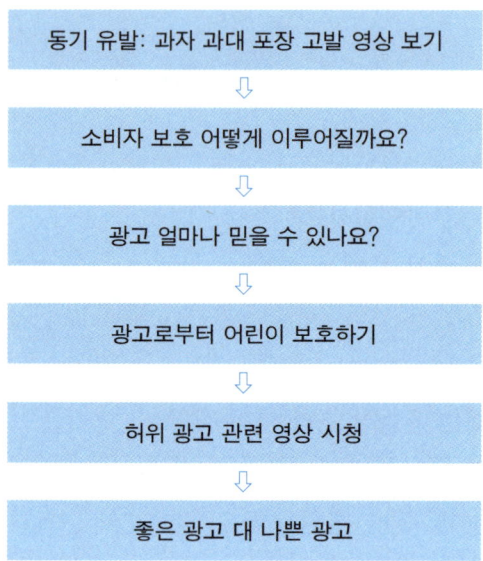

① 동기 유발

-과자 과대 포장 고발 영상 보기

② 소비자 보호 어떻게 이루어질까요?

-소비자의 권리란?

-소비자 보호제도에는 어떤 것이 있을까?

• 리콜 제도, 원산지 표시제, 유통 기한 및 제조일자 표시제, 어린이
  식품 신호등 표시제 등

③ 광고 얼마나 믿을 수 있나요?

-광고의 홍수 속에서 지혜롭게 살아가기

• 마법의 숫자 9, 스타 마케팅, 축제일은 왜 자꾸 늘어날까?, 산타할 아버지는 누가 만들었을까?

④ 광고로부터 어린이 보호하기

⑤ 허위 광고 관련 영상 시청

⑥ 좋은 광고 대 나쁜 광고

-선생님이 나누어 준 광고를 읽고 모둠별로 좋은 광고와 나쁜 광고의 기준 만들어 보기

-모둠별로 좋은 광고와 나쁜 광고 만들어 보기

(6) 노동자의 권리

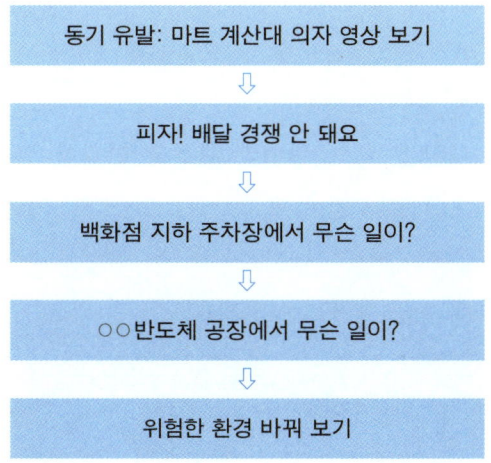

① 동기 유발

-두 사진의 같은 점과 다른 점 찾기

-마트 계산대의 의자! 그러나 앉을 수 없는 의자

-뉴스 동영상 보기

② 피자! 배달 경쟁 안 돼요

-30분 배달제 폐지하라

-피자 배달 경쟁 관련 영상 시청

-안전 배달 규칙 만들어 보기

  내가 피자가게 사장이라면?

③ 백화점 지하 주차장에서 무슨 일이?

-노동 환경에 대한 관심이 필요해요.

-「깊어지는 지하 주차장······ 공기 상태는?」 동영상 시청

④ ○○반도체 공장에서 무슨 일이?

⑤ 위험한 환경 바꿔 보기

-노동 환경 그림을 보고 위험한 환경을 안정한 환경으로 바꾸어

  보기

(7) 기업의 역할

동기 유발: 기업가 사진을 보면서 공통점 찾기

⇩

기업의 정의, 분류, 역할

⇩

기업이 사회에 미치는 긍정적·부정적 영향
⇩
기업을 착하게 만들기

① 동기 유발: 공통점 찾기

1. 국내외 기업가들의 사진을 보면서 이들의 공통점을 찾아보고, 이들이 운영하는 기업의 이름과 기업의 제품들을 이야기해 보며 기업에 대한 흥미 유발.

2. 우리나라 최고의 부자로 알려진 ○○그룹 ○○○ 회장의 재산을 아이들이 체감할 수 있는 수치로 표현하며 관심 유도.

② 기업의 정의, 분류, 역할

1. 기업의 정의

2. 기업의 분류

- 자본금, 근로자의 수에 따라 대기업과 중소기업으로 나뉜다.

3. 기업의 역할

- 제품 대량 생산, 국가의 기술력 발전, 일자리 제공, 경제 발전

③ 기업의 사회적 영향

1. 부정적 영향

- 환경오염, 독과점(설탕, 맥주, 담배 등), 허위·과장 광고, 노동자의 권리 보장 소홀(○○반도체 이야기)

2. 긍정적 영향

- 다양한 제품을 다량으로 생산함으로써 국민들의 생활에 도움

- 각종 봉사 활동, 기업가의 사회 환원

④ 기업을 착하게 만들기

1. 기업을 착하게 만들기 위해 소비자인 우리가 기업의 경영, 납세, 노동자 권리 보장 등을 감시

2. 착한 기업(사회적 기업) 만들기

-사회적 기업에 대한 소개

-창업 계획서를 이용한 사회적 기업 만들기

•사업의 종류, 사회적 배려 대상, 수익금 이용 계획 등

(8) 신용과 부채

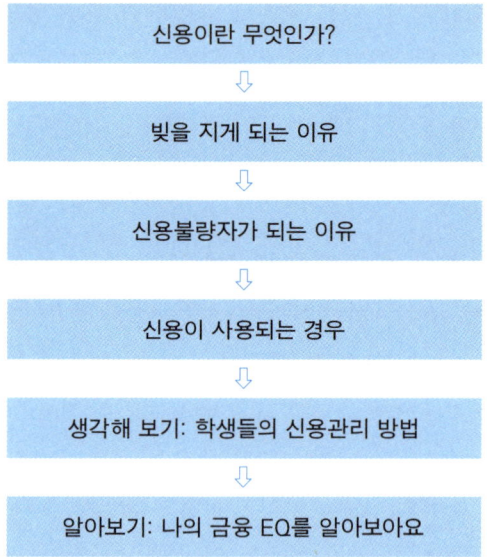

① 신용이란 무엇인가?

-미래의 어느 시점에 갚을 것을 약속하고 상품이나 서비스 혹은 돈을 빌릴 수 있는 능력

-신용이 있으면 친구, 은행, 가족에게 돈을 빌릴 수 있다.

② 빚을 지게 되는 이유

- 계획적인 소비를 하지 않아서?

- 높은 집값과 대학등록금을 감당하지 못해서?

- 사회의 구조적 이유로도 빚을 지게 된다(높은 집값, 높은 등록금……).

③ 신용불량자가 되는 이유

- 부채를 잘 갚는지 등 개인의 경제 활동을 평가하여 등급을 매기고 등급이 낮으면 신용 불량자가 된다.

④ 신용이 사용되는 경우

- 핸드폰을 구입할 때, 직장에 취직할 때 등 생활하는 데 여러 분야에서 신용등급이 사용된다.

⑤ 학생들의 신용관리 방법

- 학생들에게도 신용관리가 중요하다.

- 학생증 관리, 친구에게 빌린 돈 갚기, 영수증 챙기기 등 우리가 해야 하는 신용관리.

⑥ 알아보기: 나의 금융 EQ를 알아보아요

(9) 아름다운 나눔

나눔이란 어떤 것일까요?
⇩
무엇을 나눌 수 있을까요?

⇩

| 나눔은 어렵지 않아요 |

⇩

| 아름다운 1% 나눔 |

① 나눔이란 어떤 것일까요?
-돈, 물품 등 물질적인 것만을 나눈다고 생각한다는 점을 끌어낸다.

② 무엇을 나눌 수 있을까요?
-세상에 나눌 수 없는 것은 없어요(레모나 광고 영상)
-돈을 나눌 수 있어요: 구세군, 후원금, 테이블 포 투
-재능과 시간을 나눌 수 있어요: 재능기부, 사랑의 집짓기
-「마음은 나눌수록 커져요」(알렉스 레몬에이드 스탠드) 영상 시청
-돈, 물품 등 물질적인 것뿐만 아니라 재능, 시간, 마음 등 모든 것을
 나눌 수 있다는 점 인식

③ 나눔은 어렵지 않아요
-신체를 이용하여 우리가 나눌 수 있는 것 알아보기

④ 아름다운 1% 나눔
-방학 시간의 1% 나누기, 용돈의 1% 나누기, 재능의 1% 나누기
 (*참고자료:『아름다운 나눔 수업』, 진성실, 착한책가게)

(10) 위험에 대비하기

| 우리 주변의 위험한 상황 살펴보기 |

⇩

보험의 필요성과 종류 알아보기

⇩

'식코'와 ○○의료원 사태 살펴보고 느낀 점 나누기

⇩

가족이 가입한 보험과 보장 내용 알아 오기

① 우리 주변의 위험한 상황 살펴보기

－각종 사건사고로 인해 겪었거나 보았던 위험한 상황 살펴보기

－영유아의 건강을 위해 정기적으로 실시되는 영유아 건강검진 영상
  시청

② 보험의 필요성과 종류 알아보기

－위험에 대비하기 위한 보험의 의미와 필요성 살펴보기

－알아두면 좋은 보험 상식 등을 알려주는 영상 보기

－보험의 종류(공적 보험, 사적 보험)에 대해 알아보기

－공적 보험: 나라에서 법적으로 누구나 반드시 가입하도록 하는 사
  회 보험으로 국민건강보험, 국민연금, 고용보험, 산재보험(4대 보험)
  이 있다.

－사적 보험: 공적 보험의 부족한 부분을 보충해 주는 보험. 보험 회
  사들이 운영하는 것으로 생명보험, 손해보험, 자동차 보험 등이
  있다.

－보험 계약자의 권리와 의무 살펴보기

－보험 선택 기준 알아보고 보험 선택 시 주의해야 할 점 영상 보기

③ 「식코」와 ○○의료원 사태 살펴보기

－다큐멘터리 영화 「식코」 이야기를 통해 미국의 의료 보험 사례 알

아보기

- ○○의료원 사태로 건강하고 안전한 의료제도의 필요성에 대해 이야기 나누기

④ 가족이 가입한 보험과 보장 내용 알아 오기
- 가족이 가입한 보험 중에서 한 가지 이상 찾아서 보험의 종류와 보장 내용 알아보고 발표하기

(11) 공정한 경쟁이 좋아요

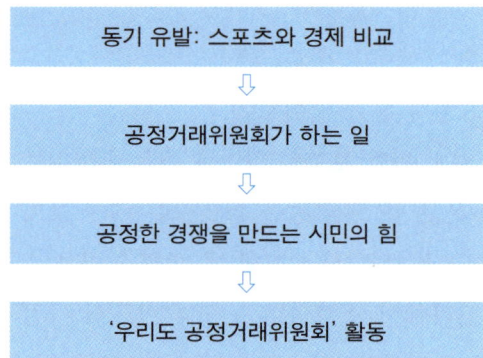

① 동기 유발: 스포츠와 경제 비교
1. 올림픽 오심을 통해 규칙을 제대로 관리하지 않았을 때 생기는 억울함을 느껴 보도록 한다.
2. 공정한 경쟁의 조건: 공정한 규칙, 공정한 심판
3. 스포츠와 경제 비교: 비교를 통해 경제에서 공정거래위원회의 필요성을 느끼게 한다.
- 규칙=공정거래법
- 심판=공정거래위원

② 공정거래위원회가 하는 일

1. 기업 간 담합 행위 단속: 스마트폰 요금 담합 뉴스
2. 소비자 보호: 신라면 블랙의 허위 과장 광고, 청호 나이스의 허위 광고
3. 대기업의 중소기업에 대한 불공정 행위 적발: ○○유업, 각종 프랜차이즈 가게
4. 공정거래위원회의 한계: 현실과 맞지 않는 법, 대기업의 압력 등

③ 공정한 경쟁을 만드는 시민의 힘

-불매 운동, 시민단체 활동이나 후원
-공공재 독점에 대해서도 시민의 감시가 필요하다.

④ '우리도 공정거래위원회' 활동

-디즈니 창의성 전략으로 해결책 만들기

(12) 우리를 행복하게 하는 세금

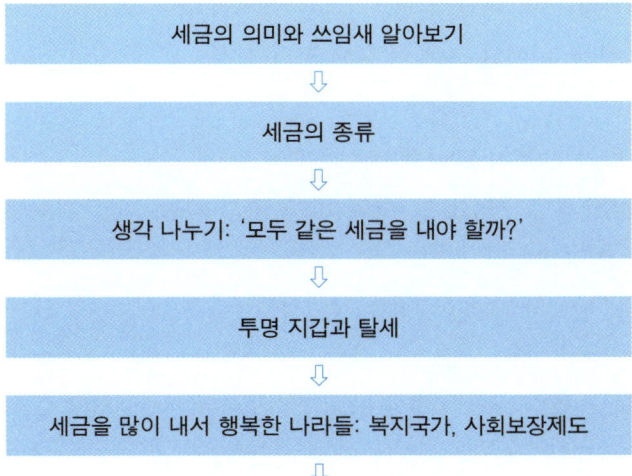

① 세금의 의미와 쓰임새 알아보기
- 세금: 나라 살림을 위해 필요한 돈
- 쓰임새: 국방비, 사회복지비, 교육비, 공공시설, 조직 운영 등

② 세금의 종류
- 직접세, 간접세
- 소득세, 부가가치세, 특별소비세

③ 모두 같은 세금을 내야 할까?
- 세금을 결정하는 기준: 소득, 재산, 소비 수준
- 누진세 제도: 상속세, 증여세 비리 문제
- 모두 같은 금액을 내는 간접세

④ 투명 지갑과 탈세
- 공무원의 투명 지갑
- 탈세 문제: 연예인 사례 동영상 뉴스 시청

⑤ 각 나라의 복지 알아보기(스웨덴, 핀란드 등)
- 사회보장제도: 건강보험, 사회 취약 계층 지원, 국민 기초생활 보장
  제도, 연금제도
- 개선이 필요한 사회보장제도(동영상 뉴스 시청)

⑥ 토의·토론
- 세금을 많이 내지만 복지가 좋은 나라 대 세금은 적게 내지만 개인

이 교육비와 병원비를 책임지는 나라, 어떤 나라에서 살고 싶나요?

(13) 돈이 궁금해요

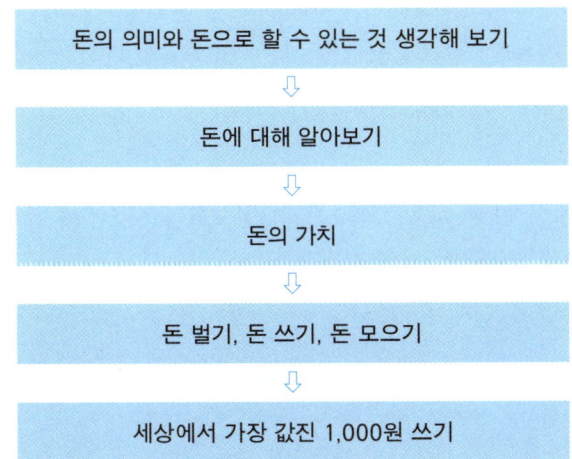

① 돈의 의미와 돈으로 할 수 있는 것 생각해 보기
-〈돈이란 ○○○이다.〉 문장 만들기
-100원으로 할 수 있는 일에 대해 이야기 나누기

② 돈에 대해 알아보기
-돈의 탄생과 변천사: 물물교환-화폐-신용카드
-돈이 하는 일, 돈이 만들어지는 과정, 돈을 만드는 데 드는 비용,
 소중히 다루어야 하는 돈
-새로운 돈: 지역화폐, 신용카드와 직불카드, 전자화폐
-세계 여러 나라의 돈

③ 돈의 가치
-나라별로 다른 돈의 가치

-시간의 흐름에 따라 달라진 돈의 가치

④ 돈 벌기, 돈 쓰기, 돈 모으기
-마을 활동을 되돌아보기: 어떻게 돈을 벌었는지, 썼는지, 모았는지
 이야기 나누기
-소득, 소비, 저축 개념 알아보기

⑤ 세상에서 가장 값진 1,000원 쓰기(갈갈이 서준호샘 블로그 참조)
-가치 있게 돈을 쓴 사례 살펴보기
-다른 사람을 위해 1,000원을 가치 있게 쓰고 소감문 쓰기

(14) 무역놀이

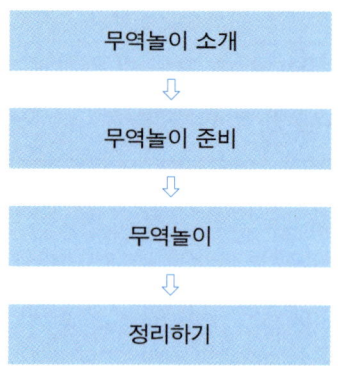

① 무역놀이 소개
-나라 소개, 놀이 방법과 시간(총 40분) 안내

② 무역놀이 준비
-제비뽑기를 통해 나라 구성원과 세계은행 역할을 정하기
 (각 나라는 다른 모둠원 수로 구성됨)

-나라별로 서로 다른 자원 배분하기

③ 무역놀이
-예시 도형을 보고 똑같은 도형 5개씩을 그려 오면 세계은행에서 확인하고 돈을 적립해 줌(20분 실시)
-물건 값이 변함(10분 실시)
-새로운 자원의 발견(10분 실시)

④ 정리하기
-무역의 필요성 이야기하기
-우승한 나라와 돈을 많이 모으지 못한 나라 알아보기
-무역의 불평등 이야기하기
(*참고자료: 『수업, 비평을 만나다』, 이혁규, 우리교육)

(15) 무역과 세계화

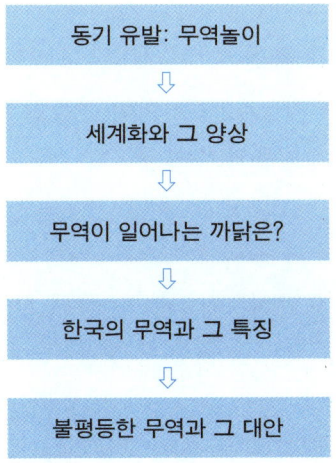

-세계화, 무역이 일어나는 까닭, 한국의 무역 특징, 무역의 불평등과

그 대안

① 동기 유발: 무역놀이
-무역이 일어나는 까닭(타고난 자연환경으로 인한 한정된 자원과 기술)을 이해

② 세계화와 그 양상
-맥도날드 지도와 세계적인 스타로 보는 세계화
 (세계화의 개념과 다국적 기업)
-세계화와 관련된 뒷이야기 상상하기
 (한 가족이 1년간 중국산 제품 없이 살아보기로 했다~)

③ 무역이 일어나는 까닭은?
-필리핀과 한국의 예로 보기: 나라마다 자연환경, 자원, 기술이 다르기 때문이다.

④ 한국의 무역과 그 특징
-가공 무역: 뛰어난 기술과 그에 비해 부족한 자원
-우리나라의 주요 수입품과 수출품

⑤ 불평등한 무역과 그 대안
-축구공의 경제학
-자유 무역의 함정: 스포츠 경기에 비유
-FTA(자유무역협정)
-공정 무역의 필요성: 자유 무역에서의 공정 무역으로의 전환

(16) 경제 부루마블: 마무리 활동

① 착한 경제 부루마블 게임 방법

-기존 부루마블의 한계에 대해 이야기해 보기

  : 제국주의적, 자본주의적 요소가 있다.

    부동산 투기를 연상시킨다.

-2인 1조로 팀 나누기

-경세 부루마블에 나타난 경세 상황(이슈) 읽기

-긍정적 경제 상황에 말이 도달하면 행복 칩을 3개 가져가고, 부정

  적인 경제 상황에 말이 도달하면 행복 칩 3개 도로 가져다 놓기

-5바퀴를 돌고 행복 칩이 더 많은 팀이 승리

3) 통합수업 실행 사례

(1) 첫 번째 시작, 『교실 속 마을 활동』

마을 활동을 도입하기 전에 이 책의 저자인 안양 비산초 김혜영 선생님을 모셔 미리 공부해 보는 시간을 가졌다. 멀리 경기도에서 전주까지 오셔서 친절하게 설명해 주신 덕분에 마을 활동에 대한 감을 잡을 수 있었다.

마을 활동은 단순히 색다른 경험을 제공하는 데 그치는 것이 아니라 '경제'를 배우기 위한 활동임을 염두에 두고 아이들에게 마을 헌법을 상기시키며 첫 발걸음을 내디뎠다.

〈평등 마을에서의 일주일〉

첫 시간에 아이들에게 돌아가며 3주간의 체험을 한다고 말해서였을까? 아이들은 다음에 올 자유 마을을 기약하며 대체적으로 몸을 사리며 소비를 절제하는 것 같아 보였다. 선생님들은 회의를 거쳐 일주일 동안 지급되는 수당 2,000원에 비하여 문방구와 슈퍼마켓 물건이 너무 비싸다는 판단하에 물건의 가격을 인하하기도 하였다. 다음은 아이들이 느낀 평등 마을의 장점과 단점이다.

평화로운 우리 학교에 마을이 생겼어요

× 첫 번째 마을은 모든 것을 평등하게 나누는 '평등 마을' 입니다.

× 이 마을엔 평등한 만큼 선택의 자유가 없습니다.
× 당신의 땅(자리), 직업과 같은 모든 것은 국가가 정합니다.

평등 마을 소개 수업 PPT

마을 헌법

1. 우리는 마을 활동을 통해 아름다운 배움을 일군다.
2. 우리는 마을 활동을 하는 동안 마을 법률을 철저히 지킨다.
3. 우리는 마을 활동을 하는 동안 선생님의 지도에 철저히 따른다. 선생님은 모든 상황에서 최종적인 결정권을 갖고 있다.
4. 마을 활동을 하는 기간은 5월 22일부터 6월 14일까지이다.
5. 우리는 평등경제 시스템, 자유경제 시스템, 공정경제 시스템을 경험한다.
6. 우리는 마을 시민으로서 마을 경제활동에 참여할 수 있는 권리와 마을 법률을 지켜야 할 의무가 있다.

마을 헌법

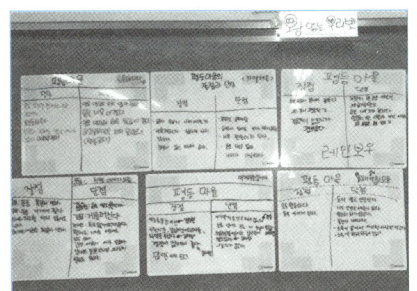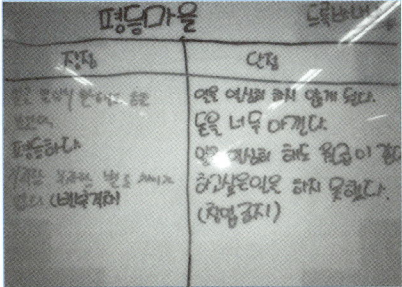

평등 마을의 장단점

평등 마을의 장점	평등 마을의 단점
• 모두가 공평하다. • 생활비(세금 등)가 비싸지 않아 소비를 절제하면 돈을 모을 수 있다.	• 게으른 사람과 부지런히 일한 사람이 같은 수당을 받으니 불공평하다. • 국가의 권한이 너무 절대적이다. • 자유가 없어서 답답하다. • 버는 돈에 비해 물건의 값이 비싸다.

으악 파산이다!!!

신동초등학교 6학년 교실에서는 경제 활동이 한창 진행 중이다. 어떤 친구는 공무원이 되어 세금을 관리하고, 어떤 친구는 슈퍼마켓 주인이 되어 물건을 팔며 행복한 경제 활동을 진행하고 있다. 그런데 경제 활동 3일째인 벌써부터 파산자가 발생하고 있다. 그중 이 모 씨는 "돈을 계획 없이 쓴 것을 반성하고 있다."고 말씀해 주셨다. 이처럼 경제 활동을 통해 많은 것을 배우게 되었다. ─모만일보, 박재률 기자

〈자유 마을에서의 일주일〉

지금 신자유주의 광풍이 불고 있는 한국의 모습은 자유 마을과 비슷하다. 자유 마을에서는 경제가 활성화되어 첫날부터 인쇄해 둔 창업 신청서가 다 떨어지는 사태가 발생했다. 창업한 가게의 직종도 다양하였고, 마을의 주민들은 파는 물건과 음식이 많은 나머지 신이 나서 몸과 마음이 들떠 있었다. 평등 마을에서 아끼고 아껴 둔 돈으로 자유 마을에서 많은 땅을 매입하여 수수료를 덧붙여 파는 '부동산'을 창업한 아이들도 있었다. 땅이 자리의 개념이기 때문에, 자리에 앉아서 수업을 들어야 하는 가난한 아이들은 땅을 구입하지 못해 울며 겨자 먹

평화로운 우리 학교에 마을이 생겼어요

× 두 번째 마을은
모든 것을 경쟁으로 얻는
'자유 마을'입니다.

× 이 마을은 평등보다 자유를 중요하게 생각합니다.
× 당신의 땅(자리), 직업과 같은 모든 것은
능력에 따라 돈을 내고 살 수 있습니다.

자유 마을 소개 수업 PPT

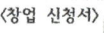

〈창업 신청서〉

사업자명 :
사업 이름 :
사업 소개 :

본인은 등록비용 500냥을
지불하고, 위 사업으로 창업하기를
원하는 바입니다.

2013년   월   일

창업 신청서

기로 땅 주인에게 비싼 임대료를 물어야 했다.

아이들은 물건을 팔기 위해 마을 주민들의 책상에 광고 전단을 돌리고, 간판을 요란하게 만들었다. 마을 활동은 쉬는 시간과 아침시간, 점심시간 등에만 이루어지는데 수업 시간에도 쉬는 시간의 장사를 궁리하느라 수업에 집중하지 못하는 아이들도 있었다. 같은 종류의 가게를 창업한 아이들도 있어서, 가격과 서비스 경쟁은 치열해졌고, 심지어 슬러시 한 컵에 80냥(리필도 한 번 가능!)까지 내려가기도 했다. 아이들도 어렴풋이 기업의 이러한 가격경쟁이 소비자들에게 유리하다는 것을 깨닫고 있었다. 우리가 놀랐던 점은 자유 마을이 우리의 현실을 그대로 반영하고 있었다는 것이다. 장사가 잘되는 떡볶이 집이나 아이스크림 가게의 사장들은 파산한 아이들을 고용하여 하루에 200냥이라는 임금으로 노동을 착취하기 시작했다. 창업 자금 500냥을 낼 수 없었던

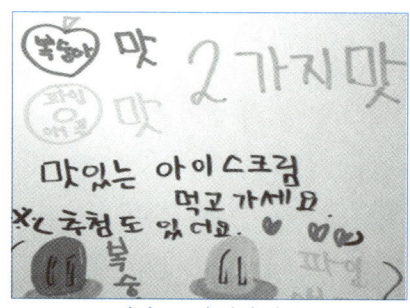

아이스크림 가게 광고

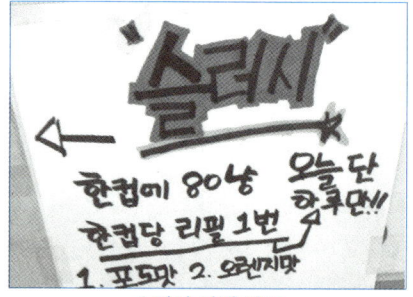

슬러시 가게 광고

가난한 아이들은 별 수 없이, 사업장(?)에 낮은 임금으로 취직할 수밖에 없었다. 다음은 아이들이 느낀 자유 마을의 장단점이다.

자유 마을의 장점	자유 마을의 단점
• 자유로운 창업이 가능하다. • 자유롭게 내가 원하는 직업을 가질 수 있고 꿈을 펼칠 수 있다. • 업체들의 경쟁으로 값싸고 좋은 서비스를 갖춘 물건을 구매할 수 있다	• 출발선이 달라 빈부 격차가 너무나 크다. • 가난한 사람은 계속 땅 주인에게 임대료를 물어야 하기 때문에 가난에서 벗어날 수 없다. • 돈을 버는 데 집중하느라 친구와 가족을 돌아볼 틈이 없었다.

새로운 복권 가게 새롭게 단장!

2013년 5월 23일에 '상진이의 복권 가게'가 새롭게 개장했다. 이 복권 매장은 개장하자마자 불티나게 팔리고 있다. 복권의 종류는 비밀에 부쳐졌으나 당첨되는 학생들이 생기면서 복권 종류의 베일이 벗겨지고 있다. 특기 인기가 많은 복권은 '+300냥'이나 '일일 도우미 면제권' 같은 복권들이다. 이 복권 매장으로 인해 학생들이 과소비를 할 정도로 모만 마을에 큰 영향을 미치고 있다. 복이 있다 해서 복권이라고 하지만 복권에 돈을 붓는 것은 악영향이다. 그러니 복권을 너무 중독성 있게 사들이는 것은 자제해야 할 것이다. -모만일보, 김수 기자

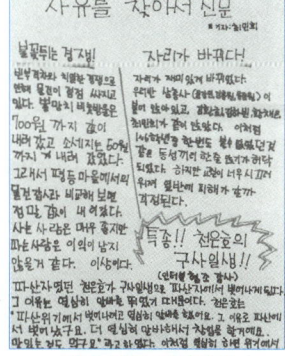

마을 활동 신문기사

슈퍼마켓 모습

〈공정 마을에서의 일주일〉

우리는 지공주의를 어떻게 하면 효과적으로 가르칠 수 있을지 고민했다. 아이들에게 태초에 주인이 없었던 '땅'만 올바르게 분배하더라도, 현대 자본주의의 모순이 해결될 수 있다는 점을 알려주고 싶었

평화로운 우리 학교에 마을이 생겼어요

× 세 번째 마을은
자유와 평등을 둘 다 중요하게
생각하는 '공정마을'입니다.

× 땅은 마을 주민 모두의 것입니다.
× 능력에 따라 직업을 택할 수 있습니다.

공정 마을 소개 수업 PPT

'뻥스크림'을 만들어 파는 아이들

다. 그래서 땅은 모두의 것으로 하고, 자신이 정당하게 번 노동의 대가에 대한 세금(소득세)은 걷지 않도록 하여 지공주의 시스템을 체험할 수 있도록 하였다. 또한 경쟁보다 상생을 추구하기 위해 자유로운 창업이 가능하나, 같은 직종의 가게는 창업할 수 없도록 했다. 아이들은 지공주의 시스템이 가장 이상적이라는 것은 깨달았지만, 이미 자유 마을에서 폭넓은 자유를 맛보았기 때문일까? 사실 자유주의만큼 아이들의 열광을 이끌어 내진 못한 것 같다. 아마도 처음 맛보는 자유가 더 달콤했으리라.

몇몇 아이들은 마음 편한 경제 시스템 속에서 생활하고 있어서 그런지, 그저 생활할 수 있는 만큼 충분히 지급되고 있는 돈에 만족하며 살아가는 것 같았다. 자유 마을만큼은 아니었지만 아이들의 창업은 계속되었다. 대표적으로 우리 반에선 라볶이나 뻥튀기 사이에 아이스크림을 넣어 만든 음식인 '뻥스크림'을 파는 친구들도 있었고, 자신이 일평생 모아온 수집품인 과자에 든 딱지를 파는 가게도 열렸다.

다음은 아이들이 느낀 공정 마을의 장단점이다.

공정 마을의 장점	공정 마을의 단점
• 자유와 평등을 둘 다 중시하기 때문에 안정적으로 생활할 수 있다. • 능력껏 번 돈에 세금을 걷지 않는다.	• 자유 마을 때 번 돈을 순위에 따라 재분배했기 때문에 부자 입장에선 서운했을 것 같다. • 살기 좋은 마을이긴 하지만, 사람들이 창업(일)을 안 하고 그냥 돈을 아껴서 쓰려고만 했다.

•땅의 임대료 때문에 가난한 사람이 사라져 빈부 격차가 줄어들었다.	•3주 차에 마지막으로 했던 마을이기 때문에, 어차피 그동안 모아 놓은 돈을 쓸 데가 없다는 생각에 맨 마지막 날에는 과소비가 이루어졌다.

(2) 경제란 무엇일까?

마을 활동이 끝나고 난 후, 아이들이 우리 생활 속에서 경제가 깊숙이 관여한다는 것을 느끼고 있을 때 본격적인 경제 수업을 시작했다. 경제의 개념, 선택과 희소성, 그에 따른 기회비용 등 간략한 것을 학습하고 난 후, 아이들이 경제를 어떻게 생각하고 있는지 모둠 문장 만들기를 통해 확인해 보았다. 선택의 문제에서는 우리 학교가 위치한 동네 상가를 예시로 들어 아이들의 흥미를 자극하였다.

마을 활동을 경험해서일까? 문장에서 경험담의 느낌이 묻어 나왔다. 역시 아이들은 활동을 직접 해 봐야 자기 것으로 체화된다.

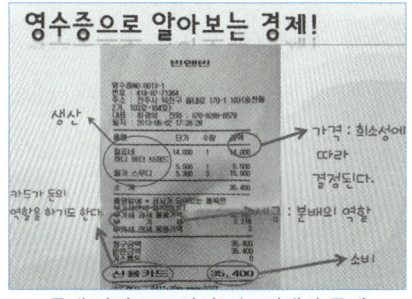
동네 상점으로 알아보는 선택의 문제

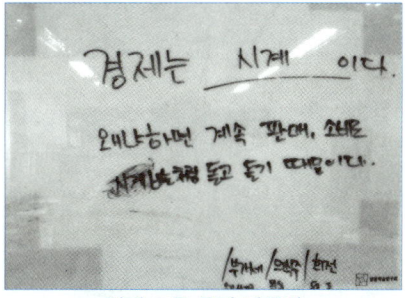
경제 모둠 문장 만들기

경제 모둠 문장
경제는 혈액이다. 돌아야만 살 수 있기 때문에.
경제는 약이다. 쓰기도 하고 달기도 하기 때문에.
경제는 블랙홀이다. 조심하지 않으면 힘든 세상으로 빠져들기 때문에.

(3) 시장이 궁금해요

두 번째 경제 수업은 경제 활동이 이루어지는 공간인 시장에 관한 것이었다. 우리 지역 브랜드인 완주군 로컬 푸드와 손잡고 경제 통합수업의 일환으로 토요일에 나눔장터를 열었다. 아이들은 '시장'이라고 하면 흔히 재래시장을 생각하기 쉬운데, 우리가 자주 이용하는 인터넷 쇼핑몰이나 주식시장 또한 시장의 범주에 든다는 것을 익혔다.

우리가 시장 수업을 하며 중점을 두었던 것은 '상생'의 정신이었다. 대기업의 기업형 슈퍼마켓(대형마트)에 맞서서 몰락해 가는 재래시장을 살려 낼 방법은 없을까? 우리는 우화를 통해 그 해결점을 모색해 보기로 했다.

그 우화는 다음과 같다. 이 이야기를 함께 읽고 토의토론 기법 중의 하나인 '디즈니 창의성 전략'(반짝이, 냉철이, 현실이 단계를 통해 창의적인 대안을 찾는 토론 기법, 각 단계의 이름은 우리가 변형해서 사용하고 있음)을 활용하여 의견을 나누어 보았다.

"생쥐들의 가게를 합쳐서 고양이들에게 대항한다."는 의견이 굉장히 많았는데, 이는 아이들 스스로도 협동조합에 대한 필요성을 느꼈기 때문이라고 볼 수 있다. 아이들의 입에서 '협동'에 대한 이야기가 나왔기 때문에, 자연스럽게 다음에 수업할 윤리적 소비와 연관시킬 수 있었다.

대형 마트(SSM)의 의무 휴일제 찬반 토론

골목상권이 사라지는 현실

옛날에, 생쥐 마을이 있었어요.

생쥐 마을에는 집에서 만든 치즈를 파는 조그마한 가게들이 많이 있었어요. 그러던 어느 날, 고양이 한 마리가 생쥐 마을에서 치즈를 팔기 시작했어요. 고양이는 대량으로 치즈를 만들어 생쥐들보다 더 싼 가격에 치즈를 팔았어요. 생쥐들은 신이 나서 고양이 가게에서 치즈를 사기 시작했어요. 이 소문을 들은 다른 고양이들이 앞다투어 생쥐 마을로 들어와 장사를 하기 시작했어요. 생쥐들은 더 싼 가격에 치즈를 살 수 있어서 좋아했어요.

하지만 이전에 치즈를 팔던 생쥐들은 더 이상 치즈를 만들어 팔 수가 없었어요. 아무도 생쥐 가게에 오지 않았거든요. 그렇게 생쥐들이 파는 가게는 사라져 갔어요. 생쥐 가게가 없어지자, 고양이 가게만 치즈 시장에 남게 되었어요. 그러자 고양이들은 치즈 가격을 조금씩 올리기 시작했어요. 더 이상 가격 경쟁을 할 다른 생쥐들이 없었기 때문에 마음 놓고 가격을 올릴 수 있었어요. 생쥐들은 그제서야 생쥐 가게를 찾았지만, 이미 소용이 없었어요. 그저 울며 겨자 먹기로 비싼 고양이 치즈를 계속 사 먹을 수밖에 없었답니다.

_한겨레 경제 교과서 발췌

디즈니 창의성 전략으로 토론해봅시다!

내가 만약 생쥐 가게 주인이었다면 어떻게 했을까요 ?

디즈니 창의성 토론으로
생쥐 가게의 생존전략 모색하기

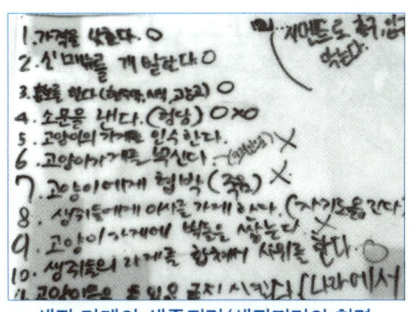

생쥐 가게의 생존전략(생쥐끼리의 협력,
고양이 가게의 법적 규제 등)

(4) 윤리적 소비와 로컬 푸드 그리고 토요나눔장터

지난 시간에 아이들이 말했던 협동에 초점을 맞추어 윤리적 소비와 협동조합에 대해 알아보았다. 나아가 얼굴 있는 먹을거리인 로컬 푸드에 대해서도 알아보고 완주 로컬 푸드 대표 안대성 님을 모셔 강연도 들어 보았다.

토요나눔장터는 시장 수업을 마치고 난 그 주의 토요일, 우리 학교에서 열렸다. 아이들이 집에서 자기 물건을 가지고 와서 몇백 원 단위의 싼 가격에 사고팔았다. 완주군의 로컬 푸드와 결합해 한쪽에서는 지역의 신선하고 안전한 먹거리를 팔았는데, 학부모님들은 이곳에서 장을 보기도 하셨다.

장터에서 판 수익금의 10%를 기부하기로 하였고, 기부한 아동에게

'윤리적 소비' 수업 PPT

완주 로컬 푸드 안대성 대표 초청 강연

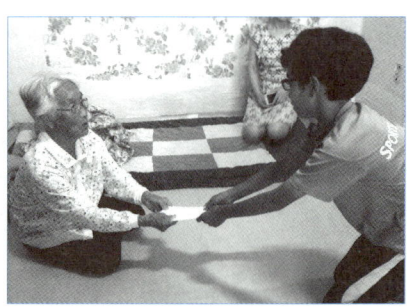

나눔장터 수익금을 할머니께 전달하는 대표

토요나눔장터에서 물건을 판매하는 학생들

학교로 찾아온 로컬 푸드 장터

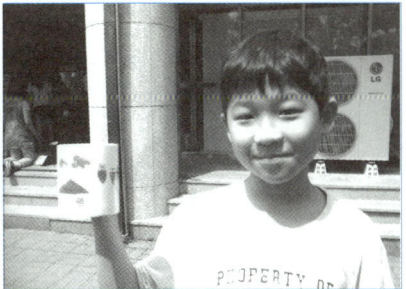
재능기부 체험으로 만든 머그컵

는 다음 기부 증서를 주었다. 총 20만 6,550원의 기부금이 모였고, 이 것은 아이들 회의를 거쳐 지역에 사시는 독거노인 한 분에게 드렸다.

(5) 소비자의 권리(현명한 소비자 되기 / 광고에 속지 않기)

무방비 상태로 항상 광고에 노출되는 우리 아이들이 현명한 소비자 가 되길 바라는 마음에서 이 수업을 계획하였다. 우리의 일상생활 속 에는 스타 마케팅이나 9,900원 단위의 소비자를 우롱하는 전략들이 얼 마나 많은지…….

'○라면 블랙'의 사례를 통해 허위 광고에 대해 배우고, 올바른 광고 와 허위 광고를 구분하는 방법에 대해서도 익혔다.

유통기한, 제조일자 표시제

○라면 블랙 과장 광고 뉴스 영상

(6) 노동자의 권리

우리나라에서 노동자라는 말은 부정적인 어감으로 들리기도 한다. 강성 노조, 귀족 노조라는 말로 노조를 부정적으로 묘사하는 언론은 노동자에 대한 인식을 더욱 부정적으로 만들고 있다. 그러나 우리 아이들의 대부분은 자라서 노동자가 된다. 그래서 우리는 경제 교육의 일부로 노동 교육은 필수적이라고 생각했다. 경제 주체의 하나인 노동자의 권리는 매우 중요하다. 어릴 때부터 이에 관한 공부를 해야 한다고 생각했다.

부모님의 손을 잡고 무심코 가게 되는 대형 마트! 의자가 있지만 제대로 앉지 못하는 대형 마트 직원들과 매캐한 먼지 속에서 일하는 주차장 관리 요원들의 열악한 노동조건에 대해 생각해 보는 시간을 가졌다. 피자 배달원들의 '30분 배달 원칙'이 소비자들의 관심 덕에 무너졌음을 이야기해 주면서, 노동자들의 권리에 대해 지속적으로 관심을 갖고 때로는 적극적으로 행동하는 것이 중요하다는 것을 느끼게 했다. 다음은 아이들이 '피자가게 사장'의 입장에서 만든 안전 배달 규칙이다. 우리 아이들이 커서 창업을 하게 된다면 아마 좋은 사장님이 될 것이다.

서서 일하는 대형 마트 계산 담당 노동자들 　 피자가게 사장 입장에서 안전 배달 규칙 만들기

안전한 배달 규칙
방문 포장 고객에게는 할인해 준다. 방문 포장 고객에게는 사은품을 준다.
꼭 보험에 가입해 준다. 가까운 집에는 다소 늦더라도 자전거나 도보를 이용한다.

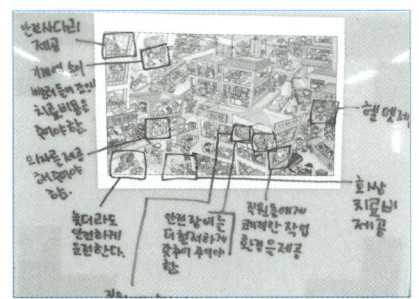

노동 환경의 위험 요소를 안전하게 바꿔 보기

마무리 활동으로는 아이들에게 다음 그림을 주고 안전한 노동 환경으로 바꿔 보기를 하였다.

아쉬운 점은 노동조합과 단체 교섭 모의 활동을 하기로 논의해 놓고 미처 생각하지 못해 빠트리고 지나쳤다는 것이다. 이는 나중에 '꿈 찾기 프로젝트'에서 직업 체험을 하며 보충하기로 하였다.

(7) 기업

대기업이 국가 경제를 좌우하는 우리 사회에서 기업을 공부하지 않고 경제를 배울 수는 없다. 그래서 먼저 기업의 긍정적인 역할과 부정적인 영향에 대해 학습하였다.

기업에 대해 공부하고 난 후 착한 기업의 모습은 어떨까 상상해 보

기업의 긍정적인 역할

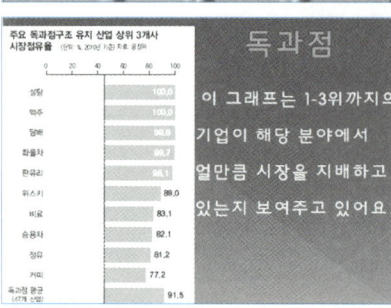

기업의 부정적인 영향

78

았다. 착한 기업을 만들기 위해 소비자가 해야 할 역할, 행동하는 소비자로서 기업을 감시해야 한다는 것, 착한 기업의 물건들을 구매해야 한다는 것까지 알 수 있었다. 우리 경제를 웃게 하는 착한 기업인 사회적 기업에

사회적 기업을 만들어봐요!!

1. 어떤 사업을 해 볼까요?
   - 음식업? 유통업? 제조업?
2. 누구를 고용하여 사회적 기업을 만들어볼까요?
   - 장애인? 노인? 여성?
3. 착한 사회적 기업을 만들기 위한 아이디어를 모아보고, 직접 사회적 기업을 만들어 보아요. (학습지)

사회적 기업 구상하기

대해서도 학습하였는데, 창업 계획서를 통해 아이들이 직접 사회적 기업 창업에 대한 아이디어를 내 보기도 했다.

(8) 신용과 대출

비교적 아이들에게 어려운 단어인 '신용'과 '대출'의 의미를 먼저 알아보았다. 마을 활동에서 파산자가 나왔기 때문인지 파산이라는 단어를 쉽게 이해했다.

경제난으로 신용불량자가 늘어만 가는 한국. 이러한 안타까운 현실 속에서 신용불량은 개인의 잘못보다 경제 구조의 모순에서 비롯된다는 사실을 깨닫길 바라는 마음으로 수업을 계획하였다. 물론 개인의 과소비로 빚이 발생하기도 하지만 치솟은 대학 등록금, 비싼 집값, 불

신용이 있으면……

• 돈이 필요할 때 친구, 가족, 은행, 카드회사 등에서 빌릴 수 있어요.

• 남에게 빌린 돈을 빚 또는 부채라고 해요.

주의사항!!!

• 빌린 돈은 갚기로 한 날짜에 갚아야 해요!

• 정해진 날짜에 돈을 갚지 못하면 경제적으로 큰 문제가 생길 수 있어요

신용과 대출 수업 PPT

신용불량 수업 PPT

공정한 소득분배의 구조 속에서 신용불량자가 생겨나기도 한다는 현실에 대해 배웠다.

　마지막으로 신용을 관리하는 방법을 배우고 자신의 금융 EQ를 측정하는 활동으로 마무리했다.

(9) 아름다운 나눔

　장터를 통해 직접 몸으로 나눔의 정신을 익히기도 했지만, 더불어 사는 경제를 위해 '나눔' 또한 경제의 중요한 한 부분으로 다루어져야 할 것 같았다. 아이들은 '더 가진 사람이 덜 가진 사람을 경제적으로 돕는 봉사활동'으로만 나눔을 인식하고 있다. 그래서 '이 다음에 어른이 되고 경제적으로 부유해지면 어려운 사람을 도와야지.'라

| 아름다운 나눔 수업 PPT | 신체 부위를 이용한 나눔 실천 활동 |

고 생각한다. 그러나 지금도 얼마든지 실천할 수 있는 것이 나눔의 정
신이라는 것을 아이들이 느끼길 바라는 마음에서 이 수업을 계획했다.
레모나 광고를 통해서 웃음, 기쁨, 장쾌함 등 돈이 아니너라도 내가 가
진 다양한 것을 나눌 수 있다는 점을 알 수 있었다. 나눔에 대한 일반
적 인식을 깨뜨리는 광고였다.

  아이들에게 '신체 부위'를 이용해서 나눌 수 있는 것들을 찾아보라
고 했더니 많은 것들을 찾아냈다.

(10) 위험에 대비하기: 보험

  우리는 건강과 재정상의 '위기관리'를 위해 많은 보험에 가입한다.
초등생 수준에서 보험의 역할에 대해 알아볼 수 있도록 수업을 준비
하였다. 특히 내가 가입한 보험을 부모님과 함께 알아보는 활동을 통해

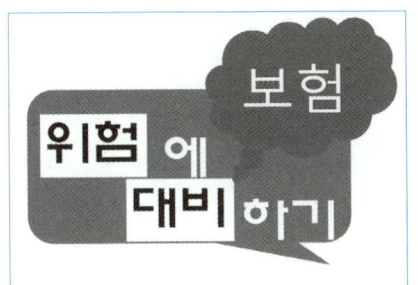 

4대 보험 수업 PPT

4대 보험 수업 PPT

나의 일상생활과 보험이 밀접하게 연결되어 있다는 사실을 느낄 수 있
도록 했다.

국가가 국민을 위해 만들어 놓은 4가지 보험에 대해서도 알아보았
다. 4대 보험이 있다는 사실에 놀라는 아이들이 꽤 있었다. 이런 보험
이 있어 든든하다며 좋아하는 아이들도 있었다.

(11) 공정한 경쟁

올바른 경제를 위해 필수 요소인 공정함을 스포츠와 비교하여 배웠
다. 스포츠에도 심판이 있듯이 공정한 경쟁을 위해서 활동하고 있는
'공정거래위원회'의 개념에 대해서도 배울 수 있었다. 마지막으로 공정
한 경쟁을 위해 불공정 기업 감시하기, 경제 관련 시민단체 후원하기
등 적극적인 활동으로 공정 사회에 이바지할 수 있다는 것을 배웠다.

또한 볼리비아의 수돗물 민영화 자료를 보고, KTX, 전기, 수도 민영
화가 거론되고 있는 현실 속에서 일부 기업의 이익을 위해 공공재가
민영화(사유화)되지 않도록 적극적인 감시가 필요하다는 사실도 잊지
않았다.

마지막으로 ○○유업 사태처럼 본사 차원에서 체인점에 횡포를 부
리는 기업들을 어떻게 견제할 수 있을지 '내가 공정거래위원이라면?'과

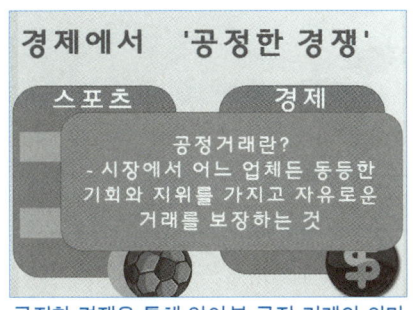

공정한 경쟁을 통해 알아본 공정 거래의 의미

공정한 경쟁을 만드는 시민의 역할

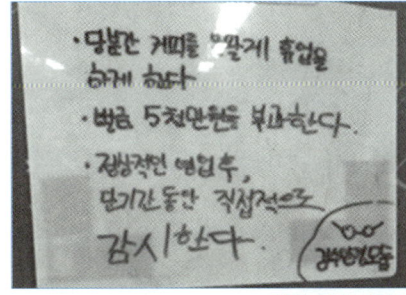

내가 공정거래위원회 위원이라면?

같은 활동을 해 보기도 하였다. 다음은 공정거래위원이 되어 활동한 아이들의 처방이다.

(12) 모두를 행복하게 하는 세금

아이들은 무의식적으로 세금을 국가에서 개인에게 걷어 가는 나쁜 돈이라고 생각하기도 한다. 특히 지나치게 높은 세금으로 백성들을 착취했던 과거 역사를 배우며 그런 부정적 인식이 생긴 것 같다. 생활 속에서 세금이 우리 생활에서 더 큰 혜택으로 다가올 수 있음을 알게 하기 위해 수업의 방향을 '모두를 행복하게 하는 세금'으로 정했다.

'바람직한 세금제도는 어떤 모습일까?'에 대해 아이들과 이야기를 나누는 시간을 가졌다. 또한 세금과 따로 생각할 수 없는 것이 사회보

모두를 행복하게 하는 세금 수업 PPT

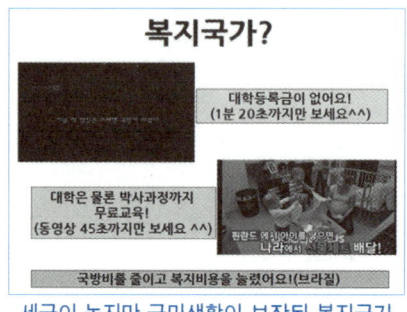

세금이 높지만 국민생활이 보장된 복지국가　'어느 나라에서 살고 싶나요?' 토의·토론하기

장제도이다. 아이들은 대부분 세금이 많더라도 개인이 걱정과 불안 없이 살 수 있는 복지국가에서 살고 싶어 하였다. 대부분의 가정에서 저축을 하는 이유는 대학 등록금과 질병 등 위험에 대한 대비이다. 아이들의 의견을 물어보니 미래에 대한 걱정이 없는 사회라면 여행, 취미활동, 자기 계발 등 자신에게 투자할 시간과 비용이 늘어나 행복할 것 같다고 부러워하였다.

(13) 돈이 궁금해요

경제를 이루는 가장 기본적인 근간은 바로 '돈'일 것이다. 아이들과 함께 '돈의 가치'에 초점을 둔 수업을 해 보고자 본 수업을 계획하게 되었다. 아이들의 '돈'에 대한 인식을 알아보기 위해 모둠 문장을 만들

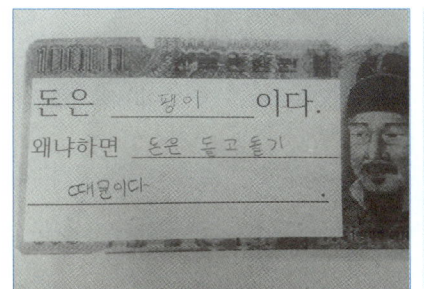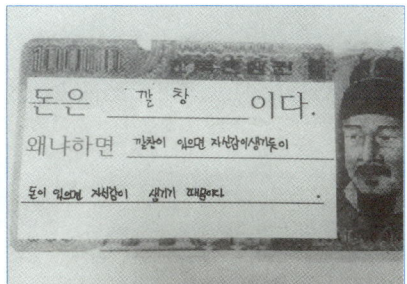

'돈은 ○○다' 모둠 문장 만들기

어 보았다. '돈은 초능력이다.', '돈은 삶의 에너지이다.' 등 다양하고 창
의적인 모둠 문장이 많이 나왔다.

　두 번째로는 돈의 유래와 역사에 대해 배웠다. 물물교환과 조개껍데
기로 돈의 가치를 표현하던 시절부터 최근 등장한 '스마트 페이'와 신
용카드까지 돈의 변천사를 공부했다. 또한 돈을 만드는 과정뿐만 아니
라, 돈을 만들 때 드는 비용까지 학습하며 흥미롭게 진행하였다.

　세 번째로는 우리가 경험했던 마을 활동과 비교하여 소득, 소비, 저
축의 개념을 공부했다. 몇 주 전에 실제로 경험했던 것과 비교하여 경
제 개념들을 배우니 더 쉽게 이해하는 것 같았다.

　마지막으로는 아이들이 가치 있게 돈을 쓰는 경험을 했으면 좋겠다
고 생각해서 '1,000원의 행복'('갈갈이 샘' 서준호 선생님 활동 참고)이라
는 활동을 진행했다. 3일간 최대한 신중하게 고민하여 돈을 가치 있게

쓰도록 하였는데, 담임교사의 당
부에도 불구하고 몇몇 아이들은
친구들과 과자를 사 먹기도 했
다. 소중한 의미를 담아서 1,000
원을 사용한 아이들의 소감문이
인상적이다.

세상에서 1,000원을 가장 값지게 쓰는 방법

난 처음에 선생님이 1,000원을 나누어 주셨을 때 '1,000원으로 무엇을 할 수 있을까?'란 생각이 들었다. 금요일, 토요일까지 생각해 보니까 무엇을 해야 할지 도무지 알 수가 없었다. 그리고 그 다음날 일요일 저녁까지 고민을 했다.
시간도 7시가 넘어서 '어떻게 해야 하지?'라고 생각을 했는데 우리를 위해 애쓰시는 경비 아저씨께 해드리고 싶어 얼른 가까운 마트에 가서 딸기우유와 껌 1통을 사서 감사하다고 하면서 드렸다.
난 처음에 너무 어렵게 생각했나 보다. 왜냐하면 난 처음에 무조건 어려운 분, 장애를 갖고 계신 분들만 생각했었기 때문이다. 하지만 우리가 평소에 보지만 "고맙습니다. 수고하십니다." 이런 말을 경비 아저씨께 해 보지 않아서 오늘 딸기 우유와 껌 1통을 사서 감사하다는 말을 하며 드렸는데 조그마한 일이어도 뿌듯했다.
내 돈 300원을 보태서 샀지만, 왠지 기분이 좋았다. -권○○

(14) 무역놀이

경제 통합수업을 하기 이전부터 우리가 내년에 6학년을 맡게 되면 꼭 하자고 다짐했던 수업이 있었다. 작년에 독서 모임을 하면서 알게 된『수업, 비평을 만나다』라는 책에서 캐나다의 교환학생이 선보인 무역놀이 수업이었다. 당시 우리는 놀이에 메시지를 담아 무역놀이를 했던 수업을 보고 감탄을 금치 못했다. 경제 통합수업을 하면서 이 수업을 우리에게 맞게 변형시켜서 해 보자는 이야기가 나왔고, 본격적으로 무역 게임을 구상하게 되었다.

게임의 규칙은 간단하다. 선진국 2, 중진국 2, 개발도상국 2로 나뉘

나라이름	모둠원수	자원
캄보디아	4	하얀 종이 6장, 노란 종이 1장, 연필 3자루
방글라데시	5	하얀 종이 6장, 노란 종이 1장, 연필 3자루

나라이름	모둠원수	자원
미국	5	하얀 종이 6장, 가위 2개, 자 3개, 컴퍼스 2개, 연필 4자루, 500달러 짜리 지폐
한국	4	하얀 종이 4장, 가위 2개, 자 3개, 컴퍼스 2개, 연필 4자루, 400달러짜리 지폐

게임 속 나라의 경제 조건

어 6개의 나라가 활동한다. 각 나라는 인구, 자원, 부유한 정도 등 경제적 조건에 따라 종이(자원), 가위와 풀, 자 등의 학용품(선진 기술)을 나눠 갖는다.

자국이 갖고 있는 수단들을 최대한 활용하여 만든 도형을 세계은행에 예치하여 통과가 되면 그 나라의 수입으로 인정을 받고, 한 시간 뒤 가장 많은 수입을 올

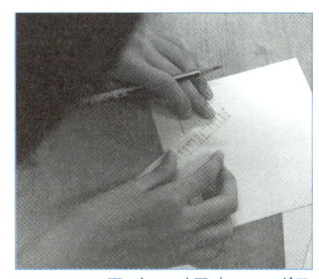
종이로 만든 '모조 자'를
사용하여 도형을 그리는 아이

린 국가가 우승하는 게임이다. 우리는 다른 출발선에서 시작하여 같은 규칙을 적용하는 것이 얼마나 불공정한지 깨달았으면 하는 의미에서 이 놀이를 계획하였다.

게임을 해볼까?

• 6개의 나라로 나뉘어 활동합니다

미국	한국	브라질	멕시코	캄보디아	방글라데시

무역놀이에 등장하는 나라들

게임을 해볼까?

① 6개의 나라로 나뉘어 활동합니다
② 각 나라는 다른 모둠원 수로 구성되며, 서로 다른 자원을 가지게 됩니다
③ 예시도형을 똑같은 모양으로 다섯 개씩 만들어서 세계은행에 예치해요!
④ 세계은행에서는 10분이 경과할 때마다 10%의 이자를 줍니다.
⑤ 40분 후 돈이 가장 많은 나라가 승리!!

무역놀이의 규칙

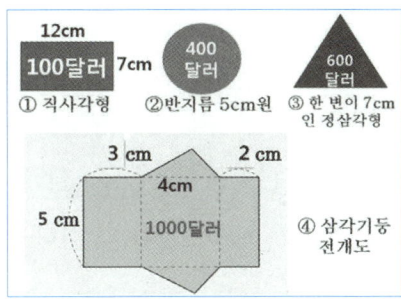

12cm
100달러   7cm
① 직사각형

400
달러
②반지름 5cm원

600
달러
③한 변이 7cm인 정삼각형

3 cm   2 cm
4cm
5 cm   1000달러
④ 삼각기둥 전개도

무역놀이에 등장한 예시 도형

멍~ 하니 어떻게 해야 할 줄 모르는
캄보디아의 국민들

개발도상국의 아이들은 종이를 주고 꼭 필요한 가위, 자 등을 빌리기 시작했다. 이러한 과정에서 '무역'이 일어나고 있었다. 한 아이는 잠시 자를 빌리더니 센티미터를 그려 넣어 모조 자를 만들기도 하였다. 잘 작동되지는 않았지만 연필 두 개를 연결하여 컴퍼스를 만들어 낸 아이들도 있었다.

　아이들이 게임을 하면서 가장 궁금해했던 것은 '노란 종이'의 용도였다. 몇몇 모둠은 노란 종이의 용도를 모른 채 미리 사용하기도 하였다. 수업이 끝나기 10분 전 노란 종이로 정사각형을 만들어 붙이면 값이 2배라는 걸 알려주었더니 노란 종이로 정사각형을 대량 생산하는 '노란 종이 대란'이 일어났다. 게임을 하면서 우리의 예상과는 다른 결과가 벌어졌는데, 캄보디아나 개발도상국이 상위권인 반이 나오기도 했다. 활동 중 선진국에게 유리하도록 룰을 대폭 수정하기도 하였지만(예를 들어, 종이 3장 이하로는 가위나 자로 바꾸어 주지 않음), 도형을 그리는 '조작 능력'에 있어 아이들 간에 큰 차이가 있다는 것을 간과했던 것이다. 아이들의 발달 단계를 고려하여 의도한 결과과 나올 수 있도록 수업을 치밀하게 계획하는 것이 중요하다는 걸 실감했다.

　무역놀이를 할 때엔 예시 도형을 우리보다 조금 쉽게 하거나, 교사가 아이들의 능력을 고려하여 이질 집단으로 모둠을 잘 구성해야 할 것이다(참고로 어떤 반 같은 경우 미국에 조작능력이 다소 떨어지는 아이들이 몰려 절대적으로 유리한 조건에도 불구하고 미국이 5위를 차지하였다). 또한 우리 수업의 초점은 '가난한 나라가 가난에서 벗어나지 못하는 것은 그들의 무능력 탓이 아니다.'였는데, 게임 결과를 살펴보면 잘 반영되지 못한 것 같다. 몇몇 반에서 예상과 다른 결과가 나왔으나 아이들은 놀이를 통해 직감적으로 우리의 수업 목표에 도달한 것 같다.

(15) 세계화와 FTA

이전에 무역놀이 수업을 하였기에 그와 연관 지어 무역이 일어나는 까닭과 세계화에 대하여 마무리 수업을 하였다. 세계화가 얼마나 우리 생활에 미치는 영향이 큰지 아이들이 직관적으로 느낄 수 있도록 베컴이나 오바마 등의 해외 유명인들 사진을 보여 주며 이름을 물어본 뒤, 맥도날드 지도와 세계 각국의 맥도날드 체인점 사진을 보여 주었다. 두 번째로는 우리의 일상생활을 지배하는 '메이드 인 차이나' 제품에 관한 일화를 상상해 보기로 했다. 실화를 바탕으로 한 이야기인데, 이 기

맥도날드 지도로 배우는 세계화

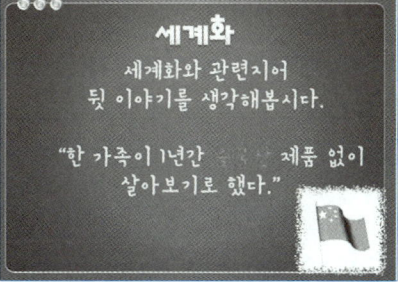

과연 이 가족에게 무슨 일이 일어났을까?

그 결과 가전제품의 경우 고장이 나면 부품이 없어서 수리가 불가능했고, 아이들의 장난감과 학용품은 시중에서 중국제가 아닌 것을 찾기가 어려웠다. 프린터 잉크도 중국제가 대부분이어서 직업이 기자였던 아빠는 자신의 기사 마감을 맞추기도 어려웠다. 비가 오는 날, 중국제가 아닌 우산을 찾기가 어려워 아이가 비를 맞으며 학교에 가야 하는 일도 벌어졌다.
－중국 제품 없이 살아가기(네이버 어린이 백과 발췌)

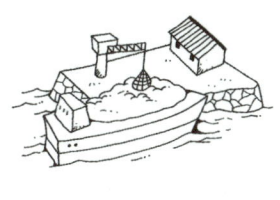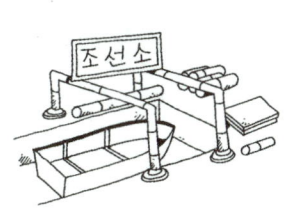

한국의 가공 무역

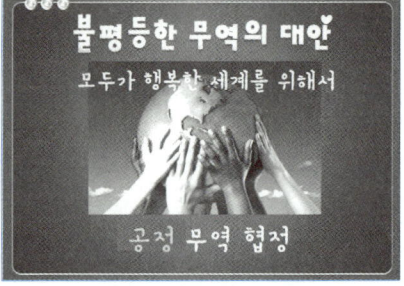

축구공으로 보는 무역의 불평등   공정무역협정의 필요성

사의 뒷이야기는 어떤 모습일까? "한 가족이 1년간 중국산 제품 없이 살아 보기로 했다."

세 번째로는 비교우위 이론에 입각하여 무역이 왜 일어나는지 보여 주기로 했다. 필리핀과 우리나라는 가지고 있는 자원(기술, 환경)이 다르기 때문에 '특화'된 물건을 생산하여 판매하는 것이 유리하다는 점을 아이들이 쉽게 알 수 있었다.

또한 우리나라는 자원이 부족하여 '가공 무역'의 형태로 외화를 벌어들인다는 것도 설명해 주었다.

마지막으로는 피버노바 축구공에 얽힌 경제학적인 현상을 알아보며 무역의 불평등을 느껴 보았다. FTA의 장단점에 대해서도 이야기를 나누었는데, 관세를 없앰으로써 두 나라 간의 교역을 늘리자는 자유무역협정이 실제로는 체급이 다른 두 선수가 하나의 링에 올라가는 게임과 같은, 개발도상국에 불리한 '불공정한 경쟁'이라는 것을 알게 되었다.

(16) 경제 통합수업의 마무리: 착한 경제 부루마블

처음에 우리는 경제 관련 영화를 감상하며 경제 통합수업을 마무리하기로 했었다. 회의를 거쳐 마무리가 허술하다는 자조적인 반성한 결과, 아이들이 즐겨 하는 게임인 부루마블에 우리가 공부한 경제적 관점을 접목시키기로 했다.

부루마블은 유럽 등의 선진국 땅값은 비싸고, 동남아 등지의 땅은 싼값인 제국주의적인 한계를 안고 있다. 땅 투기를 통해 돈을 번다는 점, 운이 좋아 비싼 땅을 많이 차지하게 되면, 역전이 불가능하다는 점도 비판받고 있다. 우리는 이러한 부루마블의 한계를 극복하는 착한 부루마블을 만들고 싶었다.

큰 카테고리는 소비자, 기업과 노동자, 국가와 복지, 세계 경제로 나누어 칸칸마다 긍정적, 부정적 경제 상황을 묘사했다. 주사위를 굴려 긍정적 상황에 다다르면 1개의 행복 칩을 얻고, 부정적 상황에 오면 1개의 행복 칩을 빼앗긴다. 가운데 표에는 가져간 행복 칩을 쌓아두었다. 통상적인 부루마블의 게임적 요소도 몇 가지 도입했다(무인도, 세계 여행 등).

다음은 경제 부루마블에 나오는 긍정적, 부정적 상황들이다.

긍정적 상황	부정적 상황
•노동조합을 만들어 단체교섭에 성공. •출산 장려 캠페인(주사위를 굴리는 대로 행복 칩 개수가 늘어남). •우리나라에 없는 자원을 수입하여 뛰어난 기술로 물건을 가공해서 무역에 성공. •어린 자녀가 있는 가정을 위해 무료로 예방접종을 실시.	•비정규직으로 일하다 갑자기 회사에서 해고 통보를 받음. •학교에 가지 못하고 하루 종일 축구공을 꿰매어 140원을 받음. •탈세를 하여 나라에서 벌금을 부과함. •기업의 독점이 적발되어 공정거래위원회의 처벌을 받음.

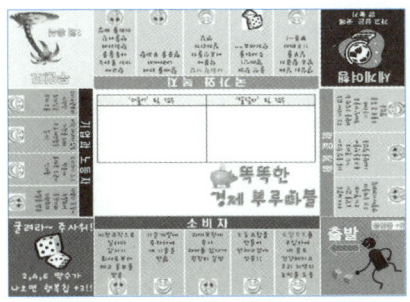

경제 상황을 부루마블 게임에 접목시킨
착한 경제 부루마블

게임하는 아이들

4) 통합수업을 마치며

아이들과 함께 무려 15가지의 주제로 진행하였던 경제 통합수업! 우리들 스스로 많은 자료를 만들기도 했지만, 많은 선생님들의 아이디어를 빌려 쓰기도 하였고, 한겨레의 경제교육 자료를 많이 참고하여 방향을 수정하기도 하였다. 신문의 한 컷이나 TV에서 경제 관련 소식이 등장할 때마다, 거리를 지나다가 간판을 목격할 때마다 우리가 공부했던 경제 관련 주제들이 떠올랐고, 삶과 밀접한 수업을 했다는 보람을 느낄 수 있었다. 아이들이 바람직한 경제는 어떤 모습일지 많이 생각하고, 미래의 합리적인 경제 주체가 되었으면 하는 바람이다. 또한 경제교육을 구상하시는 전국의 많은 선생님들께 미약하나마 보탬이 되면 좋겠다.

5) 이렇게 평가했어요

1. 신동초등학교 6학년 학생들은 3주 동안 마을 활동을 하며 3가지 경제 시스템을 체험했습니다. 마을 활동의 과정과 의미를 떠올리며 아래 물음에 답하시오.

마을 헌법
1. 우리는 마을 활동을 통해 아름다운 배움을 일군다.
2. 우리는 마을 활동을 하는 동안 마을 법률을 철저히 지키다
3. 마을 활동을 하는 기간은 5월 22일부터 6월 14일까지이다.
4. 우리는 평등 경제, 자유 경제, 공정 경제를 경험한다.

(1) 각 시스템의 장단점을 정리한 표입니다. 빈칸을 채우시오.

	장점	단점
평등 경제 시스템	- -	-게으르게 일한 사람도 동일한 임금을 받는다. -경제 활동이 활성화되지 않는다.
자유 경제 시스템	-자신이 노력한 만큼의 소득이 생긴다. -경제 활동이 활성화된다.	- -
공정 경제 시스템	- -	-중복 창업이 불가능하다.

(2) 내가 나라를 세운다면 어떤 경제 시스템을 선택할 것이고, 그 이유는 무엇인지 적어 보시오.

내가 선택한 경제 시스템: _____

이유: _____

2. 다음 우화를 읽고 물음에 답하시오.

> 옛날에, 생쥐 마을이 있었어요. 생쥐 마을에는 집에서 만든 치즈를 파는 조그마한 가게들이 많이 있었어요.
>
> 그러던 어느 날, 고양이 한 마리가 생쥐 마을에서 치즈를 팔기 시작했어요. 고양이는 대량으로 치즈를 만들어 생쥐들보다 더 싼 가격에 치즈를 팔았어요. 생쥐들은 신이 나서 고양이 가게에서 치즈를 사기 시작했어요. 이 소문을 들은 다른 고양이들이 앞다투어 생쥐 마을로 들어와 장사를 하기 시작했어요.
>
> 생쥐들은 더 싼 가격에 치즈를 살 수 있어서 좋아했어요. 하지만, 이전에 치즈를 팔던 생쥐들은 더 이상 치즈를 만들어 팔 수가 없었어요. 아무도 생쥐 가게에 오지 않았거든요. 그렇게 생쥐들이 파는 가게는 사라져 갔어요. 생쥐 가게가 없어지자, 고양이 가게만 치즈 시장에 남게 되었어요. 그러자 고양이들은 치즈 가격을 조금씩 올리기 시작했어요. 더 이상 가격 경쟁을 할 다른 생쥐들이 없었기 때문에 마음 놓고 가격을 올릴 수 있었어요. 생쥐들은 그제서야 생쥐 가게를 찾았지만, 이미 소용이 없었어요. 그저 울며 겨자 먹기로 비싼 고양이 치즈를 계속 사 먹을 수밖에 없었답니다.

(1) 내가 생쥐 가게 주인이었다면 고양이 가게와의 경쟁에서 살아남기 위해 어떻게 했을까요?

_____

(2) 우리 사회에서 우화와 비슷한 사례로 어떤 것이 있는지 적어 보시오.

_____

_____

_____

3. 다음 기사를 보고 물음에 답하시오.

원 모 씨의 파산!

자유 마을 3일째, 벌써부터 파산하는 사람이 생겨났습니다. 이는 복권 중독으로 인한 과소비가 파산의 원인이었다고 합니다. 하지만 원 모 씨뿐만 아니라 지나치게 간식을 많이 먹는 사람, 또 토지가 없어 비싼 임대료를 내는 사람도 파산 위기에 처한 것으로 보입니다. 토지가 없는 친구들은 많은 토지를 소유한 친구가 값비싼 임대료를 받는 것에 대해 불만이 컸습니다. 자유 마을이 막바지에 접어들수록 빈부격차가 심해져 돈없는 친구들의 슬픔이 더 커질 것으로 예상됩니다. 지금까지 신동일보의 기자 박○○이었습니다.

(1) 신동일보의 원 모 씨처럼 파산하거나 빚을 갚을 능력이 없는 사람은 신용불량자라고 합니다. 우리 사회에서는 청소년이나 대학생, 성실한 사람들도 신용불량자가 되기도 합니다. 이러한 현실의 원인은 무엇인가요?

_____

_____

_____

_____

(2) 이를 해결하기 위한 대안을 써 봅시다

_____

_____

_____

_____

4. 다음 기사를 읽고 물음에 답하시오.

커피 전문점 가맹본부의 횡포

요즘 도심 상가를 보면 빵집, 음식점 할 것 없이 체인점이 대부분입니다. 가맹 본사의 등쌀에 못견디겠다는 항의도 줄을 잇고 있습니다. 공정거래위원회가 집중 조사에 나섰습니다. 염혜원 기자입니다.

서울 시내 주상복합 아파트, 상가 1층을 체인점이 점령했습니다. 특별한 기술이나 자본이 없어도 가게를 열 수 있기 때문입니다. 하지만, 가맹 본부의 무리한 요구에 속을 끓이는 점주가 적지 않습니다. 대표적인 것이 매장 리모델링이나 확장을 강요하고, 비용을 점주에게 떠넘기는 겁니다.

[프랜차이즈 가맹점주] "인테리어를 바꾸지 않으면, 재계약을 안 해 주는 거죠. 4~5년 만에 2~3억을 부담을 해 가면서 인테리어를 해야 하니까 굉장히 부담이 크죠."

또 길 하나를 사이에 두고 같은 업종 점포가 들어서 매출에 타격을 입는 경우도 허다합니다.

[프랜차이즈 가맹점주] "경쟁업체가 나란히 있거나 마주 보고 있게끔 일부러 영업 전략을 짜니까, 타격을 입죠. 서로가 타격을 입는데……."

점주들의 불만이 커지자 공정거래위원회가 대책 마련에 나섰습니다. 커피 전문점과 자동차 정비소 등 최근 급성장한 업종에 대해 중점 감시하기로 했습니다. YTN 염혜원입니다.

(1) 내가 공정거래위원회 위원이라면 무엇을 지적하고 싶나요?

_____

_____

_____

(2) 내가 공정거래위원회 위원이라면 위의 문제를 어떻게 해결할지 써 보세요.

_____

_____

5. 세금은 많이 내지만 복지가 좋은 나라와 세금은 적게 내지만 개인이 교육비, 병원비를 책임져야 하는 나라가 있다면 어느 나라에서 살고 싶나요? 여러분의 선택과 그 이유를 함께 적어 보세요.

_____

_____

_____

_____

_____

_____

_____

6. 아래 사진을 보고 물음에 답하시오.

사진과 같이 사회의 친환경적 변화와 소외계층 지원에 기여하고, 사회적 약자를 위해 일자리나 서비스를 제공하는 단체가 있습니다. 일반 기업처럼 설립 목적이 돈벌이가 아닌 사회에 도움이 되고자 설립한 기업을 무엇이라고 할까요?

_____

2. 5학년 2학기 사회과(역사) 재구성

초등 교사들은 역사 수업을 힘겨워하는 경우가 많다. 6학년에 있던 역사가 5학년으로 내려왔다가 다시 5학년 2학기, 6학년 1학기로 재배치된다고 한다. 이런 일이 있을 때마다 일선 현장에서는 대혼란이 일어난다. 역사를 두 번 배우게 되는 아이들과 배우지 못했던 부분을 보조 교과서로 다시 공부해야 하는 아이들 모두 힘겨운 상황이다.

또한 역사를 좋아했던 아이들도 학교에서 역사를 배우기 시작하면 금세 흥미를 잃어버리곤 한다. 일단 교과서가 너무 구조화되어 있어 친절하지 못하다. 역사는 흐름인데 흐름을 알기 쉽게 집필되지 않았기 때문이다. 그리고 너무 많은 양을 짧은 시간에 배운다. 역사 시험은 아이들에게 곤욕 그 자체이다. 외워야 할 것이 너무 많다 보니 역사를 좋아하는 아이가 별로 없다. 역사를 외워야 할 사건들로 인식하게 되는 것이다. 슬픈 현실이다.

그래서 우리는 역사 수업을 새롭게 접근하기로 했다. 일단 재미있고 의미 있는 수업을 만드는 것을 최우선의 목표로 삼았다. 역사에 흥미가 없거나 사전 지식이 없는 아이들도 즐겁게 공부할 수 있는 수업을 만들고자 했다.

기존 역사 수업은 시대 순으로 나라의 탄생과 소멸을 설명하고 중요한 내용을 암기하여 평가하는 방식이다. 초등학생들이 사건이 일어난 순서, 위인들과 그에 관련된 사건을 기계적으로 암기해도 일정 시간이 지나면 기억에 남는 것이 별로 없다는 의견이 모아졌다. 암기 위주의 학습에서 벗어나 역사적 사건에 대해 생각하는 힘을 기르는 것이 중요하다고 생각했다. 단편적인 지식을 가르치기보다는 전체적인 흐름을 이해하도록 돕고 싶었다. 역사가 단순히 옛날이야기가 아니라 현재 우리의 삶과도 밀접한 관련이 있음을 깨닫고 흥미를 가질 수 있길 바랐다. 학생들이 역사를 왜 배우는지를 인식하고, 역사를 통해 현재를 돌아볼 수 있도록 재구성에 힘써 보자고 논의하였다.

교과서는 선사시대부터 조선 전기까지의 내용이 시대 순으로 구성되어 있다. 우리는 교과 내용을 '주제'로 묶어 재구성하기로 했다. 시대 순으로 건국 및 영토 확장-생활 모습-문화-멸망을 반복해서 배우는 것보다는 주제별로 묶어 접근하는 것이 더 흥미로운 접근일 것이라 생각했다. 주제는 긴 회의 끝에 다음과 같이 나눴다.

주제 도입 전 개관을 통하여 역사를 왜 공부하는지 생각하도록 하고 5개의 주제 수업이 끝나면 역사 신문 만들기 활동으로 한 학기 동안의 내용을 정리하기로 했다.

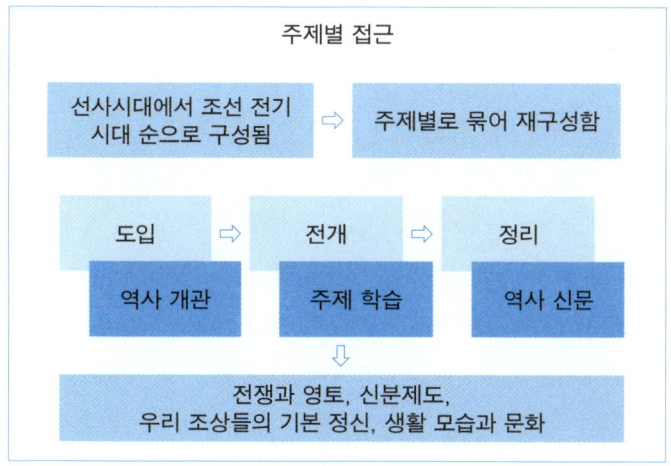

2학기 재구성 개요도

1) 역사 개관

차시	주제	내용	준비물
1	역사란 무엇인가?	·역사를 배우는 이유 PPT ·개콘 동영상(동혁이형) ·'역사 수업에 임하는 나의 자세' hwp: 스케치북에 붙이기	'역사에 임하는 나의 자세' 학습지
2	역사란 ○○다	–모둠 문장 만들기 –칠판 나누기 구조	B4 종이 코팅한 것 보드마카, 지우개
3	연표 만들기	–연표 자료 나눠 주기 –스케치북에 연표 붙이기	스케치북, 가위, 풀 복사한 연표

(1) 수업 흐름

　주제 학습 도입 전 역사를 왜 배우는지에 대해 함께 이야기를 나눠 보았다. 1차시는 최○○이 호위무사 역으로 일본 영화에 출연한 것과 조○○이 기미가요에 박수를 친 상황을 둘러싼 논란, 중국·일본의 교과서 역사 왜곡 문제, 3·1절을 모르는 우리나라 학생들의 현실, 개그콘서트 동혁이형에서 다뤄진 국사 선택 교과 지정 비판에 관한 영상 등 우리 생활과 관련된 역사에 대해 구체적으로 이야기를 나눠 보았다. 이를 바탕으로 우리가 역사를 왜 배워야 하는지 생각하고 역사 수업에 진지하게 임할 자신의 다짐을 학습지에 선서로 남겼다.

　2차시는 '역사는 _____이다.'라는 모둠 문장 만들기 활동을 했다. 먼저 떠오르는 문장을 메모지에 적고 모둠별로 생각 나누기 구조를 통해 의견을 나눴다. 모둠 내에서 가장 마음에 드는 문장을 모둠 대표 문장으로 적고 학급 전체가 각 모둠의 대표 문장을 공유했다. 생각 나누기 활동을 통하여 자신과 친구들이 생각하는 역사에 대한 생각, 느낌을 나누었다. 3~4차시는 역사 연표를 만들어 보고 전반적인 나라 건국 및 멸망의 흐름을 간단히 익혀 보았다.

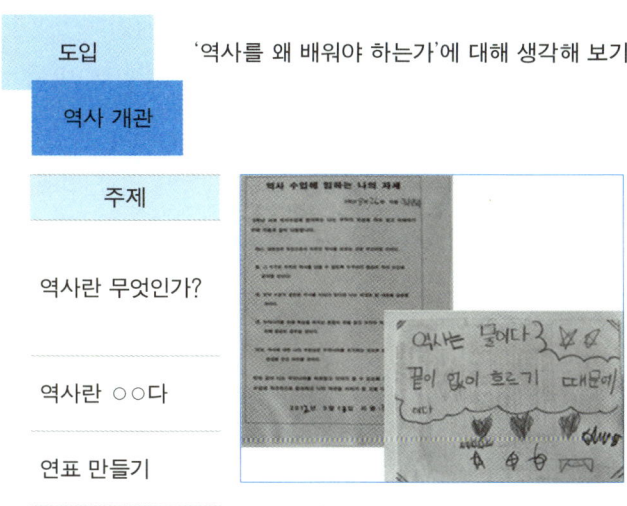

도입	'역사를 왜 배워야 하는가'에 대해 생각해 보기
역사 개관	
주제	
역사란 무엇인가?	
역사란 ○○다	
연표 만들기	

역사 개관 수업

(2) 수업 실행 사례

최○○이나 조○○ 등 연예인이 관련된 상황이 나오자 학생들이 흥미를 보였다. 3·1절이 무슨 날인지는 알고 있지만 제헌절이나 개천절의 의미는 모르는 학생들도 꽤 있었다.

'역사란 ○○○이다.' 모둠 문장 만들기에서 '역사는 거울이다.', '역사는 물이다.'와 같은 다양한 의견들이 나왔는데, 아이들은 자신들이 만들어 낸 문장을 보면서 뿌듯해하였다.

3~4차시 연표 만들기는 자르고 붙이는 데 시간이 오래 걸렸다. 그래도 연표를 만들어 스케치북에 붙여 놓으니 수업 내내 도움이 되었다. 한눈에 시간과 공간의 변화를 알 수 있으니 우리나라 역사를 이해하는 데 도움이 되었다.

사회 수업 첫 시간을 교과서를 펴고 선사시대부터 진도를 나가는 것이 아니고 역사에 관한 이야기를 나눌 수 있어 좋았다. 역사를 왜 배워야 하는지에 대해 생각해 보고 나서 구체적 내용을 배운다는 것은 아

연표 만들기

주 당연한 일인데, 실제 그렇게 진행하는 경우가 많지는 않다. 역사적 사건의 내용에 매몰되어 암기하기 쉬운 현실적 상황에서 첫 단추를 잘 꿰어 낸 듯하여 '시작이 반이다'라는 생각이 들었다. 학생들도 보다 마음은 편하게, 집중력은 높게 사회 교과에 다가갔을 것이라 생각한다. 학생들은 공책이 아니라 스케치북으로 교과 내용 정리를 할 수 있음에 신선하다는 반응이었다.

2) 주제 학습

'전쟁과 영토' 주제를 통하여 전반적인 나라의 흥망성쇠를 알아보았다. 4월에 진행할 예정인 평등 프로젝트를 앞두고 신분제도에 대해 학습하고 나서 종교를 포함한 우리 조상들의 기본 정신이 무엇인지 공부했다. 유교와 건국 신화 등도 포함하기 위해 종교라는 표현보다는 우리 조상들의 기본 정신이라는 주제명을 택했다. 의식주를 포함한 생활 모습을 알아보고 문화재 및 기타 문화 관련 내용으로 주제 학습을 마무리하였다.

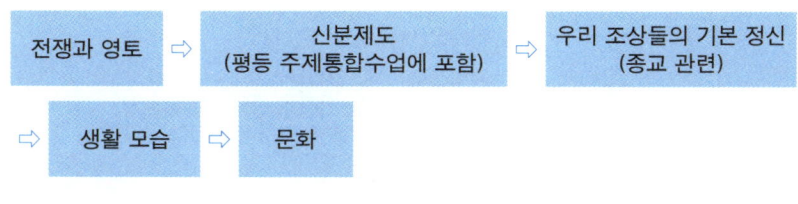

(1) 전쟁과 영토

조선 전기까지 많은 나라가 건국되고 멸망하는 과정을 학습한다. 국가 간 외교 및 전쟁, 영토 확장 등에 관한 내용 등 나라의 흥망성쇠 과정을 다뤄 전반적인 역사 흐름을 익히도록 하였다. 전쟁과 영토를 첫 주제로 설정한 이유는 다음 주제들을 학습할 때 반복적으로 시대의 흐름을 되짚어 볼 수 있는 기본 틀이 중요하다고 생각했기 때문이다.

전성기의 영토 확장이나 전쟁 등에 관한 내용에서는 지도 및 그림 자료를 많이 제공하고자 하였고, 역사적 사건에 대해 입장이 나뉘는 부분은 토론 활동을 적극 활용하여 고정된 하나의 시각이 아닌 다양한 시각을 가질 수 있도록 하였다.

☞주요 활동: 삼국시대 전성기 지도 보고 공통점 찾아보기, 신라의 삼국통일 모의재판 등

	전개	나라의 건국과 멸망, 외교, 전쟁 및 영토 확장 등에 관한 내용을 다뤄 전반적인 역사 흐름을 익히도록 함.
	전쟁과 영토	

차시	주제	내용
1	고조선과 고조선 뒤에 세워진 나라들(부여, 고구려, 옥저, 동예, 삼한)	단군왕검 이야기, 8조법
2	삼국의 성립과 발전	백제의 전성시대(근초고왕 4C) 고구려의 전성시대(광개토대왕 5C) 신라의 전성시대(진흥왕 6C) *국가별 전성기 지도 보고 공통점 찾아보기(창문 나누기 협동 학습 구조)
3	수나라와 당나라를 물리친 고구려	살수대첩(을지문덕): 수 안시성 싸움(양만춘): 당
4	신라의 삼국통일 발해의 건국과 발전	통일신라(나당 연합군) *삼국모의재판–신라의 통일은 정당한가? 발해 사람들(대조영, 고구려 유민과 말갈족)
5	후삼국 시대 영토, 고려 건국	고려 건국(왕건)
6	고려의 대외관계(거란, 여진의 침입)	고려의 외교관계 지도를 보고 서로의 관계 이해하기 거란의 침입(서희, 양규, 강감찬의 활약) 여진의 침입(윤관의 활약)
7	고려를 침략한 몽골	몽골의 침략과정 및 삼별초의 항쟁 원의 간섭과 공민왕의 개혁정치 몽골에 대항하여 싸운 인물에게 편지 쓰기(백성, 삼별초, 공민왕 등)
8	이성계의 조선 건국	고려 말기 상황과 조선 건국과정(요동 정벌 대 위화도 회군, 최영 대 이성계) 급진개혁파와 온건개혁파 이방원 대 정몽주의 시조를 통해 조선 건국에 대한 서로 다른 생각 알아보기) 이성계의 조선 건국 찬반 토론(사탐 76) 내가 신하였다면 이방원, 정몽주 어떤 입장에 섰을까?
9	임진왜란	임진왜란의 원인 및 전개과정(이순신 장군) 의병의 활약 임진왜란의 영향과 통신사 파견
10	병자호란	병자호란의 시대적 배경(광해군의 중립외교)을 평가해 보자. 병자호란의 진행과정과 결과 북벌론(봉림대군, 효종) 대 북학론(소현세자) 자신의 입장 선택하여 표현하기

전쟁과 영토 수업 흐름

① 삼국의 전성기 지도를 보고 공통점 찾아내기: 창문 나누기 협동 학습 구조 사용

삼국이 가장 번성하였던 시기의 공통점이 한강 유역을 점거하였던 시기로 교과에서 서술되어 있다. 이것을 교사 대 학생이 질의응답 식으로 묻는 것보다는 학습자들이 머리를 맞대고 고민하면서 찾아보도록 했다. 아동의

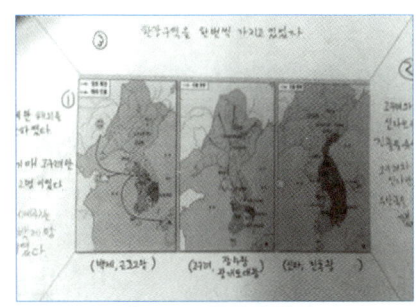

지도 보고 공통점 찾기

사고력을 신장시키는 데도 도움이 되고 아이들이 학습의 주체가 될 수 있어 좋을 것이라 생각했다.

교과서에 제시된 삼국의 전성기 지도를 나눠 주고 모둠별 협동 학습 창문 나누기 구조를 활용하였다. 실제로 아이들은 각 전성기의 특징이 무엇이냐는 질문에 '한강 유역을 차지했다.'라는 답변 외에도 '영토가 가장 넓어졌다.', '다른 나라에 진출했다.' 등 교과서에 나오지 않은 답들도 찾아냈다.

또한 백제나 신라 같은 경우에는 영토가 가장 넓었을 때라도 고구려보다 영토가 작은데 어떻게 전성기라고 할 수 있느냐는 의문점도 던졌다. 교과서에서 일일이 다룰 수 없지만, 우리가 지도를 보면서 느꼈을 평범한 질문들을 친구들과 함께 풀어 가면서 더 풍부한 수업이 되었다.

② 모의재판 '신라의 삼국통일은 정당한가?'

'신라의 삼국통일은 정당한가?'에 대한 모의재판은 초등 커뮤니티 사이트에서 참고한 학습지를 바탕으로 실행하였다. 당연하다고 생각했던 신라의 삼국통일에 대하여 다른 시각으로 보게 되는 의미 있는 수

업이었다. 일반적인 찬반 토론 모형에만 익숙해져 있던 학생들은 매우 흥미롭게 모의재판에 참여하였다. 모의재판을 처음 실행하였고 법원에 대한 내용을 학습하기 전이었기에 재판장, 피고, 변호사, 검사, 판정인의 용어를 모르는 학생들도 많았다. 재판에 대해 간단히 설명하고 일단 실행해 보았다.

수업 진행에 아쉬움은 있었으나 새로운 시각 제시 및 학습 방법 도입만으로도 의미가 있었다. 이후 진행했던 '전쟁과 평화' 주제통합수업에서 실시한 '콜럼버스는 침략자인가 영웅인가?' 모의재판에서는 한층 더 성장한 모의재판 참여 모습을 보여 주었다.

신라의 삼국통일에 관한 모의재판이 끝나고 우리 반 아이 중 한 명은 '나의 꿈이 변호사인데 실제로 재판을 해 볼 수 있어서 좋았다.'고 말하기도 했고, 자기들끼리 수업을 마친 후에도 계속해서 '통일신라가 잘했네', '못했네' 이야기를 하는 것을 통해 아이들이 몰입해서 수업에 참여했음을 알 수 있었다.

③ 토의·토론

이성계의 조선 건국에 관한 찬반 토론은 사회과탐구 76쪽의 만화 내용을 참고하였다. 최영의 요동 정벌 주장과 이성계의 4대 불가론을 알아보고 어느 쪽에 더 공감이 되는지, 나라면 어떤 선택을 할지 의견을 나눠 보았다. 사회과탐구 77쪽 이방원과 정몽주의 갈등, 사회과탐구 104쪽의 병자호란 이후 북벌론과 북학론 등 의견 대립에 관한 내용은 본인의 입장을 선택하고 이에 관한 뒷받침 의견을 마련해 보는 연습을 하였다.

역사적 사건에 대하여 하나의 흐름만이 옳다고 당연하게 생각하기보다는 다양한 가능성을 열어 놓고 '이러했다면 역사는 어떻게 되었을까?', '나라면 어느 쪽 주장을 했을까?' 고민해 보아야 한다. 사회과 학습에 있어 사건을 바라보는 관점과 이 관점의 전환이 학생들에게 중요하기 때문이다.

하지만 '전쟁과 영토' 수업이 오래 걸려 다음 주제들의 활동 시간을 줄여야 하는 상황이 되었다. 학기를 마치고 되돌아보니 조상들의 기본 정신, 생활 모습 및 문화의 내용은 중복되는 부분이 많았다. 이 부분들을 정선하고 전쟁과 영토 주제 학습은 지금처럼 충분한 시간을 투자하여 내실 있게 다뤄야 한다는 생각이 든다.

(2) 신분제도

4월 실시된 '평등' 주제통합수업과 연관 지어 수업을 진행하였다. 시대별 신분제도의 변화 및 특징에 대해 알아보고 양성평등과 관련하여 여성의 삶에도 주목했다. 특히 고려와 조선시대의 여성 지위 및 생활 모습을 비교하여 다음 주제에서 다룰 유교의 영향에 대해서도 간단히 언급하였다.

사회과를 재구성하여 가르치면서 주제별로 우리 사회의 현재 모습을 비추어 볼 수 있다는 점이 특히 좋았다. 만약 신분제도를 시간 순으로 배웠다면 그냥 계층의 변화에 주목하여 구분하는 데 급급했을 텐데, 주제별로 접근하면서 시대마다 지배 계층과 피지배 계층이 있었고, 점차 그 격차를 좁히는 방향으로 시대가 발전해 왔음을 알게 되었다. 그리고 그것이 쉽게 이루어지지 않았다는 점은 이후 배우게 되는 근현대사 수업을 통하여 더 절실히 느낄 수 있다.

'평등' 수업을 전개하는 과정에서 아이들도 우리 사회의 보이지 않는 부조리를 느낀 것 같았다. 그래서일까? 폐쇄적인 구조를 가진 과거의 신분제를 배우면서도 "우리 사회가 예전보단 신분의 이동이 많이 자유로워졌지만, 아직도 갈 길이 멀다."라는 이야기를 하기도 했다. '평

전개
신분제도

평등프로젝트와 함께 진행함.
시대별 신분제도 및 여성의 삶에 주목함.

차시	주제	내용
1	신분제도에 대한 전반적 설명 청동기시대	신분제의 성립, 정복 전쟁이 전개됨 → 지배 세력(부족장 중심), 피지배 세력(전쟁 포로) 고인돌에서 알 수 있는 신분제도
2	삼국시대	3단계 신분 구조(귀족, 평민, 노비): 중인층이 없다 폐쇄적: 신분의 수직 이동이 불가능함 골품제: 신라의 경우 폐쇄성이 더함
3	고려시대	고려 전기의 신분제도(호족연합 정책에 의한 중앙귀족화, 결혼관계로 인한 족벌귀족화) 고려 중기의 신분제도(문벌 귀족의 대립 → 귀족 사회 붕괴 → 무신세력 등장: 무신정변) 고려 후기의 신분제도(사대부 세력 등장 등) 고려시대 신분제도의 전체적 특징 요약 고려시대 여성의 삶
4	조선시대 전기 ~임진왜란	신분 구조 신분제의 동요: 15세기, 16세기의 특징 조선시대(전기, 중기) 신분제도의 전체적 특징 요약 조선시대(전기) 여성의 삶(고려시대와 비교하기)

신분제도 수업 흐름

등' 수업을 사회과의 신분제도와 연계했기 때문에 우리 사회의 계층적 모순이 아이들의 피부에 더욱 크게 와 닿은 것 같다. 아이들에게 역사는 자유와 평등이 확대되는 방향으로 전개된다는 것과, 그러한 진보 뒤에는 바람직한 방향으로 우리 사회를 이끌기 위해 노력하는 수많은 이들의 희생이 있었다는 사실을 알려주었다.

신분제 주제 학습의 마지막 시간에 '현재 우리나라는 신분사회일까? 아니면 평등한 사회일까?'라는 질문을 하였다. 아이들은 '평등' 수업에서 배워서인지 실제 삶에서 느낀 것인지, 빈부나 학벌 차에 따른 불평등이 아직도 존재한다는 말을 많이 했다. 사회마다 존재했던 계층을 당연한 것으로 받아들이지 않고 그에 대해 문제를 제기할 수 있는 시간이 마련된 것은 주제별 접근이었기에 가능했다.

또 마무리 시간에는 인도에 아직도 남아 있는 카스트 제도에 관한 동화책을 읽어 주었다. 빨래터에서 일하는 인도의 불가촉천민의 이야기에 아이들이 많이 놀랐다. 아직도 신분제도의 흔적이 여러 나라에서 발견되고 평등한 사회로 나아가기 위한 과세가 많이 남아 있음을 생각해 볼 수 있었다.

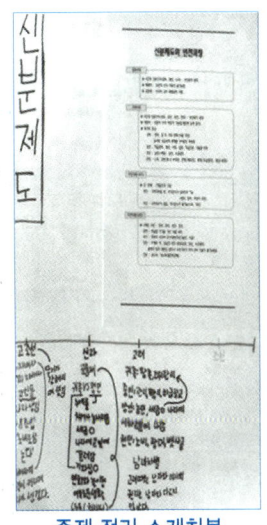

주제 정리 스케치북

(3) 우리 조상들의 기본 정신

'우리 조상들의 기본 정신'의 처음 명칭은 '종교'였다. 종교라는 주제에서는 삼국 및 고려시대의 불교, 조선시대의 유교가 많은 부분을 차지했다. 그런데 종교라는 주제 아래 유교를 분류하는 것이 애매하다는 의견이 나왔다. 유교를 종교로 분류하느냐에 대한 이견이 존재하고 우리가 임의대로 종교로 분류하기보다는 다른 용어로 대체하고자 하였다. 고민 끝에 나온 용어가 '우리 조상들의 기본 정신'이었다. 생활 모습 및 문화, 국가의 정체성까지 영향을 준 요인들에 대해 알아보기로 하고 이 주제에 건국신화 등도 함께 포함했다.

한 시대의 역사를 이야기하면서 당대 사람들의 보편적 믿음과 관련된 종교를 빼놓을 순 없다. 종교는 그렇게 우리의 삶 속에 깊숙이 관여한다. 우리 반의 경우 아이들이 우리의 삶에 만연해 있는 종교를 한번쯤은 다른 시각으로 보았으면 좋겠다는 의도에서 수업을 진행했다. 종교 부분만 따로 다룬 사회 수업을 하게 되면서, 당대의 사람들에게 공

| | 전개 | 신화를 포함시켜 종교에 관련된 내용을 학습함. |

| 우리 조상들의 기본 정신 |

차시	주제	내용
1-2	신화 속에서 우리 조상의 생활 모습 찾아보기	1. 동기 유발: 종교와 우리 생활의 관련성 2. 단군신화 –신화를 공부해야 하는 까닭 –단군신화의 숨은 뜻 설명 3. 삼국과 가야의 건국 이야기 정리 –공통점, 특징 정리(사탐 19쪽) 4. 모둠별 건국신화 역할극 발표
3-4	불교의 도입과 발전 과정	1. 불교의 도입 –삼국시대 불교의 특징 –「이차돈의 순교는 정치 쇼였나」 동영상(7분 분량) –「아이 삼국유사」 이차돈의 순교 이야기 2. 고려시대의 불교
4	유교가 조선 사회에 미친 영향은 무엇일까?	유교가 조선 사회에 미친 영향 PPT
	정리: 조상들의 기본 정신이 우리 생활에 어떻게 나타나고 있을까요?	

우리 조상들의 기본 정신 수업 흐름

통성과 배타성을 부여하는 종교의 통합적 기능이 확연히 드러난 듯하
다. 교사들은 이 부분을 수업하면서 아이들에게 '당연하게 여기던 것
을 한번쯤 의심해 보라'는 말을 많이 했다. 종교가 '왜' 도입되었는지
아이들이 의심하는 과정에서 비판적 사고력이 크게 성장할 수 있는 계
기가 되길 바랐기 때문이다.

시대별로 나누어 분절적으로 공부하기보다 우리나라 종교의 흐름을
자연스럽게 연결하는 과정에서 한 사상의 흥망 주기를 느낄 수 있었
고, 또한 종교의 기본적인 특징이 더욱 잘 드러나지 않았나 하는 생각
이 든다. 다만 아이들이 주도적으로 활동할 수 있는 부분이 적었기 때
문에 아쉬웠다. 또 조선시대의 유교에 관한 수업에서는 비판적인 시각

으로 접근했는데, 고려에 비해 여성의 지위 등 퇴보한 부분이 많았기 때문이다. 유교에 대해 좀 더 냉철하게 바라보는 시각이 필요하나 자칫 나쁜 점만 강조하지 않을까 염려스러웠다. 어떤 좋은 점이 있는지 역시 심도 있게 고민해 볼 필요도 있겠다.

내용 정선 면에서도 다소 아쉬움이 남는다. 고려나 조선의 시대상이 불교나 유교를 빼놓고 말할 수 없는 만큼 다른 주제 내용과 겹치는 부분들은 어떻게 다뤄야 할지 고민했다. 실제로 유·불교를 가르치며 생활 모습과 문화를 거의 다루어 다음 주제에서는 중복되는 부분을 건너뛰었다. 수제별로 가르친다면 조기에 수제 및 내용을 구분할 때 좀 더 세심하게 신경을 써야 했다는 생각이 들었다.

주제 초반에 다루는 건국신화는 역할극을 적극 활용하였다. 비범한 인물의 탄생을 다뤘지만 내용이 비슷비슷하고 아이들은 그다지 흥미가 없을 수도 있다. 이 내용들은 모둠별로 나눠 역할 놀이로 꾸며 보는 활동을 하였다. 알에서 깨어난 박혁거세의 모습

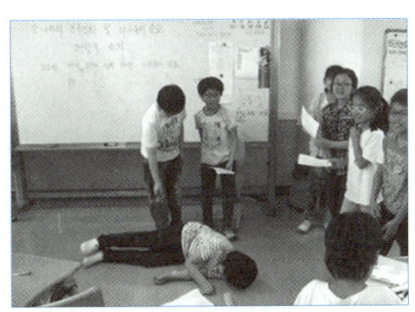
역할극 활동

을 재치 있게 표현하고 이를 감상하며 즐거워하는 모습에서 학생들이 주체가 된 수업의 중요성을 다시 한 번 느낄 수 있었다.

마무리 활동에서는 우리 조상들의 기본 정신이 우리 삶에 어떻게 영향을 미치고 있는지 '모둠 칠판'을 써서 활동하였다. 모둠 칠판을 활용하니 아이들의 집중도가 높았다. 아쉬운 점은 마무리 단계에서 여유를 가지고 우리 삶과 종교의 관련성을 찾아보는 다양한 활동을 할 수 있도록 계획했다면 좋았을 것이다.

	전개	의식주, 생활 모습, 문화재, 과학 기술, 여가 생활에 관한 내용.
	생활 모습과 문화	

차시	주제	활동
1	선사시대의 생활 모습	교과서 그림 자료를 보고 시대별 특징 찾아내기
2	고조선의 생활 모습	8조법, 고인돌을 통해 고조선의 생활 모습 추측하기
3	삼국시대의 생활 모습	그림 자료를 통해 그 당시 신분별 생활 모습 알아보기 신분제도와 관련지어 생활 모습 알아보기
4	통일신라, 발해의 생활 모습	유물, 유적을 통해 통일신라, 발해의 의식주 생활 모습에 대해 알아보기
5	고려, 조선의 생활 모습	불교, 유교(조상들의 기본 정신)과 관련하여 간단히 정리 문화 차시에서 다시 한 번 다루게 함 그 시대 인물이 되어 생활 일기 쓰기
6	시대별 의식주 생활 모습 정리하기	– 스케치북에 의식주 구분하여 시대별로 정리하기

생활 모습 수업 흐름

차시	주제	활동
1-2	삼국과 가야의 문화	문화재 경매 게임: 학습지
3-4	통일신라의 불교문화	*사탐 37: 사전 조사 또는 재량 시간 조사 학습 영상으로 문화재 관련 내용 정리
5-6	고려의 과학과 기술	고려청자, 금속활자, 문익점, 최무선에 대해 알아보기 –사탐 69 감사장 스케치북에 써 보기
7-9	조선의 문화와 과학의 발달	훈민정음 반포에 대하여 양반과 평민/부녀자로 나눠 상소문 쓰기(사탐 83) –(미술과 통합) 시대별 문화재 찰흙으로 만들기
10	조선시대 사람들의 생활(농업, 마을 제사)	사탐 96-97 컴퓨터 시간 활용: 조사 학습 (사탐 97의 내용 중 직접 해 보고 싶은 놀이 토의하여 결정하고 활동해 보기)
11-12	조선시대 사람들의 여가 생활	제기차기, 공기놀이 대회 열기 사탐 98 고누놀이 해 보기

문화 수업 흐름

(4) 생활 모습과 문화

생활 모습과 문화 두 주제가 중복되는 부분이 많아 내용 선정이 애매했다. 생활 모습에서는 의식주를 중심으로, 문화에서는 문화재 및 과학 기술 발전, 여가 생활에 관한 내용을 학습하기로 한다. 생활 모습은 교사가 설명하고 일방적으로 주입하기보다는 이야기책을 읽어 준다거나 그림 자료를 바탕으로 학생 스스로 찾아낼 수 있도록 계획하였다.

문화에서는 미술과 통합한 문화재 모형 만들기나 전통 놀이 시간 등을 활용하여 학생들이 직접 경험하는 학습이 되도록 구성하였다.

① 시대별 문화재 모형 만들기

모둠별로 각 시대를 나누고 시대별 대표적인 문화재를 만들어 보는 활동을 하였다. 대표적인 문화재 1개를 모둠원 모두가 힘을 합쳐 만드는 모둠도 있었고, 여러 가지 문화재를 모둠원별로 나눠서 만드는 모둠도 있었다. "첨성대는 우리가 찰흙으로 만드는 것도 어려운데 조상들은 참 대단하다."라고 말하며 정말 열심히 만들었다. 시대별로 여러 가지 문화재를 만들면서 자연스럽게 배운 내용을 되짚어 볼 수 있었고 조상들이 만든 문화재가 얼마나 위대한지 느끼는 시간이었다. 시대별 문화재를 모둠별로 정리하여 사물함에 전시하였는데 꽤 멋진 모습이었고 아이들이 관심을 많이 가졌다.

문화재 만들기

② 고창 고인돌 박물관, 경주 현장 체험학습

경주까지 가는 데 시간이 오래 걸리고 힘들 것이라는 경고에도 불구하고 과반수가 훌쩍 넘는 아이들이 가고 싶어 했다. 교과서에서 배운 문화재를 실제로 확인하고 싶다는 아이들의 의지를 느낄 수 있었다. '백문이불여일견'이라는 말을 아이들의 모습을 통해 되새겼다. 천마총에서는 무덤 속에 들어간다는 것을 무척 신기해했다. 첨성대를 보고 와서는 "저 구멍은 뭐예요? 어떻게 올라가요?"라고 질문을 쏟아 냈다. 책을 보고서는 아무런 흥미도 느끼지 못했던 아이들이 실제 문화재를 보니 흥미로워하는 것을 보고 체험의 중요성을 다시 한 번 느꼈다.

고창 고인돌박물관은 5학년 학생들이 3학년 때에도 방문했던 곳이다. 하지만 역사를 학습하고 나서 고창 갯벌 체험 방문과 동시에 다시 한 번 방문해도 좋겠다는 생각에 방문 코스에 넣었다. 관광열차를 타고 고인돌 유적지를 보고 나서 박물관 내부를 관람하였다.

문화는 그 시대의 모습을 담고, 닮는다. 문화와 관련한 수업을 하면서 무척 아쉬웠던 점이 있다. 시대와 유리된 문화재 수업을 한 것 같아서이다. 시대에 대한 힌트를 주면서 그 시대 문화의 전반적인 느낌은 어떤지 '시대와 문화의 관계성'을 유추해 보는 수업을 했어야 했다. 교과서에서 규정해 주는 대로 백제는 우아하고, 신라는 화려하고, 고구려는 용맹하다고 말해 주기 전에 풍부한 자료를 마련하여 아이들이 문

고창 고인돌 현장 학습

경주 현장 학습

화재의 비밀, 특징을 스스로 발견하고 공유하도록 했으면 더 심도 있는 수업이 되었을 것이다. 다양한 접근 방식을 사용했다면 문화재를 좀더 즐겁게 가르칠 수 있지 않았을까. 문화재 카드를 만들거나 관련 도서를 비치해 두어 자료를 만들어야 하는 부담감을 줄이는 것도 좋을 것 같다. 역사 일기와 조사 학습 등 다양한 활동이 이루어진 점은 좋았지만, 중요한 부분이 빠진 것처럼 느껴지니 개선이 필요하다.

돌아보니 우리 조상들의 기본 정신, 생활 모습, 문화의 주제를 분절적으로 나눴어야 했나 하는 고민이 된다. 조상들의 기본 정신, 생활 모습, 문화는 시로 깊게 연관되이 있다. 고려의 불교를 배우며 생활 모습과 문화를 나눠 배운다거나 혹은 이를 중복해서 두세 번 다루게 되는 점이 아쉬웠다. 주제별로 학습하며 한 주제에 대해 깊이 있게 고민해보는 점은 좋았지만, 앞에서도 말했듯 어느 부분까지 다루고 다음 주제에서 나머지를 다뤄야 하는지 자잘한 고민들이 남았다.

3) 역사 신문 만들기

한 학기 활동을 마무리하며 모둠별로 나라를 나누고 4가지 테마를 주제로 역사 신문을 만들었다. 1학기 국어 교과 2단원에서 기사문 쓰기를 하기 때문에 학생들이 어려움 없이 만들 수 있으리라 생각했다. 다만 전형적인 내용이 많이 나올 것을 예방하기 위하여 4가지의 주제 카테고리는 미리 제시하였다. 4가지 주제는 다음과 같다: 마인드맵/문화재의 비밀 캐기/역사 인물 인터뷰/사건의 재구성.

마인드맵은 나라에 대해 떠오르는 내용을 다 함께 정리했다. 문화재 비밀 캐기를 통해 시대별 대표적 문화재에 대해 알아보고, 인상적인 역사 인물을 정해 인터뷰를 했다. 사건의 재구성은 기억에 남는 사건을 관점을 달리하여 기사를 써 보도록 했다.

기존의 일반적인 내용이나 인터넷 자료를 그대로 베껴 쓰기보다는 학생들이 나름대로 재구성을 하여 기사를 작성하는 점이 좋았다. 완성된 9개 반 7모둠의 역사 신문은 5학년 복도와 계단에 게시하였다. 화장실을 가며, 점심 식사를 하러 가며 우리가 만든 신문을 공유할 수 있었다. 많은 작품을 둘러보며 특히 인상적이었던 부분은 모의재판 영향 때문인지 신라의 삼국통일에 대한 비판이 많았다는 점이다. 수업

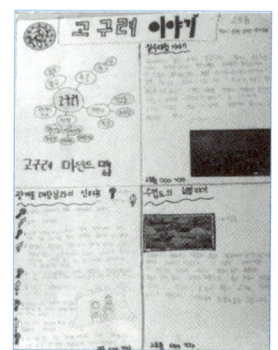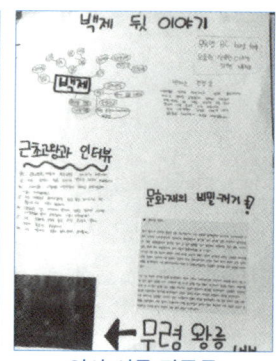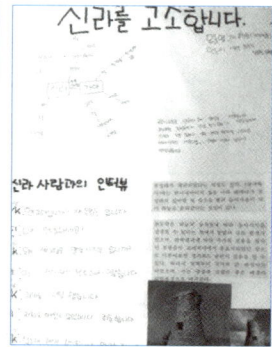

역사 신문 작품들

내용 하나도 학생들에게 미치는 영향력이 얼마나 큰지 다시금 느낄 수 있었다. 우리의 역사 수업은 이렇게 마무리되었다. 아이들에게 의미 있는 수업이 되었기를 소망한다.

4) 이렇게 평가했어요

1. 신동초등학교 5학년 학생들이 통일신라를 피고로 하는 모의재판을 하고 있습니다. 내가 검사나 변호사가 되었다고 생각하고 한 가지 입장을 선택하여 신라의 삼국통일에 대한 자신의 주장을 근거를 들어 쓰시오.

나는 통일신라의 삼국통일에 대해 (반대/찬성)합니다.

재판장: 피고인의 이름은 무엇입니까?
피고 통일신라: 저의 이름은 통일신라입니다.
재판장: 몇 년생입니까?
피고 통일신라: 676년생입니다.
재판장: 좋습니다. 검사, 논고하세요.   재판장: 변호사, 변론하세요.

존경하는 재판장님, 본 검사는 통일신라가 삼국을 통일한 것에 반대합니다.

존경하는 재판장님, 배심원 여러분. 물론 검사 말에도 일리는 있습니다. 하지만 저는 신라의 삼국통일에 찬성합니다.

2. 중국 친구와 편지 교환을 하던 중 역사에 대해 이야기를 하게 되었다. 중국인 친구 써니 엔이 다음과 같이 말한다면 어떻게 그 친구를 설득할지 써 보시오.

써니 엔:
신라가 삼국을 통일할 때, 고구려 북쪽 땅은 우리의 영토가 되었으니 그 땅에서 일어난 발해는 당연히 우리 중국의 역사라고 생각해.

_____

_____

_____

3. 다음 자료를 보고 질문에 답하시오.

(1) 삼국이 불교를 받아들이고 장려한 이유는 무엇인가?

_____

(2) 신라에서 불교를 받아들이기 어려웠던 이유는 무엇인가?

_____

(3) 신라가 불교를 받아들이는 데 크게 공헌한 인물은 누구인가?(자료의 빈칸에 들어갈 이름)

_____

3. 평등

1) 통합수업을 시작하며

국어(5학년 1학기 읽기-「사라, 버스를 타다」), 사회(고조선, 신라, 고려, 조선시대의 신분제도 변천 및 여성의 삶-예: 신사임당, 허난설헌) 등 5학년 교과서에 제시된 부분과 가장 많이 연결되어 있는 주제가 '평등'이다. 또한 학교에서 양성평등 글짓기, 포스터 그리기 행사를 치르고, 우리나라에서 일어나고 있는 동남아시아인 차별, 빈부 차이로 인한 사회적 차별 등의 문제가 뉴스에서 방영되곤 한다. 이에 아이들의 생활 속에서 직간접적으로 가장 영향을 끼치는 영역이라 생각하고 '평등' 수업을 기획하게 되었다. 수업 시기는 장애인의 날인 4월 20일이 들어 있는 주에 1주일 동안 실시하기로 했다.

교과서에 제시되어 있는 인종차별, 성차별의 내용만으로는 평등의 여러 영역에 대해 이야기할 수 있는 부분이 적었기에 생각의 폭을 넓혀 접근해 보기로 했다. 아이들에게 가장 마음에 와 닿을 아동평등, 우리 사회가 얼마나 비장애인 위주로 구성되어 있는지, 장애인을 배려하지 않는 사회의 단면, 더 나아가 우리 아이들이 나중에 커서 직업을 갖게 되었을 때 겪을 정규직과 비정규직 문제, 빈부 차이에서 오는 차별 영역 등을 공부해 보기로 했다.

2) 통합수업 개요

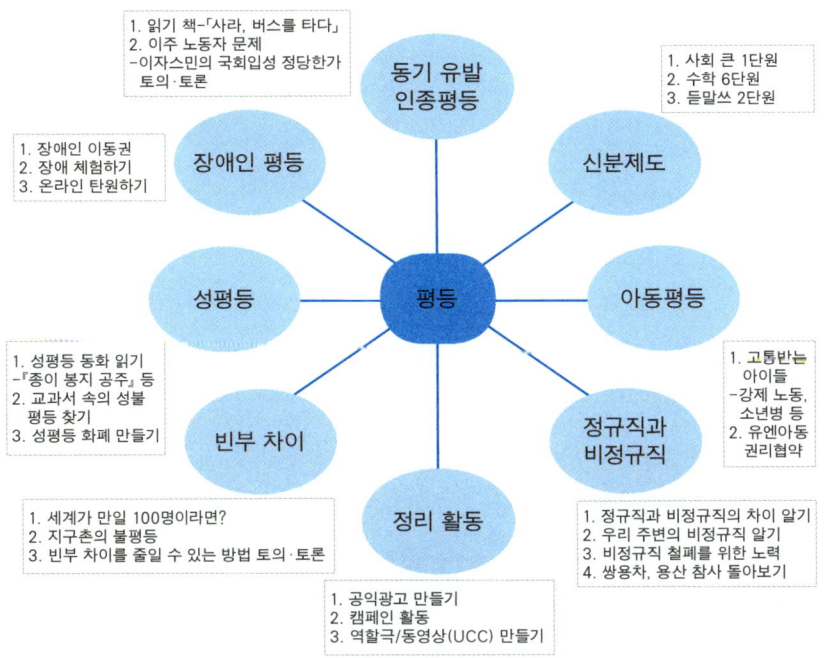

1. 읽기 책-「사라, 버스를 타다」
2. 이주 노동자 문제
-이자스민의 국회입성 정당한가
   토의·토론

1. 사회 큰 1단원
2. 수학 6단원
3. 듣말쓰 2단원

1. 장애인 이동권
2. 장애 체험하기
3. 온라인 탄원하기

1. 고통받는
   아이들
-강제 노동,
   소년병 등
2. 유엔아동
   권리협약

1. 성평등 동화 읽기
-『종이 봉지 공주』등
2. 교과서 속의 성불
   평등 찾기
3. 성평등 화폐 만들기

1. 세계가 만일 100명이라면?
2. 지구촌의 불평등
3. 빈부 차이를 줄일 수 있는 방법 토의·토론

1. 정규직과 비정규직의 차이 알기
2. 우리 주변의 비정규직 알기
3. 비정규직 철폐를 위한 노력
4. 쌍용차, 용산 참사 돌아보기

1. 공익광고 만들기
2. 캠페인 활동
3. 역할극/동영상(UCC) 만들기

동기 유발 인종평등 · 장애인 평등 · 성평등 · 빈부 차이 · 정리 활동 · 정규직과 비정규직 · 아동평등 · 신분제도 · 평등

교사들이 미리 수업 소주제를 정해 보았다. 그러고 나서 아이들과 함께 이야기를 나누며 최종 결정하였다. 이렇게 해서 인종차별, 신분제도, 아동평등, 정규직과 비정규직, 이주 노동자, 장애인 평등, 양성평등, 빈부 차별이 소주제로 결정되었다.

아이들끼리의 마인드맵을 실시하고 나서 반별로 특색 있는 내용들이 몇 가지 나왔다. 동물 평등에 관한 내용도 있었으며 학벌차별, 학력차별 등도 나왔고, 교사와 학생이 학교 안에서 차별적이라는 지적도 있어 반별로 학생 인권 선언에 대해 토론하기로 계획하였다. 의외로 적지 않은 학생들이 자신들의 인권보다는 학교 내 질서, 규율을 강조하는 모습을 보여 놀라웠다. 그리고 꽤나 많은 아이들이 자신들이 '차별'을 겪고 있다고 생각하는 것에 약간 충격을 받기도 했다. 마냥 뛰노는

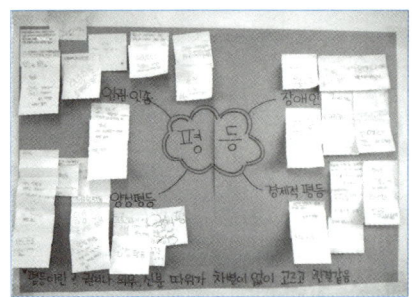

평등 마인드맵

것 같아 보여도 아이들 마음속에는 크고 작은 상처가 있다는 사실이 교사로서의 자신을 뒤돌아보는 계기가 되었다. 비록 마음이 쓰리더라도 우리 사회의 '불편한 진실'을 마주하는 것이 평등을 위한 프로젝트 첫걸음이라는 생각이 들었다.

교사들은 소주제(인종차별, 신분제도, 아동평등, 정규직과 비정규직, 이주 노동자, 장애인 평등, 양성평등, 빈부 차별) 가운데 각기 한 가지씩을 분담하여 어떻게 수업할 것인지에 대한 계획과 활동을 구상하여 공유하였다.

(1) 인종평등

차시	활동
1-2	「사라, 버스를 타다」 수업하기 지식채널e「조용한 자부심」 동영상 보기 → 모둠별로 캠페인을 할 수 있게 자료 만들어서(큰 종이를 반으로 접은 후 목 부분만 뚫어서 입기, 피켓 만들기, 짧은 광고 만들기) 쉬는 시간이나 점심시간에 학교를 돌아다니며 퍼레이드 하기, 1인 시위도 하면 재미있을 것 같다.
3-4	이주 노동자 ① 5·1 노동절에도 쉬지 못하는 이주 노동자를 위해 4월 29일 이주 노동자 집회 실시를 알리는 기사를 간단히 소개 ② 5·1 노동절을 맞아 2011 온라인 인권대학에서 「이주 노동자를 보는 오해와 진실」 영상 기획─동영상 보기(총 4편) ③ 이주 노동자와 관련된 감동 기사 1편 들려주고, 그들에게 관심을 갖도록 유도 후 이주 노동자의 노동 현실에 대해 모둠별로 조사해 오도록 과제 제시 ④ 직접 실천하기─온라인 탄원 '온라인 탄원'으로 들어가서 본인 이름과 이메일 주소만 입력하면 탄원이 접수된다. 간단하고 실천적인 활동이라 좋을 듯하다.

(2) 신분제도

1. 고대 국가의 신분제도

(1) 청동기시대: 신분제의 성립, 정복 전쟁의 전개 → 지배 세력(부족장 중심), 피지배 세력(전쟁 포로)
(2) 삼국시대 : 신분제의 체계화, 왕권의 강화 → 귀족, 평민, 천민
(3) 골품제도
   1) 골품제의 성립: 신라는 각 지방의 족장 세력을 통합, 편제하는 방법으로 골품제도 마련
   2) 골품제의 내용: 제1신분인 진골은 고위 관직을 독점하였고, 4~6두품의 귀족은 정치 사회적 특권에 차등을 두어 제한하였으며, 두품의 결정은 개인이 아니라 친족의 사회적 지위에 따라 결정
   3) 골품제의 변천: 통일신라 말기 고대적 신분제의 붕괴, 진골 중심의 지배 체제에 반발, 왕위 쟁탈전 → 6두품과 지방 호속 세력이 새로운 시회 지도의 중심 세력으로 성장

2. 고려시대의 신분제도

(1) 고려 전기: 신라 말기의 지방 호족과 중앙의 6두품이 왕건의 호족 연합 정책으로 중앙 귀족화되고, 과거에 합격하여 중앙 관료로 흡수, 귀족들은 결혼 관계에 따라 족벌 귀족으로 고려 사회 지배 → 귀족 사회 성립
(2) 고려 중기: 문벌 귀족 세력의 대립(이자겸의 난, 묘청의 난, 무신 정변) → 귀족 사회 붕괴 → 무신이 지배 세력으로 등장
(3) 고려 말기: 문신 귀족의 몰락으로 중앙의 서리 및 지방 향리의 기능이 상승됨에 따라 정치적 진출과 성장 → 사대부 계층 형성, 권문세족과 사대부 계층이 사회의 지도 세력으로 등장
(4) 평민: 농·공·상에 종사하는 생산 계층, 대부분이 양인 농민
(5) 천민: 최하 신분층, 노비, 향·소·부곡의 주민 및 진척, 화적 재인 등
(6) 고려 신분제도의 특징: 친족 단위로 세습, 신분 이동과 신분 상승이 가능

3. 조선시대의 신분제도

(1) 신분 구조: 조선 초기의 신분제는 크게 양인과 노비 두 계층으로 나뉘었으나, 16세기에는 양반, 중인, 상민, 노비의 네 신분으로 형성 → 양반 중심의 신분제도
(2) 신분제의 동요: 양반 자체의 수 증가, 상민의 양반화(족보 위조, 공명첩, 납속책 등에 따라), 노비의 지위 향상(납속, 속오군, 공노비 해방) → 사회경제적 발전 추세에 따라 경제적 관계가 사회관계에서 중요한 역할

4. 개항 이후의 신분제도
(1) 갑신정변 때: 개화당이 처음으로 신분제 폐지를 제기
(2) 신분제의 철폐: 동학 운동 때 다시 제기되어 갑오경장으로 실현 → 전통적 신분 체제의 붕괴, 자본가와 노동자 계층 형성 → 근대화 추세

(3) 장애인 평등

차시	활동
1-2	*장애 체험 활동 ① 마음 가라앉히기: 음악 이용(장애 체험이 재미있는 경험 정도로 인식되기 쉽기 때문에 분위기를 잡고 시작) ② 짝 지어서 안대 쓰고 복도 이동해 보기+생각 쓰기(짧게 한 문장으로) ③ 지식채널e-「어느 퇴근길」 *장애 체험 활동 ① 한 손으로 종이 접기: 어느 날 교통사고를 당해서 한쪽 팔을 쓸 수 없게 되었다고 상상하기 ② 구족화가 체험: 입이나 발로 그림 그리기 ③ 교육 연극, 인터뷰 형식: 눈꺼풀로 대화하기 ④ 다른 장애 체험: 안대 쓰고 시각장애 체험, 휠체어 체험, 입모양으로 설명하기, 수화 배우기 등(눈꺼풀로 대화하기 대신 입모양으로 설명하기도 가능) ⑤ 구족화가 뉴스 http://bit.ly/Vvt3xc ⑥ 봉사 활동: 지역별로 봉사 활동 가능한 곳이 나와 있음 http://www.vms.or.kr/
3-4	*우리 사회에서 장애인과 비장애인이 평등하게 살 수 있을까? ① 청와대, 장애인 시설 약속 불이행 뉴스: 장애인 이동권http://bit.ly/1qgSkTW ② 장애인 이동권, 언제쯤: http://bit.ly/1qgSpqF ③ 조사 학습: 학교와 우리 동네 장애인 시설 조사, 장애인이 생활하는 데 어떤 점이 불편할까?, 어떻게 개선할 수 있을까? (급식실, 교실, 은행, 교회, 시립도서관, 동네 차도, 교통시설, 화장실 등) ④ 토의 토론: '장애인의 날' 대 '차별철폐의 날' http://apsan.tistory.com/395 ⑤ '장애인의 날' 대 '차별철폐의 날' 토의 토론 -찬성: 사람들이 장애인에 대해 평소에 생각하지 않으므로 필요하다. -반대: '비장애인의 날'은 없다. 이것 역시 차별적인 시선이다. 기본적인 이동권도 보장되지 않는 이때에 생색내기에 지나지 않는다.

(4) 아동평등

차시	활동
1	고통받는 아동들의 현실 알아보기(사전 과제 조사-간단히 알아오는 정도) -건강: 기아, 가난, 질병(백혈병 관련)으로 고통받는 아이들http://bit.ly/1rg4CCD(소아암) -노동력 착취: 공정무역 관련, 「축구공의 경제학」 지식채널e -아동 학대: 아동 폭력 동영상 보기 -그 밖에 아동들이 고통받는 사례 이야기 나누기

2	유엔아동권리협약 알아보기(4대 기본권/3원칙/1과정) –http://bit.ly/1kL4GHz 활동: 아동권리협약 소책자 만들기 –4대 기본권/3원칙/1과정이 담긴 소책자를 만들어 보고 전 시간에 공부한 사례들은 어느 기본 권리를 침해하는지 이야기 나누기
3	아동의 평등권을 지키기 위해 내가 도울 수 있는 실천 방안 계획 세우기 –백혈병 관련 성금, 유니세프 사랑의 빵 동전 모으기 관련 –활동: 유니세프 동영상과「고추장 떡볶이」소개를 통해 우리가 도울 수 있는 방안에 대해 생각해 보기 –사랑의 빵 성금을 모으고 뮤지컬을 보며 느낀 점 일기나 글, 그림으로 표현하기

(5) 양성평등

차시	활동
1	1. 우리나라 성평등 지수 알아보기: 135개국 중 108위 2. 우리나라 역사 속의 여성의 삶과 위치 살펴보기 –신분제도와 연결 지어 공부 3. 양성평등 의식 수준 자기 점검해 보기

2-3	1. 양성평등 의식 수준 자기 점검해 보기
	2. 동화책 속의 양성 불평등 요소 살펴보기
	  –동화:『종이 봉지 공주』
	  –애니메이션:「답게 답게 마법 이야기 1, 2」
	3. 동화 다시 쓰기
	  –자신만의 캐릭터 만들기, 남자답게, 여자답게 탈피하기

4-5	1. 양성평등 화폐 만들기 –세계 화폐의 남녀 비율 살펴보기, 양성평등 화폐 만들기
6-7	1. 양성평등 글짓기, 포스터 그리기 선택 활동 –포스터는 복도에 게시하기

(6) 빈부 차이

차시	활동
1-3	1. 심화되는 양극화 현상에 대해 이야기 나누기 2. 노키아 부회장의 범칙금 이야기 3. 빈부 차이 관련 포스터 그리기

(7) 정규직과 비정규직

차시	활동
1-2	1. 정규직과 비정규직의 의미 알기 –동일 노동, 다른 월급의 문제점 이해하기 2. 지식채널e 보기:「절반」 3. 비정규직을 없애기 위한 대책 토의 토론하기

3) 통합수업 실행 사례

(1) 인종평등

평등 하면 우리 머릿속에 가정 먼저 떠오르는 단어가 '인종차별'이다. 그래서 평등 수업의 도입 부분으로 인종평등에 대해 구성하였다. 또한 국어과(5학년 1학기 읽기-「사라, 버스를 타다」)를 제재로 연계하여 수업하였다.

2012년 4월 19일 총선 때 한창 쟁점이 되었던 이자스민 비례대표 의원 이야기로 인종차별에 대한 기사문을 읽고 자기 생각을 기술하는 활동을 하였다. 고위 공무원, 국회의원 비례대표에 백인은 되고 왜 필리핀 이주 여성(이자스민)은 안 되는지에 대

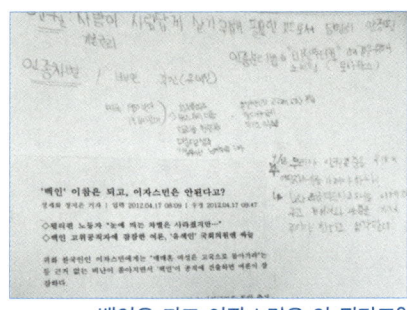

백인은 되고 이자스민은 안 된다고?

한 기사문을 읽고, 우리의 시각을 반성하게 하는 활동이었다.

또한 국어 읽기 「사라, 버스를 타다」 내용의 바탕이 된 『일어나요, 로자』도 함께 읽었다. 이 책은 미국 흑인 운동의 선구자인 로자 파크스에 관한 이야기로, 평범하고 조용한 그녀가 버스 승차 거부 사건을 계기로 미국 인권 투쟁의 중심인물이 된 역사적인 사건(이 사건으로 버스 승차 거부 운동이 시작되었고 대표적 흑인 인권 운동가인 마틴 루터 킹 목사가 대대적으로 버스 승차 거부 운동을 이끌었다. 1년 남짓 버스 승차 거부가 계속된 결과 결국 버스에서의 흑인 차별은 폐지되었다)에 대해 알아보았다.

주제를 인상 깊게 각인시킬 수 있는 방법 중 하나가 영화를 통한 학

습인데,「더 헬프The help」를 보고서 인종차별의 현실을 느껴 보고 그들의 아픔에 공감하는 시간을 마련하였다. 아이들은 영화를 보면서 흑인들이 처한 상황을 너무나 답답해하며 분개했다. 그들이 그런 삶을 사는 것이 단지 백인 우월주의로 인한 차별 때문이었다는 사실에 가슴 아파했고 나중에 흑인들의 반기가 시작되자 박수를 치는 진풍경이 벌어졌다. '사람 위에 사람 없다.'라는 표현을 절실히 깨닫는 순간이었다.

여기에 덧붙여 이주 노동자들의 삶을 돌아보았다. 우리나라에서 일하는 이주 노동자들의 현실에 대해 구체적으로 알아보고(영화「방가방가」,「이주 노동자들을 보는 오해와 진실」 참고) 우리가 갖고 있는 백인 이외의 다른 인종에 대한 시각, 편견에 대해 서로 이야기해 보았다. 아이들 스스로 흑인, 동남아인에 대해 거부감을 갖고 있었음을 인정하고, 그들도 우리와 같이 어떤 사람들의 아빠이자 엄마이며, 딸이나 아들이라는 것을 깨닫고 우리의 편견이 그 사람들에게는 얼마나 상처가 되는지를 반성하는 시간이었다. 자신이 직접 실천할 수 있는 활동으로 이주 노동자들의 노동 현실에 대해 모둠별로 조사하도록 하였으며, 컴퓨터 재량 활동을 이용하여 온라인 탄원을 작성하였다.

(2) 신분제도

5학년 사회 교과서 역사 부분과 연계하여 우리나라 신분제도의 변천 과정에 대해 고조선부터 조선 말까지의 상황을 이어서 수업하였다. 5학년 2학기 사회 교과서는 조선 전기 임진왜란, 병자호란까지를 다루고 있고, 조선 후기는 6학년 1학기 내용이나 우리나라의 신분제도를 통틀어서 수업하는 것이 아이들이 구조화하기 훨씬 쉬울 것이라 판단하였다.

각 시대별 신분의 변천과 신분에 따라 어떤 삶을 살았는지를 고찰해 보는 활동을 했다. 사회 2학기 1단원인 '하나 된 겨레'의 청동기시대 부족의 형성과 계급사회의 탄생을 언급하였으며 삼국시대 왕권 강화를 비롯하여 체계적인 신분제의 정착, 신라의 골품제와 통일신라의 멸망까지 이어 수업을 진행하였다. 고려시대로 넘어와서 4개의 신분제도에 대해 설명하였으며, 조선시대 양반, 중인, 상민, 천민 계급과 계급별 삶의 형태(주거, 의복, 음식, 하는 일, 그들의 생활 모습의 전반적인 형태)에 대해 수업을 하였다(3단원 유교 전통이 자리 잡은 조선-유교 전통과 신분질서, 조선시대 사람들의 생활).

우리나라 신분제도의 변천을 살펴보고 나서, 아직도 세계 여러 곳에는 신분제도가 존재한다는 것을 공부하였다. 현존하는 신분제 중 가장 지독하다는 카스트제도와 인도인의 삶에 대해 언급하며, 아직도 신분으로 사람을 구분하는 세계가 있음을 알고 신분제도를 타파하기 위한 좋은 방안을 생각해 보았다.

(3) 장애인, 아동평등

'장애인'의 반대말은 무엇일까? 대부분의 아이들은 '정상인'이라 대답했다. 하지만 정답은 '비장애인'이다. 이는 비장애인인 우리도 언제든지 불의의 사고로 인하여 장애인이 될 수 있다는 의미를 담고 있다. 현재 우리 국민 10명 중 1명이 장애인이라고 한다. 장애인을 돕는 것이 아니라 우리 자신을 돕기 위해 공부하는 것을 목적으로 하였다. 또한 세계 여러 나라의 학대받는 아동에 대해 공부하면서 아동평등이라는 것을 인식하고 우리 스스로 아동의 평등권 개념 및 이를 위해 할 수 있는 활동 내용을 생각해 볼 계기를 마련하고자 하였다.

장애 체험을 직접 해 봄으로써 비장애인 위주로 구성되어 있는 이 사회에서 장애인이 활동하기가 얼마나 힘든지를 직접 느껴 보는 것을

구족화 그리기

안대 쓰고 계단 오르내리기

위주로 하였다. 이번 활동은 지극히 아이들 활동을 중심으로 진행하였기에 아이들 스스로 가장 느낀 점이 많았다. 활동하기 선 체험 활동이므로 장애 체험이 재미있는 경험으로 인식됨을 막고자 음악을 이용하여 마음 가라앉히기 활동으로 분위기를 유도하였다(장애 체험은 서준호 선생님 장애인의 날(4월 20일) 계기 교육 자료를 정리하여 참고하였다). 내가 장애인이 되어서 안대로 눈을 가리고 복도를 걷는 활동, 팔을 붕대로 감고 생활해 보는 활동, 구족화 그리기 등의 장애 체험을 하였다.

정리 활동으로 장애 체험을 한 후 그 느낌을 글이나 시로 적어 보게 하였다. 아이들은 단지 '장애인이므로 생활하기에 힘들 것이다.'라고 막연하게 생각했던 것을 직접 체험해 봄으로써, 장애인들이 이동권 등 자신들의 권리가 보장되어 있지 않은 사회에서 힘들게 살아가는 것에

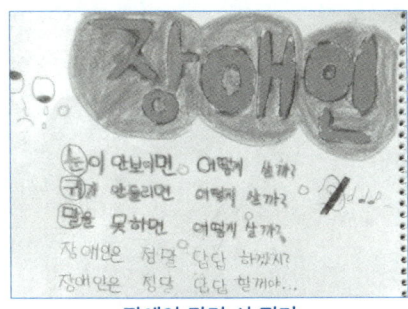
장애인 관련 시 짓기

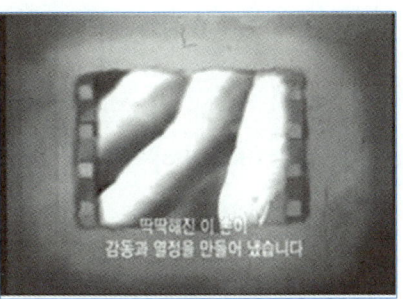
지식채널e 「축구공의 경제학」

대해 충분히 공감하고 이 문제점을 인식하는 계기가 되었다.

또한 세계 여러 곳의 학대받는 아동에 대해 알아보았다. 학교에 다니지 못하는 아동들의 강제 노동 현실(지식채널e-「축구공의 경제학」)에 대해 알아보고 공정무역(『나쁜 초콜릿』 책 읽기)에 대해 공부해 본다. 또 유엔아동권리협약(『나는 아이로서 누릴 권리가 있어요!』 참고)을 빌려 간접적으로 인식하게 함으로써 아동평등에 대한 인식을 심어 주는 계기를 마련하였다.

(4) 양성평등

'양성평등'은 학교 행사와 맞물려서 진행한 주제이기도 하다. 4월에 실시한 양성평등 글짓기 행사에 5학년 전체가 참여한 셈이다. 또한 사회과 고려시대와 조선시대의 남성과 여성의 삶을 비교해 봄으로써 우리나라 양성평등의 역사를 되짚어 보는 시간이기도 했다.

우리는 우리나라의 양성평등에 관한 상황이 많이 좋아졌다고 생각하고 있다. 그런데 예전보다 좋아진 것은 사실이지만 순위로 보면 아랍권, 아프리카와 마찬가지로 아직도 하위권에 머무르고 있다. YTN 뉴스(2012년 10월 24일 보도)를 인용하자면, 우리나라 양성평등 지수는 135개국 중 108위이다. 오히려 점점 하락하고 있다. 세계경제포럼 보고서는 14개 지표를 토대로 각 국 순위를 매겼는데 한국의 경우 여성 경제 참여도와 참여 기회 지수는 116위로 하위권에 머물렀다고 한다. 이 것은 아직도 우리나라가 양성평등에 더 많은 노력을 기울여야 한다는 뜻이다. 한 번에 좋아질 수는 없겠지만 커가는 아이들이 올바른 양성평등 개념을 인지한다면 아이들이 살아갈 미래는 더 좋아지리라는 바람을 갖고 계획하였다.

한편, '양성평등'은 평등 주제통합수업 두 번째 소주제인 '신분제도'

와 맞물려서 진행하였다. 고려시대와 조선시대 여성의 삶과 신분에 대해 교과서를 가지고 수업을 진행하였으며 더 나아가 현대 여성의 위치와 삶에 대해 알아보았다. 우리나라 역사 속의 여성의 삶과 위치를 한눈에 살펴보고 아이들 스스로 찾아서 공부할 수 있는 여성가족부 사이트http://kids.mogef.go.kr를 활용하여 수업하였다.

이어서 양성평등 의식수준 자기 점검을 해 보았는데, 대부분 양성평등 의식수준이 보통이었으며 높은 아이들도 많았다. 몇몇 아이들은 양성평등 의식이 낮음으로 나왔다. 자신의 양성평등 의식 수준을 확인하고 나서 수업을 함으로써 나중에 하는 수업 활동에 집중도가 높았다.

그리고 아이들에게 자신이 생각하는 공주, 왕자의 모습을 서술해 보라고 하였다. 대부분의 아이들은 얼굴이 예쁘고 얌전하며 화려한 드레스를 입고 바람 불면 날아갈 듯한 가녀린 몸매의 공주, 키 크고 얼굴 잘생기고 아주 용감해서 용이나 괴물을 한 방에 쓰러뜨릴 수 있는 왕자를 나타내었다. 이는 우리가 읽었던 동화책에 나오는 공주와 왕자의 모습이기도 하다. 잘 인식하지 못하는 사이에 성 정체성이 굳어져 있었던 것이다. 이후 기존 공주와 왕자 동화를 패러디한 작품으로『종이 봉지 공주』동화를 함께 읽었으며, 「답게 답게 마법 이야기 1, 2」애니메이션을 시청하면서 진정한 양성평등의 의미와 성 정체성에 대해 고민해 보는 활동을 전개하였다.

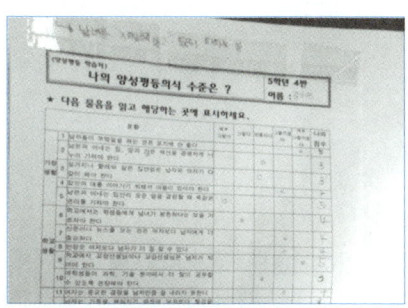
양성평등 지수 점검

양성평등 포스터

이후 아이들은 동화의 전형적인 성 고정관점을 비틀어 자신이 알고 있는 동화를 다르게 써 보는 활동을 하였다. 근육질 여성이나 감수성이 풍부한 남성을 주인공으로 하여 책 만들기 활동을 하고 발표를 하면서 매우 재미있게 수업을 진행하였다. 자신이 캐릭터를 만들면서 고착되어 있던 성 정체성을 과감히 깨는 활동을 통해 '남자답게 여자답게'에서 탈피할 수 있는 귀중한 시간이었다.

그 외의 활동으로 세계 화폐에서 남자와 여자 인물의 등장 비율을 알아보고 양성평등 화폐를 만들었다.

마무리로는 양성평등 글짓기, 포스터 그리기를 하여 교내 계기 교육과 관련 활동을 하였다. 포스터를 복도에 게시하여 다른 반, 다른 학년과 공유하였다.

(5) 빈부 차이

우리나라는 물론 세계 여러 나라에는 빈부 격차가 있다. 빈부 격차는 인간이 집단을 이루고 사는 고대시대부터 있어왔다. 이 주제에서는 단순히 빈부 격차가 아니라 그로 인한 인간적 차별에 대해 생각해 보았다. 우리가 생각하는 복지국가란 빈부 격차가 심하지 않은 나라를 일컫는다. 유전무죄, 무전유죄가 되는 사회 현상에 대해 생각해 보고, 과연 우리는 자기도 모르게 경제적으로 얼마나 차별을 받는지, 양극화가 심해지는 빈익빈 부익부 현상 등 빈부 차별을 해결할 방안은 없을지를 고민해 보는 것으로 구성하였다.

아이들이 생각하는 평등이란 단순히 '같은'이란 개념이 포함되어 있는 것이 사실이다. '빈부 차이' 수업에서는 실질적 소득에 비례한 '같은'의 의미를 아이들에게 인지시키려 하였다. 도입 부분으로 핀란드 노키아의 부회장인 안시 반요키가 50km/h 속도 제한이 있는 도로에서 오토바이를 타고 75km/h로 달리다 경찰에 적발되어 범칙금 1억 3,000만 원을 낸 이야기로 시작하였다. 여기에 백만장자가 과속으로 21만 5,960달러(2억 5,140만 원)의 범칙금을 물게 된 이야기를 덧붙였다. 이것은 '일수벌금제'를 다룬 것이다.

똑같은 세금을 내야 할까요?

핀란드 외에도 사회복지제도가 잘 되어 있는 스웨덴, 포르투갈, 독일, 오스트리아, 프랑스 등에서 이 제도를 시행하고 있다. 처음 이야기를 했을 때는 이게 무슨 평등인가 싶어 하는 듯했다. 그렇지만 차를 몰고 하루 종일 돌아다니며 일해야 겨우 5~6만 원 수입이 생기는 사람에게 벌금 영수증 한 장은 생계를 위협하는 것이며, 수십억의 재산가에게 벌금 영수증 한 장은 아주 적은 금액이라는 이야기를 들려주자 아이들은 '아!' 하고 탄성을 지었다. 점점 더 심해지는 부익부 빈익빈 현상과 이러한 빈부 차이에 대해 고민하고 해결 방안은 없는지 토의하며 포스터를 그려 보는 활동으로 마무리를 하였다.

(6) 정규직과 비정규직

우리 직장 문화는 정규직과 비정규직으로 양분화되어 있다. 학교에도 비정규직이 상당수 있다는 사실과 교사들 사이에도 정규직과 비정규직이 존재함을 알려주었다. 아이들은 깜짝 놀라는 눈치였다. 기업들은 정규직을 계속적으로 줄이고 비정규직을 늘려 가고 있다. 이는 안정적인 생계를 위협하는 요소 중 가장 큰 부분을 차지한다. 또한 우리가 가르치고 있는 아이들의 미래가 대부분 비정규직으로 귀결될 수도 있다는 뜻이기도 하다.

인간을 하나의 부품으로 전락시키는 자본주의의 슬픈 자화상, 비정 규직……. 비정규직에 관한 영상(지식채널e 「절반」)을 보자 아이들은 청년 백수라는 말이 내 미래의 모습일 수도 있겠다는 생각을 했나 보다. '선생님은 정규직이에요?'라고 물었다. '나에게도 얼마든지 일어날 수 있는 일'이라고 생각하면, 아이들의 눈에도 쉽게 넘겨볼 것이 하나도 없는 주제였다.

(7) 정리 활동

소주제들의 내용으로 포스터 만들기, 피켓을 만들어 캠페인을 해 봄으로써 아이들 스스로 평등에 관한 개념을 정리할 수 있도록 하였다. 가장 중요하게 보이고 인상 깊었던 내용으로 인종차별과 빈부 격차에 관한 포스터를 그리고, 나의 양성평등 지수 알아보기, 장애인 체험 활동 후 느낌 적어 보기, 성평등 화폐 만들기 활동을 하였다. 9개 반이 동시에 진행한 프로젝트였기에 결과물인 포스터를 복도 및 계단에 게시하였다. 같은 시기, 같은 활동의 결과물로 나온 다양한 공익광고를 공유하는 점이 신선했으며 학생들도 오며 가며 다른 반의 작품을 감상할 수 있어 좋았다.

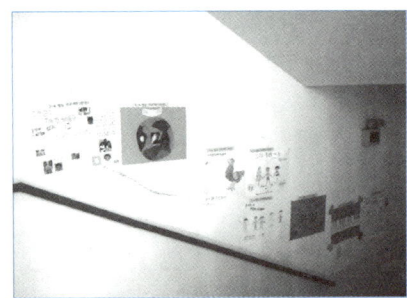

복도와 계단을 미술관으로

4) 통합수업을 마치며

▶아이들의 수업 후기
- 평등의 다양한 유형에 대해 알아보는 점이 신선했다.
- 장애우 평등에 관하여 직접 체험을 한 점이 인상적이었다.
- 몸으로 체험하여 장애우의 불편함을 직접 공감하는 계기가 되었다.
- 평등이 우리 생활에 이렇게 많이 녹아 있다는 것을 알았고, 더 자세히 알면 좋을 텐데 시간이 부족했던 점이 무척 아쉽다.
- 장애인도 노력하며 산다는 것을 알게 되었고 그냥 무작정 도와주기보다는 장애인 스스로 극복하며 살 수 있도록 방법에서 도움을 줘야 한다는 것을 알았다.
- 우리 반은 미디어 프로그램으로 장애우들이 직접 찍은 동영상을 보았는데 가까운 전북대의 차량 등을 지원받아 모처럼 놀러 나온 장애인이 장애인 화장실을 30분 걸려서 찾고, 찾았는데노 불구하고 화장실이 규징대로 민들이 있지 않아서 들어가지도 못하고 집으로 돌아가는 영상이 있었다. 이것을 보고 나와 친구들은 '장애인이 살기가 이렇게 힘든 줄 몰랐다. 죄송한 마음이다.'라는 생각이 들었다. 선생님께서 이 동영상은 아마추어의 작품이고 실제 장애인이 출연하여 화면이 거친 면이 있지만, 장애인의 현실을 단적으로 드러내 주는 작품이라 하시면서 미리 준비하여 다른 반과 공유하지 못한 점이 아쉽다고 하셨다. 장애인의 날 계기 교육과 함께 이루어졌는데 장애인의 날을 장애인의 입장에서 '장애인 차별 철폐의 날'이라는 의미에서 한번 되짚어 보는 기회가 되었다.
- 우리가 외국인 노동자들을 도울 수 있는 구체적인 방법이 있었으면 좋겠다.
- 몰랐던 것을 알게 되어 좋았지만 더 다양한 활동을 하고 싶고 직접 우리가 움직이면서 하고 싶다는 생각을 했다.
- 장애인 체험을 하게 되어 더 마음 깊이 이해할 수 있었다. 실제 장애인을 만나 보고 이야기해 보고 싶다.
- 주제통합수업을 하면서 친구들과 협동심을 키울 수 있었고, 평등의 의미를 알 수 있어서 좋았다.
- 주제통합수업 중 토론 활동을 할 수 있어서 좋았다.
- 첫 주제통합수업이어서 마음이 설레었고 기대 이상으로 재미있었다.
- 평등에 대해 많은 걸 알게 되어 좋았다. 앞으로 우리 사회가 차별이 아닌 평등 사회가 되길 바란다.
- 교과서에서 배우지 못한 것들을 배우게 되어서 좋았다.

▶교사들의 수업 후기
- 교육청에서 장애 체험을 실시해 주는 프로그램이 공문으로 왔는데, 이때 신청을 했으면 전문 강사의 지도 아래 휠체어 농구 등 다양한 활동을 할 수 있었으리라는 아쉬움이 있다. 연락을 해 보니 이미 일정이 꽉 차서 신청을 못했는데, 이런 기회를 활용하는 것도 좋을 것 같다.
- 첫 주제통합수업이었기에 교사들의 부담과 긴장이 큰 편이었다. 준비하는 과정부터 진행까지 다소 시간에 쫓기는 듯한 느낌이었으며 계획한 활동량이 많아 어느

선에서 마무리를 해야 할지도 고민되었다. 첫 주제통합수업에 대한 학생들의 기대가 느껴졌고 아직 처음이라서 혼란스러워하는 학생들의 모습도 보였다. '선생님, 교과서는 안 해요?' 등의 질문도 있었다.

- 학습 마무리 후 주제부터 활동까지 지나치게 교사의 초기 계획대로 진행하고자 한 점이 아쉽다는 의견들이 나왔다. 다음 주제통합수업에서는 아동의 주도성을 중점에 둔 공부를 만들어 보자고 다짐하였다.
- 교과와의 연계성과 활동을 가장 많이 고민한 후 실행하였다. 그만큼 활동들도 좋았고 아이들의 만족도도 높았던 것 같다. 주제통합수업을 한다고 했을 때 아이들이 의문에 휩싸였는데 처음으로 자신들이 원하는 소주제를 정하고 활동을 하는 '평등' 수업을 하고 난 후 아이들은 주제통합수업의 매력에 푹 빠졌다.
- 주제통합수업 중에 교사가 답을 제시해 줘야 할 것 같은 강박관념이 있다.
- 교사가 모르는 것은 제쳐 놓게 된다.
- 수동적인 학습에 익숙한 아이들이라 적극적으로 하기 쉽지 않다.
- 교사의 의도가 많이 반영되는 편이다.
- 너무 성공만을 요구하는 듯한 교사의 태도가 문제이다.
- 주제통합수업은 학생들이 대부분 흥미로워했으나 내용 자체가 어려운 이주 노동자 등은 약간 흥미가 떨어지기도 했다. 수업하기도 어려웠던 면이 있었다.
- 아이들에게서 함께하고픈 활동을 끌어내는 부분이 잘된다면 더 활동적이고 재미있게 되지 않을까 싶다. 아이들도 재미있어하고 좋았지만 활동이 계속 겹치다 보니 나중엔 새로운 활동이 좀 고갈되는 느낌이 들었다.
- 다양한 내용들을 다 짚어 주고 가려니 할 내용들이 너무 많아서 좀 힘들었다.
- 내가 느끼는 주제통합수업의 가장 큰 장점은 '외면했던 것을 직면하게 되는 것'이다. 사회의 어두운 그늘에 대해 애써 굳이 알려 하지 않았던 나의 모습을 반성하는 계기가 되었다. 또한 우리 사회의 작은 불평등에도 분개하는 아이들을 보면서, 오히려 아이들이 '뭐든지 잘 아는' 어른보다 정의롭다는 것을 느꼈다.

4. 생명

1) 통합수업을 시작하며

5학년 1학기 교과서를 살펴보니 국어 '마당을 나온 암탉', 실과 '식물과 함께하는 생활' 등 '생명'이라는 가치가 관통하고 있었다. 교과서 곳곳에 등장하는 환경 문제, 이웃 돕기도 생명과 연결 지어 공부하면 좋을 듯했다. '생명'은 우리가 삶을 살아가는 데 아주 중요한 핵심 가치이지만, 학교 교육과정을 통해서는 충분한 시간과 자료를 가지고 배우지 못한다. 그래서 우리는 이번 기회를 통해 생명의 소중함을 아이들과 심도 있게 경험해 보기로 했다.

이 수업은 단기간에 집중적으로 학습하지 않고 한 학기에 걸쳐 매주 수요일마다 수업을 진행하기로 하였다. 매주 수요일을 교과 전담 수업이 없는 날로 계획하여 6시간 동안 집중적으로 활동할 수 있도록 하였다. 생명의 소중함을 체험하는 활동으로 벼를 기르기로 했는데, 이 활동은 학기 초부터 시작되어 벼를 추수하는 가을까지 계속되었다. 긴 시간 동안 하게 되는 주제통합수업은 집중도는 다소 떨어지는 반면 일주일 동안 충분한 준비를 할 수 있는 장점도 있었다.

생명 하면 떠오르는 주제로는 동식물(멸종 위기, 동물 실험), 죽음, 환경(오염의 심각성, 보존 방법), 폭력(전쟁, 학교 폭력, 성폭력), 아동 생명

(아동 학대, 가난한 나라 아이들의 생명) 등이 나왔다. 교사들이 미리 짜 보았던 잠정적 주제망과 거의 비슷했는데, 동물의 생명은 교사들이 미처 생각해 내지 못한 주제였다. 역시 아이들은 동물을 무척 사랑한다.

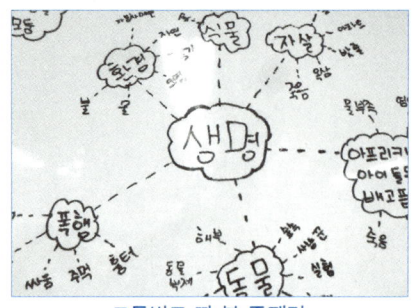

모둠별로 짜 본 주제망   모둠의 주제망을 모은 학급 주제망

• 반별 마인드맵 방법
① 생각 꺼내기 구조 활용: 아이들에게 종이를 4~5장씩 나누어 준다. '생명' 하면 떠오르는 것을 종이에 쓴다. 모둠에서 모둠원 한 명씩 돌아가며 자신의 생각을 쓴 종이를 하나씩 꺼내 놓는다. 만약 모둠원이 내놓은 생각과 똑같은 것을 쓴 친구는 동의한다고 말하면서 자신의 종이도 같이 내려놓는다. 이런 방법으로 모둠별로 모둠원 각각의 생각을 비슷한 것끼리 그룹화한다. 각 모둠은 정리된 하위 주제를 포스트잇에 써서 칠판에 붙인다.
② 모둠별로 마인드맵을 해 본 반: 각 모둠별로 종이를 한 장씩 나누어 주고 '생명'이란 주제로 마인드맵을 해 보게 하였다.
③ 담임교사는 4절지 두 장을 연결해 칠판에 붙이고 종이 한가운데에 '생명'이란 주제를 쓰면 아이들이 떠오르는 것을 자유롭게 말하도록 하였다.

2) 통합수업 실행 사례

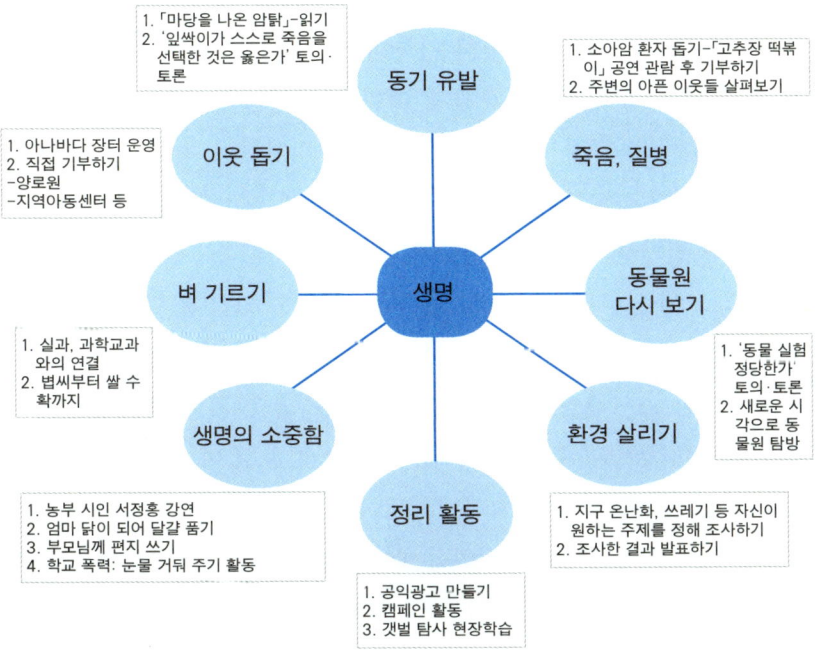

- 1. 「마당을 나온 암탉」-읽기
- 2. '잎싹이가 스스로 죽음을 선택한 것은 옳은가' 토의·토론

동기 유발

- 1. 소아암 환자 돕기-「고추장 떡볶이」 공연 관람 후 기부하기
- 2. 주변의 아픈 이웃들 살펴보기

죽음, 질병

이웃 돕기
- 1. 아나바다 장터 운영
- 2. 직접 기부하기
  - -양로원
  - -지역아동센터 등

생명

동물원 다시 보기
- 1. '동물 실험 정당한가' 토의·토론
- 2. 새로운 시각으로 동물원 탐방

벼 기르기
- 1. 실과, 과학교과와의 연결
- 2. 볍씨부터 쌀 수확까지

생명의 소중함
- 1. 농부 시인 서정홍 강연
- 2. 엄마 닭이 되어 달걀 품기
- 3. 부모님께 편지 쓰기
- 4. 학교 폭력: 눈물 거둬 주기 활동

정리 활동
- 1. 공익광고 만들기
- 2. 캠페인 활동
- 3. 갯벌 탐사 현장학습

환경 살리기
- 1. 지구 온난화, 쓰레기 등 자신이 원하는 주제를 정해 조사하기
- 2. 조사한 결과 발표하기

(1) 엄마 닭이 되어 달걀 품어 보기
(서준호 '갈갈이샘- 마음 흔들기' 블로그 참조)

국어 읽기 5-1 '7. 상상의 날개'에 황선미 작가의 동화 『마당을 나온 암탉』 일부가 실려 있다. 교육과정에서는 내 경험에 비추어 문학작품을 읽고 생각이나 느낌을 친구들과 비교해 보도록 되어 있다. 우리는 '엄마 닭이 되어 달걀 품기' 활동을 중심에 두고, 그와 관련하여 교과서의 제재 글 '마당을 나온 암탉'을 함께 공부하기로 결정했다. 먼저 '엄마 닭이 되어 달걀 품기' 활동 과정을 아이들에게 안내한 후, 나의 달걀아이를 가슴에 품고 「마당을 나온 암탉」이라는 애니메이션을 감상했다. 그리고 여러 가지 추후 활동과 더불어 교과서의 제재 글도 함

께 살펴보았다.

선생님들은 활동 전날 각 반당 달걀 1판씩을 미리 준비했다. 활동 당일 아이들에게 달걀을 1개씩 나누어 주고서 그 달걀이 미래의 자신이 낳아 기를 아이라고 가정했다. 아이들은 달걀에 자신이 미래에 낳을 아이 얼굴을 그려 보고 출생신고서도 작성했다. 출생신고서에 내 아이를 건강하고 행복하게 기르기 위해 어떻게 할지 적어 보면서, 아이들은 점점 달걀을 자신의 아이로 인식하기 시작했다.

출생신고서를 통해 아이들의 생각을 엿볼 수 있었다. 학원에 보내지 않고 같이 많이 놀아 주겠다고 쓴 아이들이 꽤 있었다. 요즘 아이들이 학원에 대한 스트레스가 많고, 부모님과 좀 더 많은 시간을 함께하고 싶기 때문일 것이다. 또한 내가 부모라면 아이를 많이 안아 주겠다, 뽀뽀해 주겠다 등의 글이 많았다. 많은 아이들이 표현은 잘 못하지만 부모님과의 스킨십을 원하고 있었다. 이런 부분은 교사가 부모님들께 아이들의 마음을 전해 주는 징검다리 역할을 할 필요가 있겠다고 생각했다.

출생신고를 마친 뒤, 달걀 아이의 집을 만들어 주었다. 우유 박스, 필통 등을 활용하거나 예쁜 바구니를 가져온 아이 등 다들 자신의 개성을 살려 만들었다. 아이 집을 완성하고 나서, 전담 시간 혹은 점심시간에 아이들을 맡길 호텔을 만들었다. 호텔은 달걀판을 활용했다. 달걀판 호텔은 교사가 보관하는데, 달걀아이를 맡기고 잠시 자리를 비워야 할 경우 이용했다. 신기하게

달걀아이 출생신고서

140

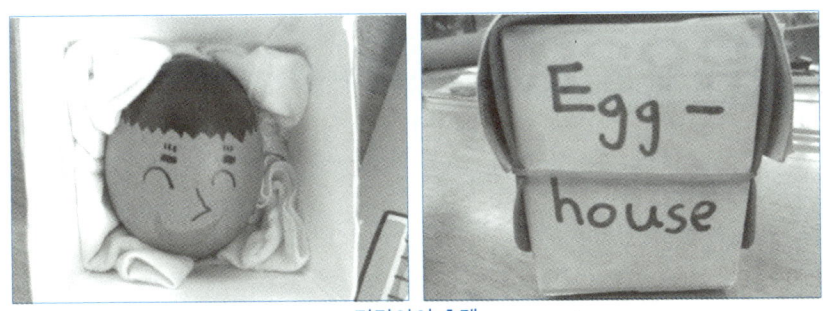
달걀아이 호텔

도 학생들은 가능한 한 아이를 호텔에 맡기지 않고 스스로 지키고 보호하려고 했다.

마지막으로 장례식장을 만들었다. 달걀아이가 깨져 더 이상 기를 수 없게 되었을 때 마지막으로 장례를 치르기 위해서였다. 박스를 준비했고, 박스 안에는 비닐을 깔아 두었다. 그리고 박스 바깥에는 '지켜 주지 못해 죽어간 내 아들, 딸들아 미안하구나!'라고 써 두었다.

아이들은 달걀아이를 정성껏 길렀다. 만약 달걀아이가 조금 깨져 다친 경우, 화장지를 이용해 응급처치를 해 주었다. 아이들은 달걀아이를 최대한 오랫동안 잘 기르기 위해 무척 애를 썼다. 물론 장난꾸러기 사내아이들은 달걀아이를 장난하듯 다루기도 했다. 그러나 표현이 서툴러서 그렇지 남자아이들 마음에도 진지함이 엿보였다. 또 몇몇의 여자아이들은 달걀아이에 너무 감정이입이 되어 힘들었다. 달걀아이가 깨진 경우, 아이가 죽었다고 생각해 상실감이 커서 우는 아이를 보며 어느 선까지 감정이입이 되도록 할 것인지, 또한 달걀아이를 기르는 과정을 어떻게 설명할 것인지를 교사가 미리 고민해 볼 필요가 있다는 생각이 들었다.

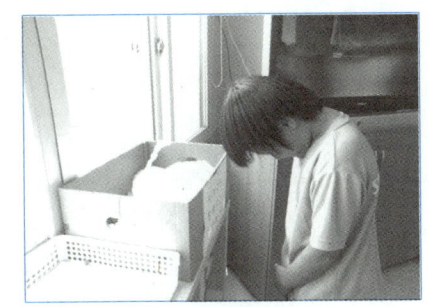
장례를 치르는 모습

국어 읽기 교과서에 황선미 작가의 동화 『마당을 나온 암탉』 일부가 제재 글로 실려 있다. 그래서 달걀아이를 기르는 그날, 우리 5학년은 「마당을 나온 암탉」 애니메이션을 시청하였다. 아이들은 달걀아이를 손에 들고, 품에 안고 애니메이션에 빠져들었다. 그리고 나서 국어 읽기 제재 글 「마당을 나온 암탉」을 다 같이 공부했다.

달걀아이를 기른 그날, 집에 돌아가기 전 부모님께 편지를 썼다. 가상이지만 본인의 아이를 직접 길러 본 후 쓰는 편지라 감회가 새로웠다. 아이들은 부모님이 우리를 건강하고 무사히 기르느라 노심초사했을 마음을 새삼 느낀 것처럼 보였다.

어떤 아이는 2학기 들어서까지 달걀아이를 냉장고에 고이 보관해 두었다고 한다. 하지만 우리는 달걀아이와 헤어져야 한다. 결국 우리의 삶에서 만남만큼 이별도 당연한 과정임을 같이 지도한다면 더 좋을 듯하다. '엄마 닭이 되어 알을 품다' 활동이 끝난 뒤 몇몇 반은 농촌체험마을에 가서 직접 유정란을 가져오는 활동을 하였다. 아이들은 호기심과 기대감에 유정란을 꺼내 오면서도 알을 낳은 어미 닭에게 미안한 마음을 드러냈다.

이 활동을 하고 난 후 아이들이 직접 달걀을 부화시켰으면 좋겠다는 건의가 많이 들어왔다. 그래서 2013년에는 부화기를 사서 직접 부화시켜 키워 보는 활동에 도전했다. 부화기를 사서 넣은 지 21일 만에 병

즐겁게 달걀을 품는 아이들

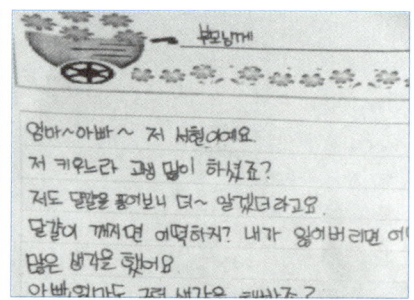

부모님께 쓴 편지

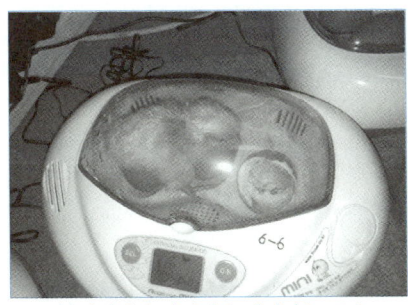

부화기에서 병아리가 깨어나는 모습   병아리에서 닭으로 자라난 모습

아리가 깨어났는데 너무 신기해서 감탄사가 저절로 나왔다.

병아리는 아이들의 사랑을 듬뿍 받으며 닭으로 자라났다. 닭장을 만들어 키울 수 있는 형편이 되지 않아 결국 반 아이들 중 한두 명이 데려다 키울 수밖에 없어 안타까웠다. 좀 더 지속적으로 키울 수 있는 상황을 만들었으면 좋겠다.

(2) 동물원 다시 보기

아이들이 좋아했던 주제는 동식물의 생명이었다. 동식물은 자기 자신이 스스로를 보호할 수 없으므로 인간의 도움이 필요하다는 주장이 많이 나왔다. 어른들과는 살짝 다른 관점이다. 아이들의 의견을 받아들여 동물의 입장에서 '동물원 다시 보기 활동'을 하였다. 그전까진 동물원에 간다고 하면 평상시에 접할 수 없는 동물들을 살펴보고 '와' 하며 감탄하는 데에서 그치기 마련이었다. 그러나 이번 활동은 우리가 동물의 입장이 되어 동물원을 바라보는 데 초점을 맞춰 진행하였다. 그래서 제목도 '동물원 다시 보기'이다.

동물원에 가기 전 활동으로 피켓을 만들었다. 피켓에는 동물 생명의 소중함 그리고 동물원에서 억압받는 동물들의 실태를 알리는 내용을

아이들이 만든 피켓

적고서, 색지 2장이 가슴과 등에 오도록 노끈으로 연결했다. 손으로 들고 다닐 수 있게 피켓도 만들었다. 아이들은 자신의 취향이나 아이디어에 따라 기발하고 다양하게 피켓을 만들었다.

교사는 아이들의 활동을 돕기 위해 동물원 탐방 활동지를 만들었다. 갇혀 있는 동물들의 감정을 살펴보고 그림 또는 사진으로 나타내기, '멸종 위기 동물 있다?! 없다?!' 코너를 만들어 멸종 위기 동물이 전주동물원에 얼마나 있는지 찾아보기, 전주동물원의 열악한 환경을 알아보고, 동물원을 어떻게 바꾸면 좋을지 그림, 글로 나타내기 등의 활동을 넣었다.

동물원에 가서는 동물들이 지내는 환경의 문제점을 찾는 데 초점을 맞췄다(좁고 답답한 우리, 더럽고 열악한 환경 등). 모둠별로 동물원 이곳저곳을 돌아다니다, 동물들이 지내기에 열악한 환경을 발견했을 때에

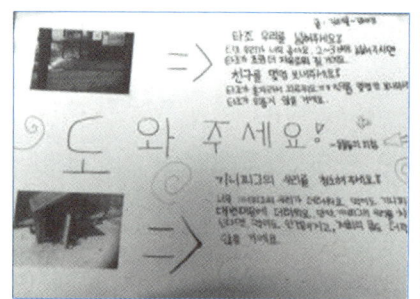
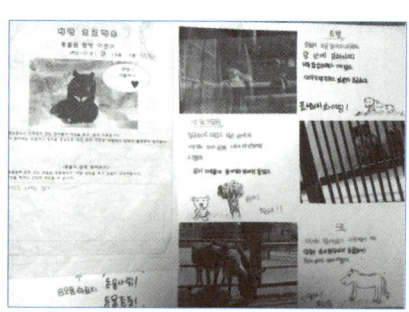

동물원 환경 개선 방안

144

는 사진을 찍도록 했다. 사진을 찍은 이유는, 나중에 교실로 돌아와 찍은 사진과 함께 개선 방향을 정리해 동물원에 투고 편지(?)를 보내기로 했기 때문이다.

오전에 동물원 탐방을 마치고 교실로 돌아와서, 오후엔 모둠별로 찍은 사진을 바로 텔레비전 화면에 띄워 놓고 발표를 했다. 그런데 개선 방향에 대해 동물원에 투고하는 것이 흐지부지 끝나 아쉬움이 남았다. 그 뒤에 '인간을 위한 동물 실험 정당한가?'라는 주제로 찬반 토론을 하였다. 이 토론에서 대다수의 아이들이 동물 실험을 반대하였다. 역시 우리의 아이들은 아직 순수하다. '동물원 다시 보기' 활동을 통해 인간의 건강과 편리함, 쾌락을 위해 희생되는 동물들을 보면서 과연 누구를 중심으로 생명의 중함이란 기준을 만들었는지를 생각해 보게 되었다.

동물원에 다녀온 후 '인간을 위한 동물원 필요한가?' 찬반 토론을 했다. '동물의 생명도 인간과 같이 중요하다' 대 '교육적 목적, 동물 보호의 목적으로 동물원이 필요하다'라는 것이 주요 쟁점이었다. 동물원을 다녀온 다음에 동물의 입장에서 동물원을 바꾸어 나가는 활동에 참여했다.

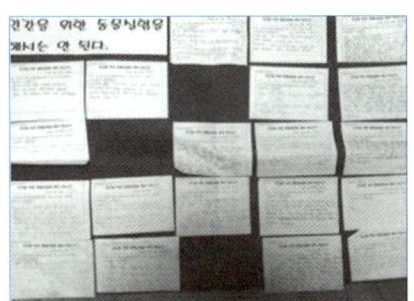

인간을 위한 동물 실험 찬반 토론

『동물원의 동물들은 행복할까?』라는 책을 미리 읽거나 마무리 활동으로 활용했으면 좋았을 듯하다. 동물만을 위한 동물원이 나온 그 책을 읽고 교사들도 신선한 충격을 느꼈다.

(3) 아나바다 및 이웃 돕기

5학년 실과 교과에서 성취해야 할 내용으로 '쾌적한 주거 환경'이 제시되어 있다. 교육과정에서는 생활 속에서 재활용의 가치를 이해하여, 실천해 보도록 하고 있다. 또한 재활용을 실천하는 방법으로 아나바다 운동, 벼룩시장, 아름다운 가게 등이 제시되어 있다. 우리는 국가 수준 교육과정의 본질과 아이들의 활동 욕구를 동시에 충족시킬 수 있는 아나바다 장터를 열기로 결정했다. 아나바다 장터는 5학년이 함께 '생명'을 위한 나눔을 계획하고 몸소 실천하는 활동이라는 데 큰 의미가 있었다.

아나바다 장터에 쓸 물건을 모으기 전에 아이들과 아나바다 활동의 의미에 대해 이야기해 보았다. 우리가 돈이 아니라 물건을 기부하는 것이기에, 내가 안 쓰지만 꼭 쓸 만한 물건을 가져오기로 약속했다. 모인 물건을 9개의 종류별로 구분했다(아이 옷, 어른 옷(여름, 겨울), 학용품, 장난감, 액세서리, 책 등).

그 뒤 9개 반 대표가 모여 제비를 뽑아 각자의 반에서 팔 물건의 종류를 정했다. 물건의 상태를 살펴보고, 상품의 질에 따라 (100, 200, 500원 중) 하나로 가격을 매겼다. 그리고 가게의 느낌을 살리기 위해 미리 만든 가게 간판과 현수막을 걸었다.

기부된 물건들

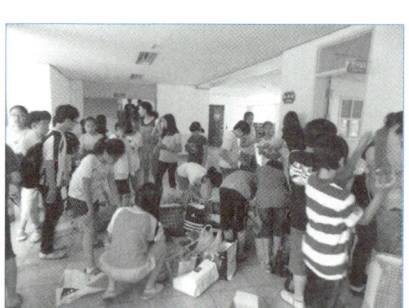
물건을 분류하고 있는 아이들

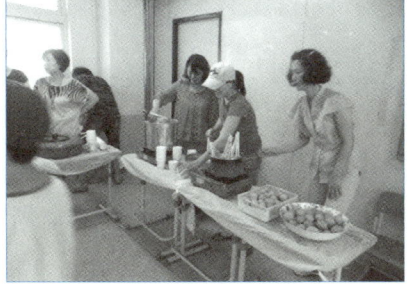

다양한 간판들   먹거리 장터 어머님들

시장의 묘미는 역시 먹거리 장터가 아닐까? 음식 냄새가 풍겨야 장터의 느낌이 난다는 생각에 학부모님들께 도움을 요청하였다. 어머님들이 간단한 메뉴를 정해 각 반별로 한 가지씩 음식을 준비해 오셨다 (팝콘, 닭강정, 계란 등). 그리고 아나바다가 열리기 전날 담임선생님들은 음식을 사 먹을 수 있는 쿠폰을 개인당 2장씩 나누어 주었다.

아나바다 장터는 총 4교시 동안 진행되었다. 그래서 일부러 반별로 4개의 모둠을 구성했다. 각각 한 시간에 한 모둠씩 장사꾼으로 투입되었다. 그럼 장사를 하지 않는 나머지 세 모둠은 다른 반을 돌아다니며 물건을 사고, 먹거리 장터에서 음식을 사 먹었다. 물건들 또한 모두 내놓지 않고, 4개의 모둠이 팔 물건을 미리 나누어 두었다. 모든 물건을 한꺼번에 내놓는다면 좋은 물건들은 일찍 팔릴 것이고, 장사를 1교시에 개시하는 모둠은 당연히 좋은 물건을 사지 못할 것이기 때문이다.

물건을 사고파는 아이들

아나바다 장터를 하면서 아이들에게는 제각기 다 보이지 않는 재능이 숨어 있다는 것을 느꼈다. 의자에 올라가서 물건을 기막히게 잘 파는 아이, 얼마나 야무진지 물건 값을 반으로 깎아서 사는 아이, 가게를 열기 전 어떻게 하면 사업이 잘 될지 머리 굴러가는 소리가 들리는 아이, 현수막과 간판 제작을 늘 해 오던 일처럼 뚝딱뚝딱 완수해 내는 아이, 교실에서 의자에 앉아 공부만 할 때와 전혀 다른 모습이었다.

아나바다 장터에서 모은 총 수익금은 27만 8,000원! 그 돈을 9반이 3만 4,500원씩 똑같이 나누어 가졌다. 그 후 '사랑의 빵-동전 모으기' 때 모은 동전과 합해 각 반별로 기부금을 준비했다. 그 기부금을 어떻게 사용할지 반별로 토의를 하였다. 각 반별로 희망하는 바에 따라 세이브더칠드런, 유니세프, 양로원, 지역아동센터 등에 다양한 방식으로 기부금을 전달했다.

그동안 사랑의 빵 동전 모으기를 할 때는 저금통을 나누어 주고 아이들이 동전으로 빽빽이 채워 온 빵을 학교에 전달하는 것으로 끝이었다. 그 빵이 어떻게 사용되는지 교사들도 학생들도 별로 관심이 없었다. 그저 좋은 일에 잘 쓰이겠거니 생각할 뿐이었다. 그러나 이번 '아나바다 장터'에서는 직접 물건을 판매해 만들어 낸 수익금을 자신들의 의사결정에 따라 기부했다는 데 큰 의의가 있었다. 결과적으로 아이들 활동 위주였다는 측면, 그리고 본인들이 모은 기부금이 어떻게 사용되

양로원 방문

나눔센터 간식 기부

는지 그 과정을 투명하게 볼 수 있었다는 점, 무엇보다 아이들이 무척 즐거워했다는 것이 중요했다. 장터 운영 후에 남은 물건은 아름다운 가게에 기증해서 유익하게 쓰일 수 있도록 하였다.

(4) 소아암 환자 돕기 「고추장 떡볶이」 뮤지컬 관람

공연을 보러가기 전, 공연 내용에 대해 개략적으로 소개하였다. 단체로 관람하게 되어 관람비는 무료지만 기부금을 걷어서 내기로 하였다(개인당 1,000원씩). 시내버스를 타고 공연장으로 갔다. 시내버스 이용하는 것은 장단점이 있다. 먼저 아이들과 살을 부대끼며, 더위에 지쳐 가며 약간의 짜증과 함께 갔다 오니 서로 더 돈독해지고 정이 쌓였다. 시내버스를 처음 타보는 친구도 더러 있는데, 그런 아이들에게는 새로운 경험이 되었다. 또 버스에서 새로운 사람을 만나고 이야기를 나누는 추억이 생긴다. 우리 반은 외국인 선교사를 몇 명 만났는데 아이들이 드디어 영어를 쓸 기회가 생겼다는 듯 신나게 대화를 나누었다.

뮤지컬은 매우 재미있었다. 아이들이 좋아할 만한 내용이라 집중도가 높았다. 또한 뮤지컬을 처음 보는 아이들에게는 더할 나위 없이 좋은 경험이었다. 다만 아이들이 공연 볼 때 지켜야 할 예절을 미리 공부하고 관람할 필요가 있다. 다녀와서는 공연 관람 소감문을 썼다.

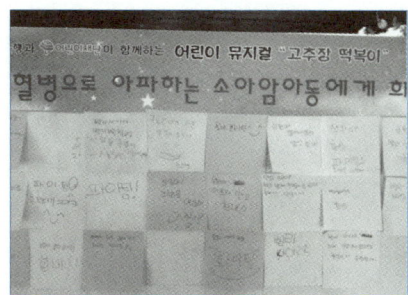

뮤지컬 관람 모습

(5) 농부 시인 서정홍 선생님이 들려주는 '생명' 이야기

농부 시인 서정홍 선생님이 오시기 전날 각 반 선생님과 아이들은 인터넷으로 서정홍 선생님이 쓰신 글이나 시, 그분의 사진 등을 찾아 보았다. 자료 찾기가 끝날 때쯤 아이들에게 서정홍 선생님은 이미 아이돌idol 수준의 스타였다.

5학년 전체가 강당에 모여 강의를 들었다. 우리 주변에 있지만 보통 사람들은 혐오하는 생물 바퀴벌레, 파리 등이 생태계에 어떤 영향을 미치는지 그 의미를 쉽게 들려주셨다. 특히 벌레 같은 작은 생물은 우리가 쉽게 죽이고 편견을 가지고 있는데, 서정홍 선생님이 바퀴벌레마저 깨끗하고 예쁜 생명이라고 이야기하실 때 뜨끔했다. 생명의 소중함이 몸이나 뇌의 크기로 결정되는 게 아닐진대 작은 생명도 소중히 대해야 한다는 당연한 진리를 새삼 깨달았다.

아이들은 질의응답 시간과 퀴즈 풀이를 즐거워했다. 몇몇 아이들은 사전에 자세히 조사해서인지 서정홍 선생님이 쓴 시에 대해 굉장히 구체적인 질문도 하였다. 학교에서 명사를 초청해 강의를 여는 일이 많지 않았기에 실제로 유명한 사람을 눈앞에서 보는 설렘이 있었다.

서정홍 선생님의 강의를 듣는 아이들

(6) 학교 폭력-친구 눈물 거둬 주기

'생명'이란 주제로 마인드맵을 할 때, 학교 폭력에 대해 함께 공부하자는 의견이 많이 나왔다. 그래서 학교 폭력이라는 주제로 '친구 눈물 거둬 주기' 활동을 기획해 진행하였다. 먼저 선생님과 함께 학교 폭력의 정의 및 대처 방법을 살펴보았다. 그 다음 친구의 눈물을 거두어 준다는 의미에서 눈물처럼 붙어 있던 포스트잇을 떼고 희망 메시지를 적어 머리 위로 다시 붙여 보았다. 폭력 게임과 관련된 신문기사를 스크랩해서 모둠별로 기사문 속에서 폭력 게임의 문제점을 찾고 해결 방안(사회, 게임 회사, 우리 스스로)을 생각해 보았다.

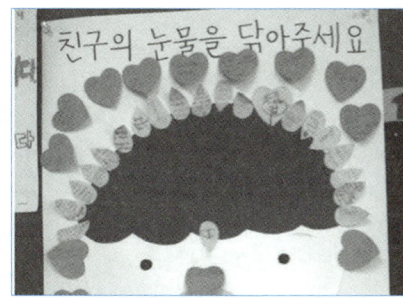
친구의 눈물을 거둬 주는 아이들

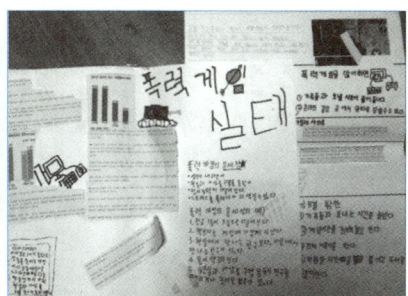
학교 폭력 실태 조사

(7) 벼 기르기 프로젝트

5학년 실과 교과에서 성취해야 할 내용으로 '식물과 함께하는 생활'이 제시되어 있다. 교육과정에서는 꽃과 채소 가꾸기에 대한 지식을 배우고 나서, 봉선화, 나팔꽃, 상추, 고추와 같은 꽃과 채소를 직접 선택해 가꾸어 보는 활동에 초점이 맞춰져 있다. 또한 가꾸는 과정을 통해 재배의 의의를 알고 생명을 존중하는 태도 또한 동시에 함양하도록 하고 있다. 우리는 기존 국가 수준 교육과정의 본질을 충족시키면서, 동

볍씨를 뿌리는 아이들

볍씨가 싹을 틔움

시에 전주라는 중소도시의 지역 환경을 고려해 '벼'를 길러 보기로 결정했다. 도시에 사는 아이들이 벼를 접하거나 길러 볼 경우가 적기 때문이다.

3월, 전주 도시 한복판 그것도 4층 옥상, 각반에서 작은 대야를 한 개씩 배당받아 벼를 기르기 시작했다. 대야에 흙을 넣고 아이들이 직접 볍씨를 뿌렸다.

신기하게도 뿌린 볍씨에서 싹이 났다. 싹이 모가 될 때까지 기다렸다가 아이들이 자기 반 대야 논에 조금씩 모내기를 했다.

(5월쯤) 중간에 비료도 주었다. 비료를 주어야 할 적절한 시기를 놓치거나 너무 자주 주면 벼가 지나치게 자라고 만다. 6반에서는 한 아이가 비료를 따로 구해와 자기 반 논에만 비료를 주었다. 그 반의 벼는 다른 반 벼와 다르게 무척 억세고 진한 녹색을 띠며 마치 나무처

모내기를 하는 모습

개구리밥이 가득 찬 모습

누렇게 익어 가는 벼

낟알을 훑는 모습

럼 무럭무럭 잘 자라서 부러움을 한 몸에 받았다! 그러나 나중에 6반의 벼는 벼꽃이 피지 않았다. 주변에 계신 농부에게 여쭤 보니 웃자라서 그렇다고 했다. 결국 벼를 기를 땐, 시기에 맞춰 적당히 비료를 주어야 한다. 많이 준다고 좋은 것만은 아니다. 그래도 6반의 몰래 비료 사건은 아이들이 벼에 대한 관심과 애정이 넘쳐서 벌어진 일이기에 사실 부럽기도 했다. 벼는 잘 자랐다. 벼에서 흰 꽃이 피고 방아깨비, 개구리밥 등이 자랐다. 교사 중에도 벼꽃을 처음 보는 사람이 많았다.

다 익은 벼를 수확하는 과정은 참 재미있었다. 토요일 아침 각 반 대야 논을 가져와서 낫으로 베듯, 가위로 벼를 자르고 벼를 훑어서 낟알을 분리했다. 그리고 벼 낟알을 마늘 찧는 통에 넣고 통통 찧어서 벼 낟알의 껍질을 벗겨냈다. 그리고선 입으로 호호 불어서 벼 껍질을 날리고, 낟알만 건져내는 데 성공!

벼 수확을 끝낸 후 다목적실에 모여 어머님들이 반죽해 준 재료로 송편을 만들었다. 예쁘게 빚어 그 자리에서 쪄서 먹는 활동까지 했다.

송편을 먹고, 운동장 옆 빈 공간에 모여 짚으로 새끼 꼬는 것을 배웠다. 동네 노인정에서 초빙해 온 할아버지들이 새끼 꼬는 방법을 가르쳐 주셨다. 시대가 빨리 변함에 따라서 노인의 지혜가 경시되고 존경의 마음이 사라지기 쉬운데, 이런 활동을 통해 아이들이 어른에게 친근감을 갖고 인사라도 한 번 더 할 수 있게 되면 좋겠다는 마음이 들

송편을 만들어 먹는 아이들   즐겁게 새끼를 꼬는 아이들

었다.

'벼가 자란다. 벼에 꽃이 핀다. 방아깨비가 산다. 새끼를 꼬고 송편을 만들어 먹는다. 새끼를 꼬는 할아버지를 만난다.' 생각해 보면 참 생소한 일이다. 내가 초등학생이었을 때만 해도 이런 경험을 해 볼 기회가 없었다. 그렇다면 지금 아이들에겐 어떨까?

벼 기르기 프로젝트는 식물의 탄생에서 수확까지를 알아보는 매우 큰 의미가 있는 학습이었다. 수확해서 쌀이 되기까지 농부의 수고로움과 볏짚까지 활용하는 우리 조상들의 지혜를 엿볼 수 있었다.

(8) 생명 관련 현장 학습

① 덕바위 농촌 체험

실과 교과와 연계하여 감자 캐는 활동을 하고 수확한 감자를 집으로 가져갔다. 여러 동물들을 관찰하고 먹이를 주었고 유정란을 꺼내어 집으로 가져갔다. 농촌 체험을 한 후 물놀이를 했는데 아이들이 무척 좋아했다. 교사와 학생이 어우러져 비를 맞으며 물놀이를 한 것은 멋진 추억으로 남았다.

농촌 체험학습 모습

②고창 갯벌 체험

갯벌 나가기 전 2~3일에 걸쳐 과학 1학기 '4단원 작은 생물'을 미리 공부했다. 특히 물에 사는 생물과 갯벌에 사는 생물에 대해 집중적으로 살펴보았다. 고창 고인돌 공원에 갔다가 심원 갯벌에 가서 조개도 캐고 갯벌에 사는 다양한 생물(갯지렁이, 망둥이, 맛조개, 방게 등)을 보았다. 갯벌 체험 후에는 염전에 가서 소금을 채취하는 것을 견학하였다.

갯벌에 사는 여러 생물들을 채취하면서 갯벌이 우리에게 주는 다양한 이로움에 대해 생각해 보는 활동을 했다. 갯벌 현장 체험을 통해 자연에서 수확하는 기쁨을 느낄 수 있었고 바다가 우리에게 주는 고마움, 바다 환경에 대한 인식을 다시 한 번 고취할 수 있는 좋은 기회가 되었다.

즐거운 갯벌 체험

③ 건지산 숲 체험

아침에 운동장에 모두 모여 건지산으로 출발했다. 숲 해설사와 새 해설사님은 숲을 마음껏 돌아다니며 나무를 자세히 들여다보고, 마음에 드는 나무 하나를 골라 자신의 나무로 정하게 하셨다. 아이들이 숲에서 주운 나뭇가지, 작은 벌레, 나무에 핀 곰팡이 하나하나 다 자세히 살펴보고 설명해 주셨다. 숲 체험을 끝내고 돌아오는 길에 나무 피리를 몇 개 만들어 아이들에게 주셨다. 숲 체험을 하고 나니 '그냥 건지산'이 아니라 '이야기가 있는 건지산'이 되었다. 학교를 벗어나 친구들과 선생님과 자연 속에서 함께 공부했다는 것만으로도 큰 의미가 생겼다. 마음이 따뜻한 사람은 나무에 귀를 대면 나무의 소리를 들을 수 있다고 숲 해설사가 말씀하셨다. 우리 반 학생이 나무를 껴안은 모습에 함께 마음이 따뜻해지는 시간이었다.

건지산에 그렇게 많은 새가 사는지 몰랐다. 새에 대한 지식이 많아지기도 했지만 새를 사랑할 수 있는 계기가 되어 좋았다. 숲 해설사 선생님과 함께하니 평소 익숙했던 건지산이 다르게 다가왔다. 교육과정을 운영할 때는 지역사회와 연계해야 한다. 송천동에 대해 잘 알지 못하는 내가 이런 활동을 통해서 이 지역에 대해 알게 되고 아이들과 같은 경험을 쌓게 되어 좋았다. 숲 체험이 끝나고 소리문화전당 앞에서 모여 압화를 이용해 책갈피를 만들었다. 마음의 정화가 되는 시간이었다.

숲 해설사와 함께 숲 체험을!

3) 통합수업을 마치며

▶생명 수업 후기
- 농촌 체험, 건지산 체험을 가서 좋았다.
- 세이브더칠드런, 유니세프와 같은 곳에 기부할 수 있어서 좋았다.
- 벼가 처음엔 아기처럼 작았는데 점점 커져 가니까 살아 있는 걸 느꼈다.
- 벼를 직접 길러 수확해 먹어서 보람 있었다.
- 아나바다 운동을 직접 해서 좋았다(그냥 공부로 배우는 것보다 재미있다).
- 달걀 품기는 내가 자식이나 동생을 키우는 것 같아서 좋았다(달걀 키우기가 인상 깊었다고 쓴 친구들이 굉장히 많았다).
- 동물원에 가서 좋았다(동물원에 가서 좋았고, 동물들을 봐서 좋았다는 의견도 굉장히 많았다).
- 생명 하나하나가 소중하다는 것을 알게 되었다.
- 동물원에서 피켓을 들고 돌아다녔던 게 기억에 남는다.
- 동물 실험에 관해 찬반 토론했던 게 기억에 남는다.
- 동물원에서 직접 동물을 봐서 좋았다.
- 마인드맵을 했던 게 기억에 남는다.
- 벼를 기르며 하루하루 자라는 것을 보며 나의 마음도 싹트는 것 같아서 이 체험이 좋았다.

▶아이들이 원하는 개선점, 추가하고 싶은 활동
- 동식물 키우기
- 병아리 부화시키기
- 다른 생명 도와주기
- 식물 키우기
- 응급처치 배우기
- PPT나 UCC 만들기
- 내가 동물이 된다면? 이란 주제로 일기 써 보기
- 곤충 채집해서 기르기
- 수목원 가기
- 달걀 키우기를 할 때 이 알이 깨어나지 않을 것을 아니깐 소중함을 느끼지 못했다. 차라리 병아리 같은 작은 동물을 키우면 좋겠다. 그리고 다른 학년도 구경할 수 있기 때문에 동물을 키우면 좋겠다.

4) 이렇게 평가했어요

1. '마당을 나온 암탉'의 내용 중 일부분입니다.

> 잎싹은 그동안 낳은 수많은 알 중의 하나를 되찾았다고 믿고 싶었다.
> 하지만, 늦게라도 알의 어미가 오면 어쩌나 싶어 보이지 않는 어둠 저
> 쪽을 뚫어져라 볼 수밖에 없었다. 다행스럽게도 밤이 깊도록 찔레 덤
> 불로 돌아온 어미는 없었다. (중략)
> '이건 내 알이야. 내 이야기를 들을 수 있는 아기, 나만의 알!'
> 잎싹은 맨가슴에 닿는 알이 사랑스러웠다. 알의 어미가 나타난다고
> 해도 내줄 수 없을 것 같았다.

6단 논법

1단계	안건	찬성과 반대가 서로 맞설 수 있는 주제	예: 컴퓨터 게임, 해도 좋은가?
2단계	결론	안건에 대해 찬성인지 반대인지 결론을 내린다.	예: 나는 이 주제에 대해 찬성한다. 반대한다.
3단계	이유	결론을 내린 이유를 말한다. (근거)	예: 그 이유는 ~이기 때문이다.
4단계	설명	이유에 대한 설명하는 단계이다. 인터넷 자료나 신문 보도 자료, 직접 경험 등의 방법을 이용한다. (근거를 뒷받침하는 자료)	예: 통계자료에 의하면 ~한다.
5단계	반론 꺾기	나와 다른 의견을 가진 이가 갖고 있는 중요한 이유를 미리 예상하여 꺾어 버리는 것	예: ~라고 말할 수도 있겠지만, ~다.
6단계	정리	1단계부터 5단계까지의 이야기를 종합적으로 정리하여 결론을 내린다.	예: 이와 같은 이유로 나는 이 주제에 대해 찬성한다.

'잎싹이가 알을 품는 중에 그 알의 진짜 주인이 나타났을 때 알을
돌려줘야 하는가'에 대한 자신의 생각을 6단 논법에 맞게 써 봅시다.

2. 다음 광고를 보고 물음에 답하여 봅시다.

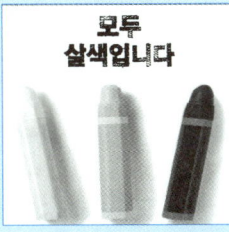

외국인 근로자도 피부색만 다른 소중한 사람입니다. 돌아가서 우리나라를 세계에 알릴 귀한 손님입니다.

우리 민족은 약소국의 설움을 누구보다 잘 알고 있습니다. 일제시대의 아픔이 아직도 아물지 않고 남아 있습니다. 그래서 요즘 심심찮게 들려오는 외국인 노동자 인권 유린의 소식들은 더욱 우리의 마음을 아프게 합니다. 우리나라에 온 귀한 손님들에게 동방예의지국의 미덕을 다시 한 번 보여 줄 때입니다.

(1) 위의 광고가 말하고자 하는 것은 무엇입니까?

_____

(2) 광고에 사용된 인상적인 표현 방법은 무엇입니까?

_____

(3) 위와 같은 방식(글과 그림을 사용하여)으로 생명의 소중함을 주제로 나마의 공익광고를 만들어 봅시다.

(보기를 참조할 학생은 참조하여도 좋습니다. 보기를 참조할 경우 금지의 내용일지 추천의 내용일지를 잘 판단하세요.)

〈보기〉 환경파괴, 자연보호, 전쟁, 동물 실험, 장기기증, 헌혈

_____

_____

_____

5. 환경

1) 통합수업을 시작하며

생명 주제통합수업을 진행하면서 학생이 주도적인 역할을 하지 못하고 교사가 주도하는 수업이 되었다는 아쉬움이 남았다. 그래서 생명 주제통합수업 후 교사의 개입을 최소화하고 아이들이 주도적으로 전 과정을 진행해 나가는 데 초점을 맞춰 환경 주제통합수업을 기획했다. 이 수업은 단기간(1주일) 동안 모든 수업을 제외시키고, 아이들이 환경에 대해 다양한 방법으로 탐구하고 사고하며 창작물을 제작하는 시간을 가졌다.

환경 주제통합수업의 하위 주제는 수질, 토양, 대기, 아마존, 쓰레기, 핵, 지구 온난화 총 7개로 이를 모둠별로 하나씩 나누어 가졌다. 그 후 프로젝트 학습 과정과 결과물 구성 방법 등 나머지 모든 활동은 모둠원끼리 의논하여 결정하도록 했다. 다만 아이들이 방향을 잡지 못해 혼란스러워할 경우, 교사가 조금씩 개입해 아이들에게 아이디어와 방향을 제공해 주었다.

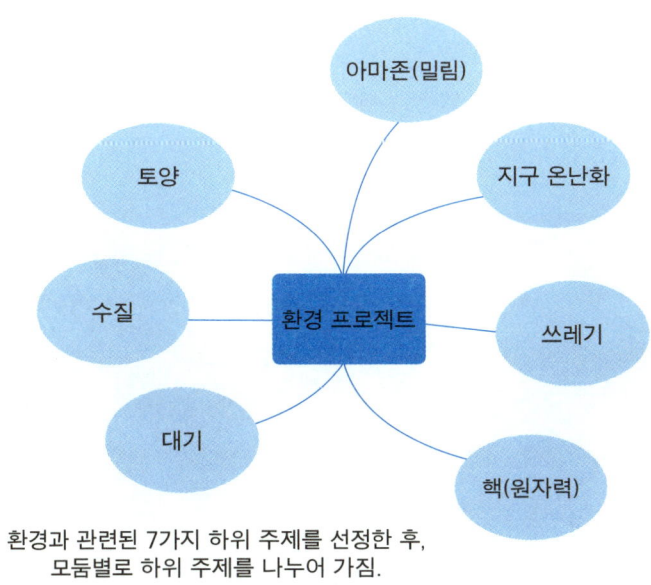

아마존(밀림)

지구 온난화

토양

쓰레기

수질

환경 프로젝트

대기

핵(원자력)

환경과 관련된 7가지 하위 주제를 선정한 후,
모둠별로 하위 주제를 나누어 가짐.

학습 주제 정하기

2) 통합수업 산출물

연극, 동영상, 노래 개사, 뉴스 또는 신문, PPT 제작 및 발표 등 다양한 산출물이 나왔다.

(1) 연극

아이들이 직접 무대 의상을 손바느질로 만들었다. 그 후 아이들 앞에서 연극을 공연하였다.

무대 의상을 만드는 장면

연극 공연 장면

(2) UCC 만들기

환경오염에 대해 조사 및 발표한 내용을 가지고 동영상을 제작하였다. 동영상 제작 방법은 반별로 다양하였다. 주로 무비 메이커라는 프로그램을 활용하였다.

예시 작품은 쓰레기, 물, 핵, 지구 온난화 등에 대해 아이들이 PPT를 제작 및 발표하고, 주제와 관련해 만든 발표 자료를 쭉 연결해 만든 동영상이다.

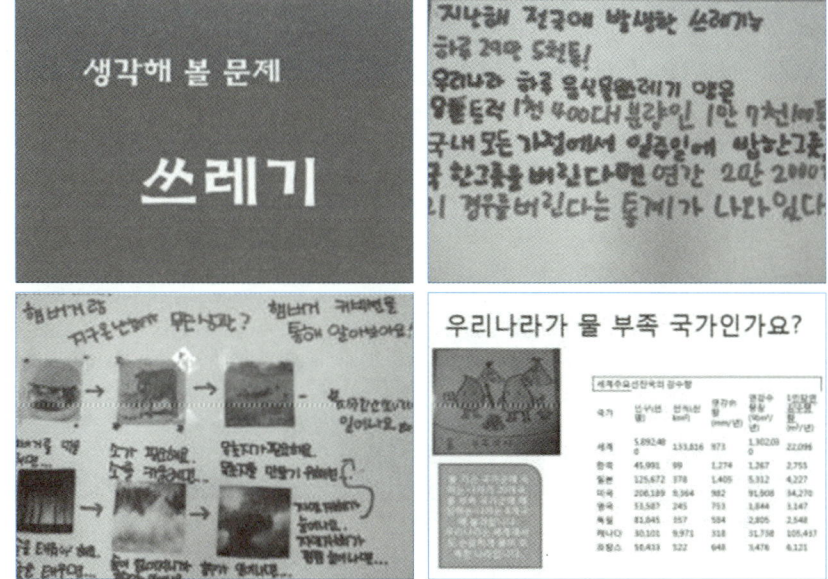
아이들 발표 영상 캡처

(3) 노래 가사 바꾸기

기존에 있는 노래의 가사를 '환경'과 관련시켜 바꾸어 불러 보았다. '좋아서 하는 밴드'가 부른 「북극곰아」라는 노래를 활용한 반도 있었다. 기존의 노래는 그대로 이용하되, 노래 가사에 어울리게 각 장면을 그림으로 그렸다. 그 후 노래와 그림을 연결해 동영상 파일로 제작하였다.

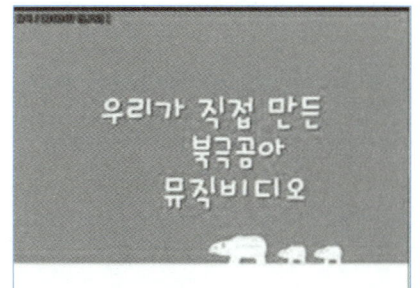
「북극곰아」 음악 비디오 장면 캡처

(4) 뉴스 만들기

환경 오염 실태를 전달하는 내용을 담아 뉴스를 만들기도 했다.

뉴스 장면 캡처

(5) 신문 만들기

대기오염과 관련해 신문을 제
작한 예시 작품이다. 신문 맨 앞
장에는 '대기' 하면 떠오르는 것
을 마인드맵 해서 넣었다. 만화
는 공기를 위한 발명품과 대기와
관련한 내용이다.

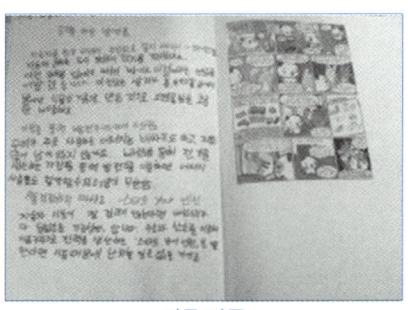

신문 작품

(6) 파워포인트 발표

대부분의 모둠은 본인이 맡은 주제에 대해 PPT를 제작하고 발표하
는 시간을 가졌다. '아마존의 파괴'를 주제로 연극을 제작한 모둠은
PPT를 따로 제작해 발표를 하는 열성을 보였다. 환경 프로젝트 학습

을 통해 아이들이 발표 자료를 제작하고 컴퓨터를 활용하는 능력이 많이 향상되었다.

(7) 발표 자료 및 소책자 만들어 발표하고 퀴즈 풀기

친구들 앞에서 발표할 자료를 4절지에 만들었다. 그리고 각 모둠별로 이용할 수 있도록 소책자 6개를 만들었다. 그리고 발표가 끝난 후, 퀴즈 타임 시 소책자를 활용하여 퀴즈를 풀 수 있도록 하였다. 소책자를 나누어 주니, 발표를 든는 아이들의 집중력도 훨씬 좋아졌다.

OX 퀴즈 푸는 모습

소책자 설명 듣는 모습

파워포인트로 발표하는 모습

3) 통합수업을 마치며

▶좋았던 점
- 본인들이 스스로 환경에 관련된 PPT를 만든 것.
- 건지산에 나간 것.
- 쓰레기를 잘 버리지 않으면 어떻게 되는지 동영상을 본 것.
- 책 만들기, 역할극, 노래 가사 바꾸기, 뉴스 만들기 같은 활동을 한 것.
- 우리가 직접 하고 싶은 활동을 해 보았던 것.
- PPT 등 자율적인 발표 활동을 했던 것.
- 한 가지 주제에 대해 모둠별로 조사해서 모둠 친구들끼리 친해질 수 있어서 좋았다.

▶개선할 점
- 환경과 관련된 게임 같은 활동을 하면 좋겠다.
- 밖으로 나가서 직접 환경을 보고 배웠으면 좋겠다.
- 환경과 관련된 동영상을 보면 좋겠다.
- 충분히 더 많은 시간을 줘서 좀 더 완벽하게 발표를 하고 싶다.
- 포스터 만들기를 하고 싶다.
- 식물 채집을 해 보고 싶다.
- 봉사 활을 해 보고 싶다.
- 활동을 더하면 좋겠다.
- 오존층, 매연 같은 환경오염 대책 토론.
- 개인마다 한 가지씩 했으면 좋겠다.

6. 독도

1) 통합수업을 시자하며

막연히 '독도는 우리 땅'이란 구호에 익숙해져 있지만 독도가 '왜' 우리 땅인지 생각해 본 사람은 별로 없을 것이다. 이에 독도 수업을 통해, 독도를 우리 영토로 주장하기 전에 국민적인 감정을 넘어서서 객관적인 근거 자료를 수집하여 그 역사적 사실을 알아보고자 하였다. '알면 사랑하게 된다.'는 말이 있다. 5학년 선생님들은 제대로 아는 것이 나라 사랑의 첫걸음이라는 생각에 동의하고 독도 주제통합수업을 계획하였다.

독도 영유권 문제에 대해 일본은 국제사법재판소에 회부하여 재판을 받자는 입장을 견지하고 있다. 이와 반대로 우리 정부는 국제사법재판소의 재판을 거부하고 있다. 국제법상으로, 또한 역사적으로 너무나 명백한 우리의 영토이기 때문에 굳이 일본과 재판을 할 이유는 없다는 것이다. 이 사실을 토대로 독도 수업을 진행하기 전에 우리는 한 가지 가설을 세웠다.

'만약 한국과 일본이 중립적인 국제사법기관에서 독도 문제로 재판을 받게 된다면?'

여느 주제통합수업과 다를 바 없이 교사들이 브레인스토밍을 하여

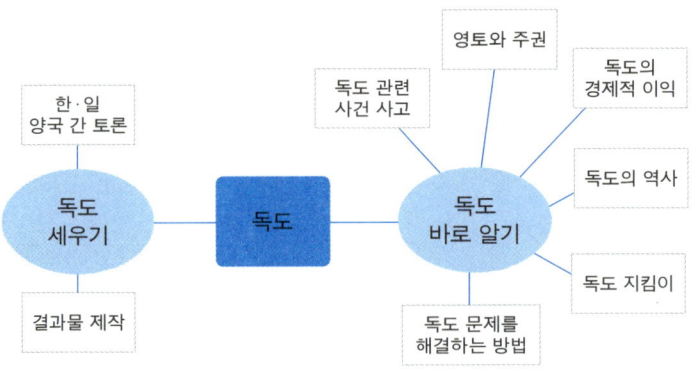

독도 마인드맵

마인드맵을 만드는 것부터 시작했다. 그런데 막상 풀어놓고 보니 교사들의 독도에 관한 지식이 그리 많지 않았다. 교사이기 이전에 국민으로서 부끄러운 마음이 들었다. 우리는 당연하게 여기는 많은 것들에 대해 관심을 갖지 않는 경향이 있다. 아이들을 가르치는 것에 앞서 교사가 먼저 배움을 즐겨야 한다. 우리는 독도에 관한 '선행 학습'이 필요하다는 결론에 도달했다.

며칠 동안 공부를 하고 와서 독도에 관한 주제를 풀어놓기 시작했다. 영토, 영해와 주권의 개념, 독도로 인한 경제적 이익, 독도에 관한 역사적 사실, 독도를 비롯한 영토 분쟁, 독도를 지키기 위해 노력한 사람들(독도 지킴이). 독도 문제를 해결하기 위한 노력 등등. 곰곰이 생각해 보니 우선 독도에 관한 배경지식을 활성화할 필요가 있다는 판단이 들었다. 그래서 우선 여러 가지 자료(다큐멘터리, 기사, 독도 관련 서적 등)를 통해 독도에 관한 수업을 전개하고, 아이들이 생각을 정리하여 결과물을 만들어 내는 방식으로 진행하기로 하였다. 즉, 독도라는 주제의 특성을 살려 '교사 주도형'에서 '학생 주도형'으로 수업의 주도권이 점차 전환될 수 있도록 계획하였다.

2) 통합수업 실행 사례

독도 수업 활동 중 가장 초점을 두었던 부분은 '아이들의 비판적 사고력을 향상시키는' 일이었다. 누누이 이야기하지만, 우리뿐만 아니라 아이들도 그들 각자의 생각이 결여된, 결코 '진짜' 애국심이라 말할 수 없는 태도로 "독도는 우리 땅"을 외치고 있을지도 모른다.

주제통합수업을 어떻게 진행해야 할까? 이러한 고민을 안고 짧지 않은 침묵이 흘렀다. 잠시 뒤, 침묵을 깨고 한 선생님이 말했다.

"당연하게 여기는 것에 의문을 제기해 보면 어떨까요? 비판적 사고력의 뜻은 평소에 옳다고 받아들여지는 당연한 것에 대해 의문을 제기하는 것입니다. 일본의 입장에서 그들 나름대로의 주장을 정당화해 보는 것도 재미있는 시도 아닐까요?"

그래서 일단 아이들이 근거 자료를 모아 토론을 통해 한·일 양국의 주장을 합리적으로 전개하고, 추후에 그러한 주장을 정당화하기 위한 통합수업의 결과물을 직접 만들어 보기로 했다. 이는 '대화와 토론을 통한 설득'이 독도 영유권 문제와 관련해 가장 좋은 해결책이라고 여겼기 때문이기도 하다.

(1) 독도 관련 쟁점에 대해 이야기하기

아이들이 독도에 대해 관심을 가질 만한 주제가 무엇일까? 떠올려 보니 얼마 전에 올림픽에서 국가대표 축구 선수가 골을 넣고 나서 독도는 우리 땅 골 세리머니를 해서 메달을 박탈당한 사건이 있었다. 대통령의 독도 방문, 일본 교과서의 독도 관련 내용, 독도 분쟁과 관련한 일본의 도발, 축구 선수의 메달 박탈 사건 등 독도와 관련한 뉴스와 신문 기사들을 아이들에게 보여 주며 동기 유발이 되도록 했다. 예상대로 아

독도 세리머니 장면

이들은 감정적인 반응을 보였다.

"당연한 걸 표현했을 뿐인데, 어째서 메달을 빼앗아 간 거죠?"
"일본은 비양심적이야. 어떻게 교과서에 버젓이 독도를 다케시마라고 표기할 수 있지?"

아이들의 시각으로는 독도 영유권 문제를 국제사법재판소에 회부하는 것을 거부하는 우리 정부를 이해할 수 없다는 반응이 굉장히 많았다. 대부분의 아이들은 이렇게 이야기했다.

"우리 것이 당연하니까 오히려 재판을 받아서 우리 것임을 분명하게 하는 것이 좋을 것 같은데."
"정말 답답해요. 재판을 받으면 일본이 찍소리도 못할 텐데."

아이들에게 일본도 그 나름대로 독도를 자기 땅이라고 주장하는 이유가 있다고 설명해 주었다. 또한 우리가 독도의 주인임을 주장하려면, 독도에 대해 제대로 짚고 넘어가는 시간이 필요하다고 이야기했다. 아이들은 고개를 끄덕이며 지금 왜 독도를 공부해야 하는지 그 필요성을 느끼고 있었다.

(2) 교과서를 활용한 독도 수업

2학기 교과서를 훑어보니 국어 교과서와 사회 교과서에도 독도와 관련한 내용이 있었다(듣말쓰 교과서의 '독도 지킴이'와 사회 86쪽 '우리 땅

독도'). 독도에 관해 공부하면서 중간중간에 해당 부분을 연관시켜 학습할 수 있도록 했다. 해당 과목 시간에 교과서에서 분절적으로 공부하는 것보다 우리의 배움 속에서 의미 있게 연결시키는 것이 교육적 효과가 더 클 것이라는 판단에서였다. 또한 초등

독도프로젝트

Ex> 돋말쓰 6단원 깊은 생각 바른 판단에서 등장한 '독도 지킴이'를 읽고 주장하는 글을 쓰기
교과서(돋말쓰, 사회 등)에서 해당부분을 찾아 먼저 수업하는 방식으로 아이들의 배경지식을 활성화 시킴.

수업 자료

학생 수준에서 쓰인 독두 교교재 『독도 바로 알기』를 활용하여 짝끼리 공부하고 나서 골든 벨 게임을 진행하는 등의 활동도 하였다. 아이들 속에는 독도의 여러 가지 측면에 관해 그들 나름대로의 지식이 형성되고 있었다.

(3) 독도 강치의 비극

독도와 관련한 역사를 공부하면서, KBS 다큐멘터리 「독점 발굴! 독도의 증언」 편을 보여 주었다. 일본인에서 한국인으로 귀화한 독도 전문가 호사카 유지 씨가 진행하는 프로그램으로 과거에 독도에 서식하던 독도 강치를 통해 독도의 역사를 재조명하는 내용을 담고 있다. 아이들 수준에서 조금 어렵지는 않을까 걱정했는데, 생각보다 잘 집중하며 보았다. 나중에 혹시라도 잘 이해하지 못한 아이들이 있을까 봐 조금 더 쉽고 재미있는 서프라이즈 프로그램을 보여 주었다. 독도 강치의 멸종과 관련하여 아이들은 한결같이 안타까움과 분노를 표현했다.

독도 강치 관련 영상

(4) 찬반 토론

　우리는 독도 수업을 진행하면서 한 가지 난관에 부딪혔다. '비판적 사고력'을 길러 주자는 원대한 목표에도 불구하고, 우리가 아이들의 독도 학습을 위해 준비한 자료들이 대부분 한국의 입장에 치우쳐 있다는 것을 중간에 깨달았기 때문이다. 이대로 가다간, 토론에서 일본 측을 옹호하는 아이들의 근거가 부족하여 토론이 제대로 이루어질 수 있기나 할까? 고민 끝에 선생님들 또한 일본 측 주장을 증명할 근거 자료를 찾아내야 한다는 결론에 이르렀다. 주 1시간의 컴퓨터 시간을 활용하여 인터넷에서 각국의 입장을 대변할 수 있는 역사적·사실적 자료를 찾았고, 최대한 객관적인 자료를 찾아 PPT로 정리하여 아이들과 함께 공부했다.

　아이들은 한·일 양국의 입장이 되어 자신의 주장을 대변할 수 있는

독도 수업 발표 장면

근거 자료를 찾아 제시하면서 열띤 토론을 펼쳤다. 아마도 일본 측 입장에 선 아이들의 피켓을 보면서 놀라는 선생님들도 많겠지만, 이러한 시도가 아이들이 다양한 면에서 사고하고, 논리적 사고력을 배양할 수 있는 계기가 되었을 것이다. 한국 측이 절대 우세할 것이라는 선생님들의 예상을 보기 좋게 깨부수고, 승산을 가릴 수 없을 정도로 팽팽한 토론이 벌어졌다. 심지어 몇몇 아이들은 이렇게까지 이야기하였다.

"조사하다 보니, 일본도 나름대로 독도 소유권을 주장하는 이유가 있는 것 같아요. 토론하는 내내, 정말 독도가 누구 땅인지 헷갈렸어요."
"정말 일본 사람들은 나쁘다고 생각했었는데 토론을 통해서 오히려 일본을 이해할 수 있어 좋았던 것 같아요."

(5) 수업 결과물

결과물은 뮤직비디오, 뉴스 동영상, 역할극 동영상 등 UCC로 제작하는 경우도 있었고, 손으로 피켓이나 포스터를 직접 만든 아이들도 있었다. 결과물은 모둠원들의 회의에 따라 다양하게 만들어졌다. 또한 자신들의 입장을 정리하여 PPT로 만들어서 발표하는 아이들도 있었다. 스스로 결과물을 만들어 내는 동안 아이들은 훌쩍 자라 있었다.

3) 통합수업을 마치며

독도 통합수업을 진행하면서 토론에 너무 집중하다 보니 독도 문제를 어떻게 해결할 수 있을지에 대한 논의는 소홀했던 면이 없지 않다. 선생님들은 연수에서 배운 디즈니 창의성 전략 토론 방법을 활용하여 효과적인 해결책을 논의해 보았으면 좋았을 것 같다는 의견을 표시했다. 토론 방법의 다양화가 필요하다고 여긴 것이다.

2학기 첫 주제통합수업. 개학을 준비하며 많은 시간을 할애할 수 없어 아쉬운 점은 분명히 있지만, 아이들은 분명히 자랐다. 아직은 조금 미숙하지만 독도의 주인이 될 자격을 갖춘 아이들로, 상대방의 의견도 인정할 줄 아는 아이들로 말이다.

"어떤 근거로 일본이 그렇게 자기네 땅이라고 우기는지 알 수 있었고, 독
도를 꼭 지켜내야겠단 생각이 들었어요."
"선생님, 독도에 가고 싶은데 그냥 우리 다 같이 견학 가면 안 돼요?"

역시 알면 알수록 사랑하게 된다. 또한 지피지기면 백전백승이라는 말처럼, 제대로 안 다음에야 사랑하는 마음으로 신중하게 대처할 수 있다. 일본의 주장과 근거 자료를 조사해 본 것은 아직 비판적 사고력이 충분히 발달되지 않은 아이들에게 좋은 경험이 되었으리라고 생각한다.

7. 우리 몸

1) 통합수업을 시작하며

5학년 과학은 참 어렵다. 외워야 한다는 느낌을 주는 내용들이 많고 아이들이 평소 접하지 않았던 내용들도 많다. 그중 우리 몸은 아이들의 일상생활과 가장 관련성이 높고, 아이들이 평소 호기심을 가질 내용들이 많아 이를 주제통합수업으로 진행해 보았다. '우리 몸' 단원에서는 몸을 과학적으로만 접근하도록 집필되어 있는데, 실제 아이들은 자신의 몸에 대해 사회적으로 접근하는 아주 민감한 시기에 살고 있기에, 사춘기와 성, 아름다움에 대한 기준 등을 함께 학습함으로써 건강한 아이들로 성장하도록 교육과정을 재구성하였다. 실제로 활동하고 직접 우리 몸을 관찰하는 기회를 주려고 노력했으며, 과학 지식뿐만 아니라 성교육, 도덕(아름다움)과 함께 연계하여 아이들이 쉽고 재밌게 활동할 수 있도록 구성하였다.

아이들과 함께 공부하고 싶은 주제를 적어 보았다. 몸에 민감한 시기여서인지 관심이 많았고, 똥, 무좀 등 장난스러운 주제들을 말하기도 하였다.

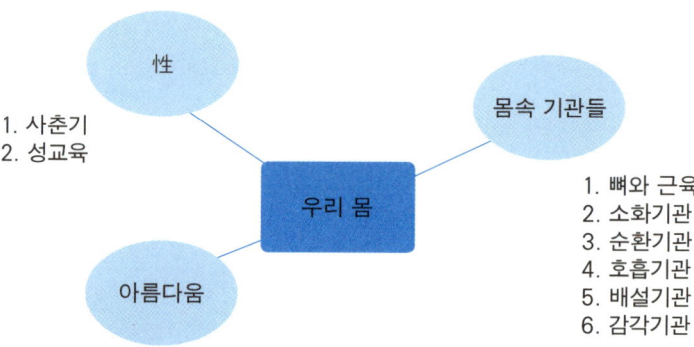

性

1. 사춘기
2. 성교육

몸속 기관들

우리 몸

1. 뼈와 근육
2. 소화기관
3. 순환기관
4. 호흡기관
5. 배설기관
6. 감각기관

아름다움

1. 아름다움의 종류
2. 외모지상주의
3. 나의 아름다움 찾기

학습 개요도

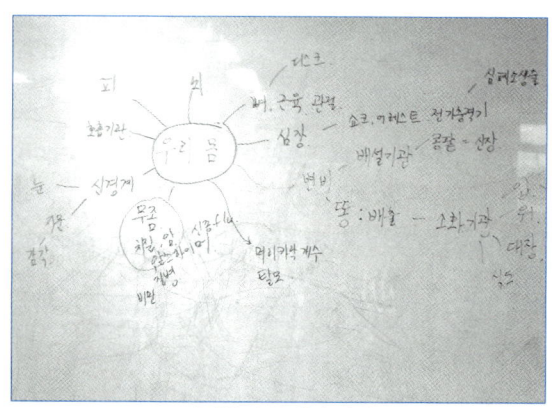

아이들과 주제망 짜기

2) 통합수업 실행 사례

(1) 성(性)

동기 유발: 「남녀 탐구생활」 동영상

⇩

성교육: 사춘기 몸과 심리 변화 알아보기–동화책, PPT, 학습지 인간의 탄생 과정 살펴보기–동화책, 지식채널

⇩

성폭력 예방 교육: 성폭력 상황 살펴보기–지식채널, 동화책

① 동기 유발: 「남녀 탐구생활」

이것은 케이블 방송에서 방영된 것으로 정형돈과 정가은이 사춘기에 접어든 청소년을 연기하는 동영상이었다. 외모에 관심이 많아지고 생리를 시작하는 여자, 외모에 관심이 많아지고 성에 관심이 많아지는 남자의 모습을 재미있게 나타내어 아이들이 웃으며 볼 수 있다. 재미있어하면서도 이성과 관련된 내용이 나올 때는 "아우"라고 소리를 지르며 고개를 돌리기도 했다.

② 사춘기 몸과 심리 변화 알아보기

동화책과 PPT를 통해 사춘기 몸과 심리 변화를 자세히 알아보았다. 『털이 숭숭숭』이라는 동화책을 읽으면서 몸의 변화를 알아보고 PPT를 통해 몸과 심리 변화를 정리하였다. 몸이 나타난 그림을 보고 "선생님 왜 이런 걸 보여줘요?"라며 항의(?)하는 아이도, 고개를 돌리는 아이들도 있었다. 성에 대한 관심이 폭발하면서도 부끄러워하는 시기임이 분명히 드러났다. 아무런 준비 없이 사춘기를 맞는 아이들은 자신의 몸과 심리 변화에 혼란스러울 수밖에 없을 것이다. 그래서 사춘기에 대해 알아보고 극복 방법을 찾는 시간들이 아이들에게 꼭 필요하다.

몸과 심리 변화를 알아보고 나서 사춘기에 대해 고민하는 사람에게 극복 방법을 알려주는 미션을 주었다. 개인별로 생각해 본 후 모둠별로 토의하고 학급 전체 토의를 거쳐 사춘기 극복 방법을 알아보았다. 그 방법으로는 상담, 운동, 친구들에게 도움 요청하기 등이 나왔다.

『털이 숭숭숭』 동화책

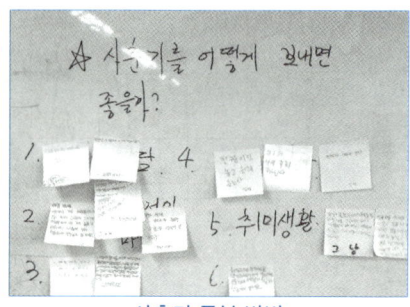
사춘기 극복 방법

박○○ 선생님의 고민 상담소

사춘기 몸과 심리 변화를 PPT와 동화책으로 살펴본 후, 아이들이 요즘 고민하고 있는 것에 대해 가볍게 이야기를 꺼냈다. 혹시 야한 동영상을 본 적은 없는지, 최근 감정 기복이 심해지거나 갑자기 화가 난 경험은 없는지, 괜히 엄마 말이 쓰게 들리고 엄마가 미운 적은 없는지 물어보았다. 여기저기서 아이들이 고민을 성토하기 시작했다. 그래서 KBS 프로그램 「안녕하세요? 고민상담소」를 짧게 열었다. 아이들의 고민 중 겹치는 것들을 뽑은 후, 거기에 대해 짧게 서로 상담을 해 주었다. 가장 많이 들어왔던 내용은 '갑자기 화가 나고 부모님께 반항심이 많이 든다.'였다. 몇몇 아이들은 '현재 내가 예민한 사춘기임을 알아야 한다.'라고 대답했다. 또한 '부모님이 화풀이 대상이 아니니, 우리도 최대한 예의를 지키고 조심해야 한다.' '부모님과 이야기를 많이 해야 한다.'라고 대답했다

무엇보다 좋았던 점은 아이들이 자신만 짊어지고 있는 줄 알았던 무거운 고민이 나만의 고민이 아님을 알았다는 것이다. 나만의 고민이라고 생각했을 땐 심각했던 고민이, 친구들과 서로 이야기를 나누고 터놓는 순간 별것 아닌 작은 일이 되었다. 또한 친구들과 감정을 교류하는 좋은 계기가 되었다.

③ 인간의 탄생 과정 알아보기

『솔비가 태어났어요』 동화책을 보며 인간의
탄생 과정을 알아보았다. 아이들은 조그만 세
포가 인간이 되는 과정에 푹 빠져 눈을 떼지
못했다. 이후 지식채널e의 「18cm의 긴 여행」
을 보고 생명의 소중함을 다시 생각해 보고,
성관계가 소중한 생명을 만드는 아름다운 과
정임에도 불구하고, 바르지 못한 성 개념을 가
진 사람들 닷에 본질이 훼손되고 있다는 이야
기로 성폭력 예방 교육을 시작하였다.

인간의 탄생 과정 동화

④ 성폭력 예방 교육

지식채널e의 「넌 아무 잘못이 없어, 그건
네 잘못이 아니야」는 성범죄가 이루어지는 과
정과 피해 아동이 갖는 트라우마와 고통에
대해 이야기한다. 그리고 마지막에는 피해 아
동에게 "넌 아무 잘못이 없어"라는 메시지를
던지며 영상을 마치고 있다. 영상 시청 후 『도
와줘요, 빨래 할머니』라는 그림책을 읽으며
성폭력으로부터 나를 어떻게 지키는지를 알
아보았다.

성폭력으로부터 나를 지키
는 내용의 동화

성폭력에 대해 직설적으로 표현한 동영상이나 책은 아이들에게 모
든 어른에 대한 불신과 두려움을 심어 줄 수 있기에 고민되는 부분도
많았다. 그러나 성범죄가 엄청나게 늘어나는 현실에서 아이들의 안전
에 대한 불안감도 비례하여 커지기에 성폭력 예방 교육은 꼭 필요했다.
이러한 현실이 안타까울 따름이다.

(2) 몸속 기관들

뼈와 근육 (3차시)	동기 유발: 「춤추는 해골」 또는 뮤직비디오 「시간이 멈춘 날」 보기	
	⇩	
	1. 뼈 모형 만들기: 인체 모형 보며 실험관찰 8~9쪽 1, 3 정리하기 2. 팔 근육 모형 만들기: PPT 자료와 함께 진행하며 실험관찰 정리하기	
	⇩	
	마무리: 뼈에 대한 OX 퀴즈	
소화기관 (2차시)	동기 유발: 해리가 먹은 음식이 변이 되는 과정은? 또는 『신기한 스쿨버스』 보기	
	⇩	
	1. 소화기관 알아보기: PPT 자료와 함께 교과서, 실험관찰, 증강현실 을 통해 알아보기 2. 위 투시 실험 보기	
	⇩	
	마무리: 소화송 쟁반노래방	
순환기관 (1차시)	동기 유발: 자신의 심장박동, 맥박 느껴 보기	
	⇩	
	1. 순환기관 알아보기: PPT 자료와 함께 교과서, 실험관찰, 증강현실 을 통해 알아보기 2. Human_Circulatory_System 시청하기	
	⇩	
	마무리: 혈액순환송	
호흡기관 (1차시)	동기 유발: 개그콘서트 「폐활량의 달인」 동영상 시청	
	⇩	
	1. 호흡기관 알아보기: PPT 자료와 함께 교과서, 실험관찰, 증강현실 을 통해 알아보기 2. 호흡기관 모형 살피기	
	⇩	
	폐활량 대회	

배설기관 (1차시)	동기 유발: 오줌의 진실 혹은 거짓 ⇩ 배설기관 알아보기: PPT 자료와 함께 교과서, 실험관찰, 증강현실을 통해 알아보기 ⇩ 마무리: 마법의 신장송
감각기관 (2차시)	동기 유발: 인간 청기백기 게임 ⇩ 1.감각기관 알아보기: 사탕 관찰하기, PPT 자료와 함께 교과서, 실험 관찰을 통해 알아보기 2.자극의 전달 과정 알아보기: 색깔 맞히기 게임, PPT 자료와 함께 교과서를 통해 알아보기 3.초소형 현미경으로 피부 관찰하기 4.동물의 감각 ⇩ 마무리: 과학송

① 뼈와 근육 알아보기

뮤직비디오 「시간이 멈춘 날」을 보며 활동을 시작하였다. 가수가 뼈를 이용하며 춤을 추고 조명으로 관절을 표시해 주는 장면들이 나온다. 이 장면들을 보면서 뼈가 생긴 모습과 어떻게 움직일 수 있는지에 대해 호기심을 유발했다.

교과서에는 뼈 모형 만들기가 2개 나오는데 그중 우리는 뼈가 그려져 있는 모형을 만들었다. 똑딱단추 또는 할핀으로 만들 수 있다. 똑딱단추를 이용할 경우 깔끔하지만 잘못 끼웠을 경우 다시 빼는 것이 어렵고, 할핀은 수정하기 쉽지만 핀 모양이 보여 깔끔하지 않다. 뼈를 맞추고 이리저리 움직여 보고 흔들면서 즐거워했고, 우리 몸 프로젝트에서 뼈 모형 만들기가 제일 좋았다고 말한 아이들도 있었다.

뼈 근육 모형은 교과서에 제시된 모형 대신 종이와 비닐봉지를 이용하여 만들었다. 종이에 주먹 모양이 있어 실제 팔이 움직이는 것처럼 보였다. 뼈 근육 모형을 만드는 데 생각보다 시간이 오래 걸렸다. 한번 살펴보고 버리기가 안타까워 호흡기관을 볼 때 폐활량 대회용으로도 사용했다.

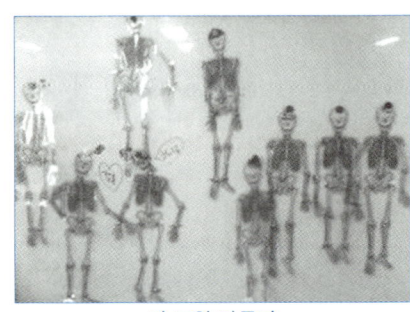
뼈 모형 만들기

뼈 근육 모형

② 소화기관

『신기한 스쿨버스』를 보거나 해리가 음식을 먹고 변을 보는 것에서 수업이 시작되었다. 이 책은 아이들이 탄 버스가 작아져 몸속을 탐험하며 소화의 과정을 살펴보는 내용이다. 소화기관에 대해 배우면서 항문이 배설기관이 아닌 소화기관이라는 것에 많은 아이들이 놀랐다. 실제로 아이들은 배설과 배출을 혼동하곤 하는데 이러한 단어를 배우지는 않으나 오개념을 바로잡을 필요가 있다.

마무리 활동은 소화송 쟁반노래방으로 이루어졌다. 평소 노래를 잘 부르지 않던 아이들도 쟁반노래방을 하니 모두 열심히 참여했다. 모둠별로 가사를 나누어 가사를 보지 않고 순서대로 노래를 부르는 게임이다. 모둠별 경쟁이 아니라 학급 모두가 함께 하나의 과제를 해결하기 위해 노력하는 게임이라는 점도 이 활동의 장점이다. 중간에 자리 바꾸기, 한 소절 알려주기, 전곡 다시 듣기 등의 찬스를 넣어 주면 더 재미있는 활동이 된다.

③ 순환기관

자신의 심장박동과 맥박을 느끼며 시작하였다. 항상 뛰고 있었던 심장이지만 주의 깊게 관찰해 보지는 않았는지 맥박을 느끼면서 매우 신기해하는 모습이었다. 맥박 수가 사람마다 다르다는 점도 신기해했다. 순환기관을 알아보고 '혈액순환송'으로 활동을 마무리하였다. '혈액순환송'은 싸이의 '새' 노래로 되어 있어 아이들이 듣는 것만으로도 즐거워했다.

④ 호흡기관

개그콘서트 「폐활량의 달인」 동영상을 보며 시작하였다. 호흡기관에 대해 알아보고 호흡기관 모형도 살펴보았다. 호흡기관 모형은 횡경막을 설명해야 하는 점이 아이들의 수준에 맞지 않아 아래 고무를 잡아당기는 것보다는 폐의 크기 변화를 관찰하는 것에 초점을 두었다. 마무리 활동으로 폐활량 대회를 실시했다. 뼈 근육 모형을 버리기 아까워 남겨두었다가 이때 사용하였다. 누가 먼저 뼈가 올라가는지 시합을 하는 것이었다. 간단한 게임임에도 아이들은 교과서에 얽매이지 않고 활동을 한다는 것에 즐거움을 느꼈다.

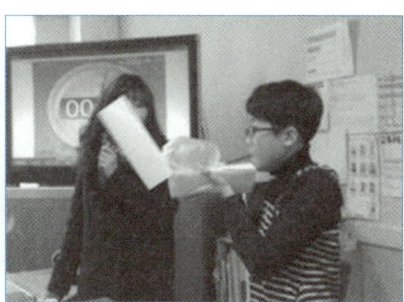

폐활량 대회

⑤ 배설기관

오줌의 진실 혹은 거짓을 밝히는 것으로 활동을 시작하였다. '비누의 기원은 오줌이다?, 우주인들은 오줌을 마신다?, 오줌을 보면 건강을 알 수 있다?, 수출을 하기 위해 오줌을 마신다?'라는 질문에 대한 답을 알아 가며 아이들이 배설에 대해 호기심을

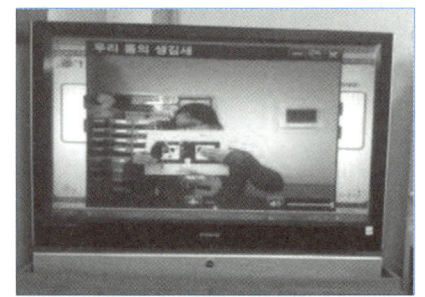

증강현실로 보는 배설기관

갖도록 유도했다. 배설기관을 증강현실, 교과서를 통해 알아보고 나서 마법의 '신장송'으로 마무리했다.

⑥ 감각기관

아이들이 좋아하는 '무한도전'과 '런닝맨'에 나오는 '인간 청기백기' 게임을 보고 실제로 모둠별로 게임을 해 보았다. 즐겁게 게임을 한 후 자극과 반응개념을 정리하였다. 그 후 사탕 관찰을 통해 감각기관이 하는 일을 알아보았다. 교사의 지시를 듣고(귀), 사탕봉지의 색(눈)을 보고, 질감(피부)을 느끼고, 사탕의 냄새(코)를 맡고, 사탕을 맛(입)을 느꼈다. 사탕 하나에 즐거워하는 아이들의 모습이 무척이나 귀여웠다.

자극의 전달 과정은 '색깔 맞히기' 게임을 통해 알아보았다. 색깔 맞히기 게임은 초록색으로 쓰인 '검정'이라는 글자를 보고 "초록"이라고 답하는 데 걸린 시간을 재는 게임이다.

마지막으로 초소형 현미경으

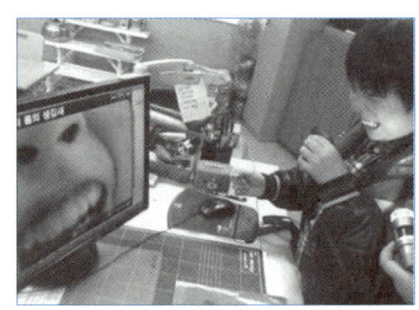

초소형 현미경으로 살펴보기

로 피부, 코, 귀, 입 안 등을 살펴보는 것으로 활동을 마무리했다. 자신의 코, 귀를 보여 주는 것에는 창피함을 느끼면서 다른 친구의 코, 귀, 입을 보면 소리를 지르면서 좋아했다.

⑦ 몸속 기관을 다 배우고 볼 수 있는 영화: 론 하워드 감독 「오스모시스 존스」

실사와 애니메이션을 섞어 만든 영화로 우리 몸이 거대한 도시라는 발상으로 영화를 만들었다. 몸속 기관을 다 배우고 이 영화를 보여 줬더니 아이들이 참 좋아했다.

⑧ '우리 몸'을 공부할 때 교사가 활용하면 좋은 책: 『어린 과학자를 위한 몸 이야기』(권오길 지음)

우리 몸 각 기관의 신비와 우리가 모르는 인체의 비밀이 담긴 책이다. 이야기가 쉽고 아이들이 흥미 있어 할 내용을 많이 담고 있다. 몸의 각 기관을 배우기 전 그 기관의 신기한 이야기를 간단하게 언급하면서 수업을 시작했더니 아이들 반응이 좋았다(예를 들어 "심장박동이 내는 힘은 권투선수가 모래주머니를 세게 치는 것과 비슷하다~"와 같이 책에서 재미있는 부분을 발췌해 아이들에게 들려주었다).

(3) 아름다움

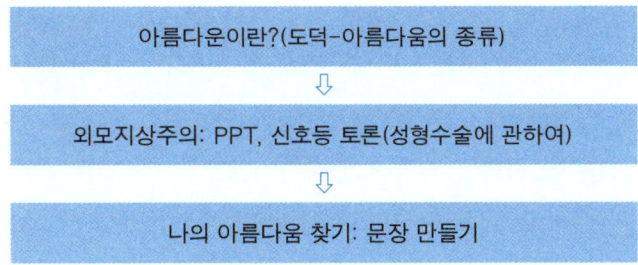

① 아름다움이란?

도덕 7단원은 '아름다움'에 관련된 단원이다. 아름다움에는 외적인 아름다움, 내면적 아름다움, 도덕적 아름다움이 있다. 도덕 교과를 살펴보고 '내가 천사라면 하늘나라로 어떤 아름다움을 가져갈래?'라는 주제로 회전

회전목마 토의 수업 모습

목마 토의 수업을 하였다. 이 수업은 아이들이 안쪽과 바깥쪽으로 두 개의 원을 만들어 마주 보고 앉은 후, 회전목마를 탄 것처럼 바깥쪽 아이들이 움직이며 다른 친구를 만나 이야기를 나누는 방법이다. 바깥쪽에 있는 친구는 어떤 것을 가져갈지 자신의 의견을 이야기하고 자리를 3번 바꾸어, 결국 안쪽에 있는 친구는 세 명에게 의견을 들었다. 세 명의 의견을 종합한 후 자신의 생각을 이야기하도록 했다. 대부분의 아이들이 내면적 아름다움(착한 마음, 엄마, 배려 등)과 도덕적 아름다움(질서를 지키는 모습 등)을 가져간다고 하였다. 외적인 아름다움(예쁜 외모의 사람 등)을 선택한 친구는 거의 없었다.

② 외모지상주의

자신이 생각하는 공주와 마녀를 그림으로 그려 본 후 우리 사회가 갖고 있는 외모의 힘, 외모지상주의에 대해 살펴보았다. 이어서 '미용을 위한 성형수술은 괜찮은가?'를 주제로 신호등 토론을 하였다. 찬성 측 자료는 성형수술 후 아름다운 외모로 자신감을 되찾은 사람의 이야기를, 반대 측 자료는 선풍기 아줌마의 이야기를 보여 주었다. 아름다움에 대해 수업을 한 다음이어선지 시작 전 찬성보다는 반대 의견이 많았다. 찬성 측에서는 '자신감이 생긴다.', '사람들은 예쁜 것을 좋

아한다.' 등의 의견을, 반대 측에
서는 '성형 비용이 많이 든다.',
'외모에 더 집착하게 된다.' 등의
의견을 말하였다. 아이들이 대중
매체의 영향으로 아름다운 외모
를 동경하는 마음이 커서 찬성
이 많이 나올 줄 알았는데 의외

성형수술 관련 토론

로 부모님께 받은 몸을 바꾸는 것은 불효라고 말하는 등, 자기 정체성
의 문제까지 근거로 들어서 놀라웠다.

③ 나의 아름다움 찾기

마지막 활동으로 나의 아름다
움을 찾아보았다. '나는 ○○해
서 아름답다.'라는 문장을 만드
는 활동이었다. 외면적 아름다
움보다는 내면적인 아름다움으
로 문장을 완성하도록 지도했다.
'나는 친구를 배려하는 마음이
아름답다.', '나는 모든 일에 성실

나의 아름다움 찾기

해서 아름답다.' 등 자신만의 아름다움을 생각해 보는 시간이었다. 사
춘기에 접어든 여자아이가 우리 몸 주제통합수업에서 나의 아름다움
찾기를 가장 뜻깊은 시간으로 꼽았다. 자아 정체성에 대해 고민하기
시작하고 부쩍 외모에 관심이 많아지며 외적인 아름다움만을 쫓기 쉬
운 사춘기 아이들이 자신만의 아름다움, 내적인 아름다움을 찾아보면
서 올바른 자아 존중감을 형성하는 데 도움이 되는 시간이었다.

3) 통합수업을 마치며

학습이 우리 삶과 분리되면 의미가 없어진다. 사춘기 몸이 근질근질한 아이들에게 '사춘기와 성'을 주제로 다가가자 아이들은 매우 즐거워했다. 부끄러워서 감추려 했던 성을 함께 나누고 이야기하는 과정이 진행되자, 아이들이 자연스럽게 교사에게 먼저 다가와 성에 대한 이야기를 하였다. 또한 교과서에 나온 몸속 기관들에 관한 지식들보다, 우리 몸에 대한 새로운 사실들을 담은 책을 주로 활용했다. 우리 몸 프로젝트 후 아이들의 일기장에 교과서에서 공부한 내용보다, '우리 몸'과 관련해 읽어 준 책 내용이 더 많이 나왔다. 매 프로젝트마다 책을 활용하여 활동을 진행하는데 교과서나 PPT와는 또 다른 매력이 있다.

AR(증강현실)을 이용하여 우리 몸속 장기를 보여 주고, 마이크로 렌즈로 피부 및 콧속을 들여다보는 활동, 실험관찰 책 부록을 이용한 노작 활동이 아이들의 흥미를 더욱 불러일으켰으며 인상 깊게 만들었다. 어려운 내용을 인상 깊게 가르칠 수 있게 한 프로젝트였다.

에너지는 넘치지만 그 에너지를 발산할 공간이 없는 우리 아이들! 우리 몸 프로젝트는 아이들과 나 모두가 내 자신의 몸을 사랑하는 계기가 되었다. 아이들은 몸 프로젝트를 공부하고 난 이후에 이런 이야기를 했다.

"우리 몸은 참 똑똑해. 쓸데없는 부분이 없는 것 같아."

우리의 몸에서 쓸모없는 부분들은 점차 사라지고, 꼭 필요한 부분들은 기능이 더욱 강화되면서 점점 '진화'가 이루어진다는 것도 어렴풋이 느낄 수 있었나 보다.

또한 외모에 부쩍 관심이 늘어난 우리 아이들이 마지막에 외모지상주의에 대해 학습하면서 많은 생각을 했나 보다. 마녀와 공주 그림을 그리면서 우리 또한 외모지상주의의 그늘에서 벗어나지 못했음을 뼈저

리게 깨달았으므로. 아이들 본연의 아름다움을 발견하는 데 한 걸음이라도 힘을 보탰다는 뿌듯함이 있다.

하지만 아쉬운 점도 있다. 우리 몸 프로젝트를 한 후 아이들의 일기를 보니 "학교에서 계속 우리 몸을 공부해서 잠자기 전까지 소화기관, 호흡기관 등이 생각나서 힘들었다."라고 쓴 친구가 있었다. 일기장 끝부분에 "그렇게 몰입하기 위해서 프로젝트를 하는 것이고 너의 반응을 보니 성공적"이라고 적었다. 과학을 좋아하지 않는 아이들은 계속 과학만 해서 지겹다고 했지만, 몰입의 경험을 긍정적으로 바꿀 수 있다면 학습 효과가 매우 커지시 않을까 싶다. 하지만 우리 몸 프로젝트가 과학 차시를 한꺼번에 가르치는 데 그친 점이 조금 아쉽다. 좀 더 머리를 맞대고 고민하면 기관별 접근이 아니라 좀 더 친숙한 접근, 활동 중심의 접근이 가능하지 않았을까.

아이들은 우리 몸 프로젝트를 어떻게 평가할까.

인상 깊었던 활동							
성性	사춘기	20	몸속기관들	우리 몸 조사하기	2	아름다움	외모지상주의 (성형 토론)	14
	성교육	5		모양과 역할	52			
				뼈 모형 만들기	33			
	동화책	7		근육 모형 만들기	15		나의 아름다움 찾기	4
				쟁반노래방	17			
				폐활량 대회	5			
	지식 채널	4		인간 청기백기	8		동영상 만들기 (성형 부작용)	3
				현미경 관찰하기	9			
				PPT로 공부	9			
				영화	7			

가장 인상 깊었던 활동은 '몸속 기관들'이라는 주제 활동이 차지했다. 아이들의 응답을 전체적으로 볼 때 몸속 기관의 모양과 하는 일이

▶긍정적 응답
•우리 몸 노래를 배워서 좋았다.
•장기 모양을 관찰해서 좋았다.
•뼈 종류에 대해 잘 알게 되었다.
•내 몸을 이용해서 하니 좋았다.
•노래를 따라 부르게 되면 머리에 잘 들어와서 좋았다.
•몸을 배우는 게 어려울 거 같았는데 쉬워서 좋았다.
•청기백기 게임을 통해 자극과 반응을 알 수 있어서 좋았다.
•나의 몸을 자세히 관찰해서 신기하고 재미있었다.
•현미경으로 피부를 관찰하는 게 신기했다
•잘 외워졌다.
•성형을 해도 괜찮을지 나쁠지 생각해 보는 것이 좋았다.
•성형을 왜 해야 하는지 모르겠다. 성형을 그렇게 하는지 몰랐다.
•사춘기가 되면 어떻게 우리 몸이 변하는지 알게 되어서 좋다.
•전에 관심 없던 몸에 대해 잘 알았다.
•우리 몸이 얼마나 소중한지 알았다.
•과학의 1단원과 연관시켜 배워서 좋았다.
•사춘기에 대해 배워 내가 사춘기라면 어떻게 해야 할지 알았다.
•새로운 활동을 하고 아름다움도 찾아서 좋았다.
•친구들의 아름다움을 알아서 좋았다.
•지루하지가 않았다.
•증강현실을 해서 재미있었다.
•성교육을 해서 좋았다.
•노래를 바꿔서 불렀던 것이 즐거웠다.
•사춘기를 좋게 넘길 수 있겠다.
•외모로 따지면 안 된다는 것을 알았다.
•우리 몸이 소중하다는 것을 알았다.
•우리 몸이 이렇게 신기한지 몰랐다.
•우리 몸을 지켜야겠다.
•실제로 만들어 보고 직접 해 보니까 좋았다.

▶그 밖의 응답
•너무 활동이 단순하지만 만족한다.
•더 많은 활동을 했으면 좋겠다.
•나의 아름다움을 찾는 게 어려웠다.
•체험이 적었다.
•우리 몸에 대해 정말 흥미롭게 공부하였지만, 너무 어려운 내용이 많았다.
•아이들이 좀 더 적극적이면 좋았을 텐데……
•순환하는 과정을 더 자세히 배웠으면 더 좋았을 것 같다.

가장 많이 나온 것은 이 주제 속에서 한 많은 활동들을 포함하여 선택된 것으로 보인다. '내 몸을 이용해서 공부하니 좋았다.', '몸을 배우는 게 어려울 거 같았는데 쉬워서 좋았다.', '나의 몸을 자세히 관찰해서 신기하고 재미있었다.' 등 긍정적인 응답이 많았다.

그런데 아이러니하게도 부정적인 응답 또한 '몸속 기관들'이라는 주제에서 많이 나왔다. '우리 몸에 대해 별로 자세히 알지 못했다.', '우리 몸에 관해서 내용이 많다.', '과학책으로만 하니까 많이 따분했다.' 등의 의견이 있었다. 우리 몸 프로젝트에서 가장 많은 부분을 차지하다 보니 긍정적인 응답과 부정적인 응답 모두가 많이 나온 것으로 보인다. 이전까지의 주제통합수업은 교과서를 펴지 않고 학습지나 동영상, 스케치북 등을 이용하거나 교과서를 하나의 자료로만 보는 경우가 많았기 때문에 과학책을 통해 프로젝트 학습을 진행한 것에 대해 부정적인 의견이 나타난 것으로 보인다. 또한 우리 몸 단원이 10차시로 내용이 많기 때문에 이를 연달아 하는 것이 지루하다는 의견도 있었다. 그렇지만 대부분 아이들은 자신들의 몸에 대해 활동으로 배운다는 것에 긍정적이었다.

다음으로 아이들에서 인상 깊은 활동은 '사춘기'였다. 이는 아이들의 생각을 적는 부분에서 많이 나타났다. '사춘기가 되면 어떻게 우리 몸이 변하는지 알게 되어서 좋다.', '사춘기에 어떻게 해야 할지 알았다.' 등의 의견이었다. 사춘기에 접해 있는 아이들은 이에 대해 고민이 많고 관심 또한 많을 수밖에 없다. 우리 몸 단원을 아이들의 발달 상황에 맞춰 사춘기와 성교육을 연계시켜 진행한 것이 아이들에게 필요했던 것으로 보인다.

아이들의 생각을 살펴보면 인상 깊은 활동, 좋았던 점이 대부분 직접 활동한 것에서 나온다는 것을 알 수 있다. 아이들이 몸을 움직이며 무언가를 만들고 친구들과 웃을 수 있는, 수업이 아니라 노는 것 같은 활동을 좋아한다는 것은 누구나 아는 사실이다. 이러한 것이 활동으로만 끝나는 것이 아니라 아이들에게 교육적으로 가치가 있도록 구성해야 한다.

아이들의 의견 4분의 1 정도가 과학 교과와 관련된 몸속 기관이 아닌 사춘기, 성교육, 아름다움에서 나왔다. 또한 '너무 길어서 재미없었다.'라는 의견과 '조금 짧아서 아쉬웠다.'라는 의견이 동시에 나왔다. 이러한 의견은 과학 교과에 대한 흥미 차이가 어느 정도 작용했으리라 생각된다. 과학만이 아니라 타 교과의 경우에도 아이들의 흥미는 차이가 있을 수밖에 없다. 이러한 점에서 볼 때 초등 단계에서 교과 간의 벽을 허물고 타 교과와 연계하여 일상생활과 관련짓는 노력이 아이들에게 조금 더 의미 있는 배움을 줄 수 있지 않을까 생각된다.

4장

6학년 주제통합수업 사례

아이들에게 삶을 주자.
교과서 외워서 점수 따기를
경쟁으로 시키는 것은 삶이 아니다.
삶이 없는 교육은 교육이 아니다.
_이오덕

1. 6학년 1학기 사회과(역사) 재구성

　　역사는 아이들이 너무 어려워하고, 교사들 또한 가르치기 힘들어한다. 반만년의 역사를 짧은 시간에 배워야 하니 아이들이 힘들어하고 혼란스러워하는 것은 당연한 일이기도 하다. 특히 여자아이들은 전쟁의 역사를 쉽게 받아들이지 못해 사회 교과를 싫어하는 경우가 많다.

　　역사는 우리 조상의 발자취이고 살아온 이야기이다. 이런 이야기들을 즐거운 마음으로 받아들이지 못하는 이유가 뭘까? 역시 외워야 한다는 강박관념이었다. 사회 교과서의 구석구석을 다 외워서 시험을 잘 보기 위해 노력하다 보니 사회 교과가 싫어지는 것이다. 학원에서도 계속 연도 순으로 외우게 하고 아이들을 역사로부터 더 멀어지게 하는 것이다. 특히 현대사일수록 연도와 순서를 알아야 한다는 점에서 받는 스트레스가 컸다.

　　우리는 일단 쉽고 친근하게 접근하는 게 중요하다고 생각했다. 그렇게 할 수 있는 방법이 뭘까? 고민 끝에 생각해 낸 것은 바로 이야기! 아무리 산만한 아이도 책을 읽어 주면 눈을 반짝거리며 듣는다는 사실에 착안하여 우리는 1학기의 역사를 이야기를 주로 하여 가르치기로 결정했다.

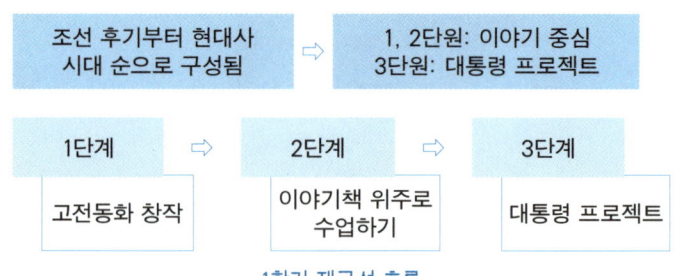

조선 후기부터 현대사 시대 순으로 구성됨 ⇨ 1, 2단원: 이야기 중심
3단원: 대통령 프로젝트

1단계 ⇨ 2단계 ⇨ 3단계

고전동화 창작 | 이야기책 위주로 수업하기 | 대통령 프로젝트

1학기 재구성 흐름

1) 1단원 조선 사회의 새로운 움직임

'영·정조 시기의 사회 발전'은 교과서의 내용에 영·정조의 업적을 담은 동영상을 추가하였고, 수원 화성의 우수성을 직접 눈으로 보기 위한 체험학습을 계획하였다. 달라지는 경제생활과 신분 질서, 서민 문화의 발달, 서양 문물과 서학의 전래, 실학의 등장과 사회 개혁 노력이라는 4개의 소주제는 고전 동화에 내용을 녹여내어 창작하였다. 양반이지만 가난한 김씨, 평민이지만 돈을 많이 번 박씨를 통해 그 당시 사회 모습을 알 수 있도록 구성하였다. 주요 활동으로는 공명첩 만들기, 시장 놀이, 우리 조상들의 생활 모습 찾아보기 등이 있다.

차시	주제	자료
1-2	영·정조 시기의 사회 발전	*동기 유발: 전쟁 뒤의 어지러운 상황에서 내가 왕이라면 어떤 정책을 폈을까 생각해 보기 1. 영·정조의 정치와 사회 모습 PPT 보며 학습지 채워 넣기 2. 「서프라이즈」를 보며 수원 화성의 과학적 원리와 화성을 세운 정조의 목적 정리하기
3-15	달라지는 경제생활, 신분 질서, 서민 문화의 발달, 서양 문물과 서학의 전래, 실학의 등장과 사회 개혁 노력	1. 조선 후기의 가상 동화를 소재로 하여 옛이야기 들려주기 2. 조선 후기 여성의 삶-읽기 142쪽 김만덕 전기 3. 가상 동화에서 조선 사회의 모순 찾기-실학, 서학, 사회 개혁의 도입

「양반전」(창작 고전 동화)

인삼으로 유~ 명한 개성에 사는 어느 양반 이야기를 들려 드리겠습니다. 이 양반은 어질고 글 읽기를 좋아하였지만, 과거시험에 번번이 떨어져서 출세하지 못했어요. 게다가 집이 가난하여 해마다 고을 관아에서 곡식을 빌려 먹은 것이 쌓여서 천 석에 이르렀어요. 어느 날 암행어사가 여러 고을을 순찰하다가 이 양반이 사는 마을에 들러 곡식 장부를 보고 화가 났습니다.

"어떤 놈이 이처럼 병사들이 먹을 식량을 축냈단 말이냐?"

암행어사는 그 양반을 잡아 가두게 했습니다. 이 고을의 원님은 그 사람이 가난해서 갚을 힘이 없는 것을 딱하게 여겨 차마 감옥에 가두지는 못하고, 어찌할 바를 몰랐어요.

관아에서 고을의 곡식을 갚으라고 독촉하자, 양반은 어떻게 해야 할지 난감했어요. 그 모습을 본 양반의 부인이 화를 내며 말했습니다.

"당신은 평생 글 읽기만 좋아하더니 고을의 곡식을 갚는 데는 아무런 도움이 안 되는군요. 내가 혼수로 가져온 세간도 이제 다 갖다 팔고 없다우. 쯧쯧, 양반, 양반이란 십 원어치도 안 되는 걸."

마누라의 타박을 들으며 서러워진 양반은 일찍이 아버지가 돌아가시고 혼자서 자신을 키운 어머니를 떠올렸습니다. 삼종지도에 따라 남편이 죽고 나서, 자신을 하늘같이 여기던 어머니의 살아생전 모습을 생각하니 눈시울이 축축해졌습니다.

답답해진 양반은 밖에서 서성이다가 장터로 나갔습니다. 장터에는 판소리와 탈놀이 등 여러 가지 공연이 펼쳐지고 있었습니다. 이야기꾼들은 사람들 앞에서 요즘 유행하는 한글 소설을 맛깔스럽게 풀어내었습니다.

양반을 비하하는 탈놀이를 구경하고 있자니, 자신의 신세가 더욱 처량하게 느껴졌습니다.

한편 양반의 옆집엔 장사를 해서 돈을 많이 번 부자 박씨가 살았어요.

가난했던 박씨가 어떻게 돈을 모을 수 있었을까요?

박씨는 처음엔 쌀밥 대신에 감자나 고구마 등을 먹으며 연명해야 했어요. 처음에는 부모님이 물려준 밭이 없어 남에게 땅을 빌려서 농사를 지었어요. 그는 모내기법으로 열심히 논농사를 지은 결과 재산을 어느 정도 모을 수 있었습니다. 그 돈으로 땅을 더 사들여 인삼을 재배하여 시장에 내다 팔았어요. 처음엔 어깨에 물건을 지고 장터를 돌아다니며 물건을 사고파는 보부상이었답니다. 그런데 인삼 장사가 아주 잘되어 상단을 거느리고 외국에 인삼을 수출하는 송상이 되었습니다.

무역으로 재벌이 된 부자는 돈이 너무 많아지자 골치가 아팠어요. 그는 무거운 엽전을 값비싼 그림이나 도자기로 바꾸기 시작하였습니다. 그림은 공간을 별로 차지하지도 않고, 화가의 명성에 따라 나중에 더 비싸질 수도 있었기 때문이에요. 부자는 자신의 부를 점점 불려 나갔습니다.

여하튼 간에, 부자 박씨는 양반이 곡식 빚을 못 갚는다는 소식을 듣고 가족들과 의논을 하였습니다.

"양반은 아무리 가난해도 늘 귀하게 대접받고 나는 아무리 부자라도 언제나 천한 대접을 받는다. 옳은 소리도 못하고, 양반만 보면 굽신굽신 두려워해야 하고, 절을 하고 코를 땅에 대고 인사해야 하고…… 그동안 사는 게 참 수치스러웠단다. 이제 옆집 양반이 가난해서 곡식을 갚지 못한다니 오히려 잘되었다. 내가 그의 양반 신분을 사서 가져야겠다."

부자는 곧 양반을 찾아가 자기가 양반이 되는 대신 곡식을 갚아 주겠다고 청했어요. 양반은 크게 기뻐하며 승낙했습니다. 그래서 부자는 즉시 곡식을 관가에 실어가서 양반의 빚을 샀습니다.

고을의 원님은 지지리도 가난한 양반이 곡식을 모두 갚은 것을 놀랍게 생각했습니다. 원님은 양반을 찾아가서 어떻게 곡식을 갚았는지 사정을 물어보았어요. 그런데 놀랍게도 양반이 벙거지를 쓰고 짧은 잠방이를 입고 땅바닥에 엎드려 있지 않겠어요? 원님이 깜짝 놀라 물어보았어요.

"선비님, 어찌 스스로 자신을 낮추십니까?"

양반은 땅에 엎드린 채로 말했어요.

"황송합니다. 이미 제 양반을 팔아서 곡식 빚을 갚았지요. 옆집에 사는 부자 박씨가 양반이 되었습니다. 소인이 이제 양반도 아닌데 다시 어떻게 양반 행세를 하겠습니까?"

원님이 말했습니다.

"이제부터 반말을 해야겠군. 그런 사정이 있었군. 그러나 너희끼리 양반을 사고파는 거래를 했다 해도 증인이 없으면 나중에 재판까지 오고가는 문제가 생길 수 있다. 나와 마을 주민들이 증인이 되어 계약서를 쓰는 것이 좋겠구나. 이 마을의 책임자로서 나도 서명하겠다."

그 후, 원님은 관아로 돌아갔습니다. 이튿날 원님은 그 고을 안의 양반, 농민, 수공업자, 상인 들을 모두 관아에 모이게 하였습니다. 부자와 양반은 원님 앞에 나란히 서 있었습니다. 그리고 증서를 만들었어요.

○○○○년 ○월 ○일

위 사람들은 양반 지위를 사고파는 거래를 하였다. 양반은 여러 가지로 불리는데, 글을 읽으면 선비라 하고, 정치를 하면 대부라고 한다. 덕이 있으면 군자라고 부른다. 문반은 동쪽에 무반은 서쪽에 서 있는데 합쳐서 양반이라고 한다. 양반은 다음과 같은 사항을 지켜야 한다.

1. 야비한 행동을 하지 않는다.
2. 늘 새벽에 일어나 배고픔과 추위를 참고 공부해야 한다.
3. 세수와 양치를 열심히 하며 걸음을 느릿느릿 걸어야 한다. 절대 뛰어서는 안 된다.
4. 돈을 만지면 안 된다.
5. 더워도 버선을 벗으면 안 된다.
6. 물건 값을 깎아서는 안 된다.
7. 밥이나 국을 후루룩 소리 내어 먹으면 안 된다.
증인: 개성군 사또 김○○

이곳저곳에서 도장을 찍는 소리가 났습니다. 부자는 멍하게 듣다가 말했어요.
"양반이라는 게 이것뿐입니까? 나는 양반이 신선 같다고 들었는데 정말 이렇다면 금지하는 것만 많고…… 할 수 있는 건 없고, 너무 재미가 없는 걸요? 저도 뭔가 이익을 챙길 수 있게 내용을 바꾸어 주세요."
그래서 다시 계약서를 작성하기를 하늘이 백성을 사농공상, 넷으로 나누었는데 그중 가장 높은 것이 양반이다. 양반의 이익은 막대하니 다음과 같다.

1. 농사도 안 짓고 장사도 안 하며 공부만 조금 한다. 장원급제를 하거나, 급제하지 못해도 고을의 진사로 산다.
2. 이웃집 소를 빼앗아 먼저 논을 갈 수 있다.
3. 일꾼을 빼앗아 먼저 내 논의 김을 맬 수 있다.
4. 이웃집 상놈의 상투를 잡아 휘두를 수 있다.
5. 이웃집 상놈의 수염을 다 뽑을 수 있다.

6. 남의 코에 물을 들이부어도 된다.

부자는 갑자기 중지시키더니 혀를 내두르며 말했습니다.

"그만두쇼. 이게 어찌 도둑이지 양반입니까?"

그러더니 머리를 갸우뚱하고 가버렸어요. 부자는 평생 양반이 되겠다는 말을 다시 입 밖으로 꺼내지 않았어요. 그러나 아무리 생각해도 부자는 신분이 나뉘어 있는 조선 사회가 너무 원망스러웠습니다. 마음에 조선에 대한 증오심을 키우고 있었던 부자는, 서양에서 전래된 '서학'이라는 새로운 종교에 빠졌어요. 부자가 서학을 믿은 이유는 무엇일까요?

이 당시 서학은 천주교라고도 불렸는데, 그들은 하느님 밑의 백성은 모두 평등하다고 하였습니다. 신분제도가 원망스러웠던 부자는 모든 백성이 평등하다고 주장하는 천주교에 빠져들 수밖에 없었던 것이죠.

그러면 양반은 어떻게 되었을까요? 양반은 이제까지 자신이 해 왔던 공부가 세상을 바꾸는 데 별 도움이 되지 않는다는 것을 깨달았습니다. 그동안 했던 공부는 과거 급제와 자기 신분을 유지하려는 방편이었을 뿐, 정작 조선 사회에는 별 도움이 되지 않았습니다.

양반은 그래서 과거 공부를 과감히 포기하고, 실용성을 추구하는 실학을 공부하기로 하였답니다. 출세보다 진정 나라를 위한 길이 어떤 것인지 깨달았던 거예요. 양반은 좀 더 깊은 공부를 위해 조선보다 과학과 문화가 발달한 청나라로 유학을 갔어요. 유학 비용은 부자가 대주었습니다. 부자는 양반과 같은 사람이 늘어나 조선 사회가 변하길 누구보다도 바랐으니까요. 양반은 3년 뒤 돌아와서 우리나라의 발전에 도움이 될 만한 문물을 많이 들여와 조선의 발전에 힘썼답니다.

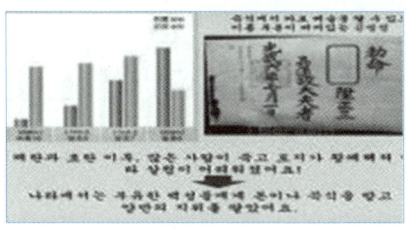

「양반전」 수업 자료

(1) 주요 활동

① 공명첩 만들기

　신분제도의 붕괴에 대한 이해
를 돕기 위해 그 당시 성행했던
공명첩을 만들었다. 그리고 돈을
주고 신분을 사는 공명첩 놀이를
하였다. 가위바위보 놀이를 하고
나서 공명첩에 미션을 마친 아이

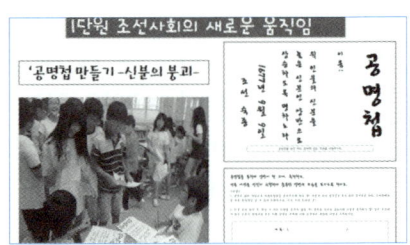

공명첩 만들기 활동

들 이름을 붓 펜으로 적어 주었다. 공명첩을 주면 양반이 되었다고 좋
아했다. 공명첩을 산 후 양반이 되어 다른 친구들을 도와주고, 양반으
로서의 품위를 갖추기 위해 시를 쓰고 그림을 그려 보는 활동을 하게
했다.

② 우리 조상들의 생활 모습 찾아보기

　조상들의 생활 모습을 알 수
있는 판소리, 탈놀이, 한글 소
설, 풍속화와 민화, 생활용품 그
림 자료를 나누어 주고 생활 모
습을 찾아보게 한다. 찾은 내용
을 정리한 후 모둠별로 이동하여
다른 모둠의 활동 결과를 살펴

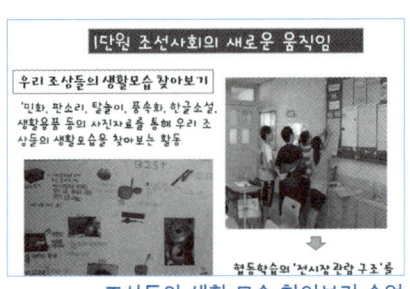

조상들의 생활 모습 찾아보기 수업

본다. 민화와 풍속화, 생활용품을 통해 서민 문화를 찾아내는 것은 곧
잘 하였으나, 판소리와 탈놀이, 한글 소설은 언어 표현이 현재와 많이
다르기 때문에 어려워하였다. 협동 학습의 교실 산책 구조를 사용하여
서로의 결과물을 돌아보았는데, 다소 소란하기는 하였으나 일반적인

발표 학습보다는 효과가 더 좋았다.

③ 수원 화성과 민속촌 현장 학습

보통의 현장 학습은 수업과 분리되어 있기에, 당일치기 여행의 느낌이 강한 편이다. 그러나 수원 화성은 아이들이 사회 시간에 학습하였고 또 본인들의 호기심과 희망에 따라 선택한 현장 학습이었기에 의미가 있었다.

영·정조 시기 및 수원 화성에 대해 학습하였다. 특히 정조의 수원 화성 건설과 관련된 이야기를 담은 영상 「서프라이즈」를 시청한 후라 아이들의 수원 화성에 대한 관심이 고조되었다. 그 뒤 현장 학습을 어디로 갈지 학급회의를 할 때 수원 화성이 압도적으로 지지를 받았다. 가기 전날 수원 화성 지도를 보면서 견학 일정을 정리하였다. 한국민속촌은 모둠별로 자유 견학하기로 결정하였다.

문화해설사와 함께 화성 행궁을 돌며 견학하고서 행궁에서 점심식사를 하고 팔달산에 가서 화성열차를 탔다. 열차를 타고 화성을 한 바퀴 돌아 연무대에 도착한 후 민속촌으로 이동하였다. 아이들이 문화해설사의 해설이 몹시 지루했다고들 말했다(해설사에 따라 반응이 다양한 편임). 그냥 자유 일정이 좋았으리라는 생각이 들었다. 해설에 비해 화성열차를 탄 것은 무척 재미있었다는 반응이었다. 아이들은 교사가 일괄적으로 아이들을 데리고 다니는 것보다, 본인들 취향에 맞게 자유여

한국민속촌에서

수원 화성 열차

행을 하는 것을 훨씬 더 좋아하는 것 같다. 수업 시간에 배운 것을 직접 와서 보니 실감이 났다는 반응이 많았다.

○○○의 글

「서프라이즈」를 보고 난 뒤라서 그런지, 수원 화성을 이루는 돌덩어리 하나하나가 남다르게 다가왔다. 건축물 자체의 위대함보다 그 안에 담긴 왕과 백성들의 마음이, 더욱 우리들의 심금을 울렸다.

④ 실학

학습 효과를 높이기 위해 교사들이 돌아가며 PPT 자료를 만들었다. 재구성을 많이 했기 때문에 기존의 자료를 사용하기 어려워서 차시를 나누어서 돌아가며 만들었는데, 우리의 지도 방향에 맞게 제작하니 수업 시간에 바로 사용 가능했다.

⑤ 1단원을 마치며

▶ 선생님들의 의견
• 조선 후기의 내용을 「양반전」을 각색하여 아이들에게 이야기 형식을 다가갈 수 있게 한 점이 좋았다. 사회과에서 비교적 중요하게 다뤄야 할 부분에서 심도 있게 구성하여 전달할 수 있었다는 점에서 의의를 찾을 수 있다.
• 교육과정의 중요한 제재를 이야기에 녹여내어 자연스레 접근하였다. 이야기 중간중간 놀이 활동을 삽입하자 아이들의 반응이 한결 적극적이었다. 이야기를 듣는 활동이 많아지다 보니 아이들의 3분의 1 정도는 집중하지 못했다. 사진 자료로 생활 모습 유추하기 등 학생 주도적 활동을 이야기 사이사이 계획해야 할 필요가 있다고 생각한다.
• 이야기를 통해 학습하는 것이 아이들에게 쉽게 다가간 것 같다. 하지만 활동이 부족하여 집중도가 떨어지긴 했다. 그래서 공명첩 놀이를 중간에 넣었는데 가위바위보라는 간단한 놀이에도 아이들은 매우 신나했다. 이야기 중간중간에 활동을 넣었더라면 좋았을 것 같다.
• 활동이 너무 부족했다. 아이들 중심이 될 수 있도록 변화가 필요하다. 이야기를 주도적으로 썼던 사람의 입장에서 참 부족한 점이 많아 아쉬웠다. 여러 가지 놀이를 접목시켜 더 좋은 수업을 계획했어야 하는데…… 아이들의 반응 역시 '이야기는 재미있었는데 수업은 지루해요'였다. 역시 아이들은 스스로가 주인공일 때 가장 큰 집중력을 발휘한다.

2) 2단원 조선 사회의 새로운 움직임

2단원에 들어가기에 앞서, 제국주의와 식민지로 인한 세계 상황을 이해하기 위해 '전쟁과 평화' 프로젝트를 먼저 실시하였다. 아이들이 쉽게 이해하지 못하는 내용이 많아 시중에 나와 있는 으라차차 이야기 책 12권을 PPT 자료로 만들어 스토리가 있는 사회 수업으로 재구성하였다. 사회 시간이 시작될 때마다 칠판에 사건의 순서대로 초성을 적어 놓으면 아이들이 쉬는 시간임에도 몰려나와 서로 맞혀 보면서 복습하는 효과가 있었다.

차시	주제(으라차차 역사책)	활동
1	단원 도입–인물 탐구	*사전 과제 제시-외세의 침략기부터 일제 강점기까지 활동한 주요 인물 살펴보기 활동 예시) 인물들 사진 마련해 놓고 대립 관계 이어 보기 혹은 이름 맞히기
2	흥선대원군의 개혁	스토리텔링–이야기 듣고 스케치북에 내용 정리해 보기 핵심어: 세도정치, 이양선, 철종, 이하응, 흥선대원군, 당백전 개혁정치(인재 등용, 서원 정리, 조세제도 개혁, 사치 금지, 경복궁 중건) *핵심어 활용한 정리 게임 찾아보기
3 4	나라의 문을 열다	스토리텔링–이야기 듣고 스케치북에 내용 정리해 보기 내용–병인양요와 신미양요, 강화도 조약의 의의와 체결 과정 사탐 41쪽 자료로 자치 시간 활용–개화에 대한 찬반 토론하기
5	개화를 둘러싼 다툼	내용–임오군란과 갑신정변의 과정 알아보기
6	조선을 뒤흔든 농민군의 함성	내용–동학농민운동과 갑오개혁에 대해 알아보기
7	조선시대 사람들의 여가 생활	내용–대한제국 수립 과정 알아보기 소단원 1-2단원 내용으로 만세 빙고 게임 하기
8	〈듣말쓰 7단원 촌극 통합수업〉 배운 내용을 역할극으로 꾸며 보기	주제 예시: 흥선대원군 대 명성황후 / 흥선대원군 대 박규수 신식 군인 대 구식군인 / 개화에 찬반 / 김옥균 대 민영익 동학 농민군 대 지방 관리(외세)

9	서양 문물이 세상을 바꾸다	근대 서양 문물 영화-「가비」(아관파천, 커피)
10	일본에게 나라를 빼앗기다	듣말쓰 2단원과 통합수업-을사조약, 국권 강탈 기사문 쓰기
11	온 겨레가 독립 만세를 외치다	유관순 인물 조사하기 사회 88, 사탐 60 독립만세 운동을 하다가 순국한 유관순 열사에게 감사 편지 쓰기 사회 89, 사탐 62-63 독립운동을 한 위인 중 한 분 정해서 인물 생애 알고 업적 정리하여 발표하기
12	나라 잃은 백성으로 산다는 것은	스토리텔링-일제 강점기 한 사람이 일제의 수탈에 농민에서 노동자가 되는 과정, 노동자로서 파업을 하여 서대문 형무소에 가는 과정을 통해 일제의 수탈 학습
13	젊은 학생이 나서다	(1) 광주학생독립운동의 의의 간단하게 설명하기 (2) 당시 광주학생독립운동에 대해 쓴 기사 보기(사진자료) (3) 광주 학생독립운동 기념관 사이트 들어가기 -사이버 분향소, 헌화하기 / 추모자 글쓰기 하기
14	깊어지는 민족의 고난	일제 강점기 사람이 되어 일기 쓰기(사탐 57)

'흥선대원군의 개혁' 이야기 그림책 예시-으라차차 역사책에서 발췌

수업 시나리오 예시

#1 역사 속 인물 탐구

#2 역사 인물 간의 대립.

"누구와 누구일까요?"

"붉은 옷을 입은 사람은?"

"왜 두 사람은 대립하게 됐을까요?"

: 권력을 쥐고 있던 흥선대원군과 맞서며 남편인 고종이 임금의 권위를 되찾도록 도움. 결국 대원군은 자신이 뽑은 며느리에게 쫓겨나는 신세가 되었다.

•흥선대원군에 대한 간단한 설명: 조선 26대 왕인 고종의 아버지. 안동 김씨의 눈을 속이기 위해 술주정뱅이 행세를 하다가 치밀한 계획 아래 아들을 왕으로 만들었다.

#3

"이 주인공은 누구일까요?"(클릭)

"그럼 흥선대원군이 보낸 편지를 읽어볼까요?"

: 시나리오 1쪽의 편지 읽어 주기.

#4 간단한 등장인물 소개

#5

"흥선군 이하응은 임금의 가까운 친척이었어. 하지만 임금이 안동 김씨의 힘에 눌려 기를 못 펴고 있었으니 왕족이라 해도 별 볼일 없는 처지였지."

(*세도정치: 임금의 외가나 처가 쪽 친척들이 어리거나 힘없는 왕을 대신해 권력을 독차지하고 나라를 다스린 것. 온갖 부정부패를 일삼으며 나라를 어지럽혔다.)

"안동 김씨는 벼슬자리를 주는 대가로 뇌물을 받으며 권세를 지키려고 왕족들을 감시하고 억눌렀어. 똑똑하다 싶은 왕족이 보이면 억울한 누명을 씌워 멀리 내쫓거나 죽이기까지 했지."

#6, #7 대사 읽어 주기

"'오른쪽 밑에 두고 보겠어!'라고 하는 것은 누구일까요? 그렇죠. 흥선군이었습니다."

#8

"하지만 흥선군은 마음속으로 큰 꿈을 키웠지요."

'철종에게는 왕자가 없으니 내 아들을 다음 임금으로 만들고 말겠다! 언젠가 내 손으로 안동 김씨 무리를 몰아내리라!'

"흥선군은 자신의 야심을 들킬까 봐 겉으로는 망나니처럼 행동하고 다녔단다. 항상 술에 취해 있고, 안동 김씨의 집에 잔치가 벌어지면 술과 음식을 얻어먹었지. 안동 김씨들은 이런 흥선군을 잔칫집 개라 부르며 업신여겼어. 흥선군이 자신들을 위협할 인물이라고는 꿈에도 생각 못하고 말이야."

#9

"흥선군은 대왕대비 조 씨에게 접근하여 마침내 아들을 임금으로 만드는 데 성공했단다!"

#10

"흥선군은 이제 임금의 아버지, 즉 대원군이 되었지. 왕위에 오른 고종이 고작 열두 살밖에 되지 않았기 때문에 어린 임금을 대신해 직접 나라를 다스렸단다. 흥선대원군은 자신이 사는 집을 운현궁이라 이름 짓고, 혼자만 쓰는 대문을 따로 만들어 아무 때나 궁궐에 드나들었어. 술주정뱅이 흥선군의 모습은 온데간데없었지. 흥선대원군의 모습에 다들 입을 다물지 못했단다."

#11

"마침내 권력을 손에 넣은 흥선대원군은 어지러운 나라를 세우는 일에 곧장 달려들었어. 먼저 세도정치의 잘못된 점을 고치고자 안동 김씨 우두머리는 물론 김씨 대감들이 차례로 쫓겨났단다."

#12

"또 지방의 부패한 관리들을 내쫓고 능력 있는 관리를 고루 뽑았지. 이때 자리에서 쫓겨난 벼슬아치가 수백 명에 이르고 쌀 1,000섬 이상을 빼돌린 벼슬아치는 사형을 당하기도 했어. 분위기가 살벌해지자 못된 짓을 하는 지방 관리들이 크게 줄어들었지. 백성의 살림살이가 한결 나아졌어."

#13

"이와 함께 평민에게만 내게 하던 세금을 양반에게도 걷자 양반들이 가만있을 리 없었지."

'그러면 양반과 백성의 구분이 없어져 백성들이 양반을 깔볼 것이오.'

하지만 대원군은 눈도 꿈쩍 않고 계획한 대로 밀어붙였어.

#14

"나라의 질서가 조금씩 잡혀 갔지만 각 지역에 퍼져 있는 지방 양반들이 여전히 골칫거리였어. 지방 곳곳에 있는 '서원'을 중심으로 뭉쳤지. 서원이라는 용어가 낯설지? 각자 사탐 38쪽을 펴고 함께 읽어 보자. (시간을 준 뒤) 서원은 어떤 곳이지? 그래. 서원은 원래 선비들이 모여 훌륭한 유학자들의 제사를 모시고 유학을 공부하는 곳이었지~! 그런데 어떤 문제가 있었지? 어느새 학문은 뒷전으로 밀리고 양반들이 패를 지어 세력을 휘두르는 곳이 되었지. (당쟁의 온상) 서원은 땅이 있으면서 세금도 내지 않고 제사를 지낸다는 핑계로 백성들에게 돈을 뜯어 가기도 했어. 흥선대원군은 나라의 재정을 어렵게 하는 '서원' 일부만 남겨 놓고 600여 개를 모두 없애라고 명령했던 거야. 하지만 이 역시도 양반들의 반발이 만만치 않았단다."

#15

"대원군의 명이 떨어지자마자 온 나라의 양반들이 벌 떼처럼 들고 일어났던 거야."

'조선은 유교를 근본으로 삼은 나라요! 유교의 나라에서 서원을 없앤다니! 나라를 망하게 하는 것이오!'

하지만 흥선대원군은 이번에도 뜻을 굽히지 않았고 서원은 헐려나가 40개 정도만 남게 되었어. 온 나라의 양반들이 한양으로 몰려와서 궁궐 앞에 버티고 앉아 큰 소동을 벌였어. 흥선대원군은 군사를 시켜 그들을 쫓아내며 크게 호통을 쳤지."

'백성에게 해가 된다면 서원이 아니라 더한 것도 용서치 않을 것이다!'

"어때? 흥선대원군의 개혁 정책을 백성들이 크게 환영했겠지? 그런데 결과적으로는 백성들의 원망을 사게 된 정책도 있었단다. 무엇일까? 사탐 38쪽을 열심히 읽었던 친구는 이미 눈치챘을 거야. 맞아. 경복궁 중건에 관한 정책이었지?"

#16

"대원군은 왕실의 권위를 높이기 위해 임진왜란 때 잿더미가 된 경복궁을 고치겠다고 했어. 대원군 덕분에 큰 시름을 던 백성들이 돕겠다고 나섰어. 경복궁 중건을 위해 많은 돈이 필요했는데 양반들에게 지원금을 걷고, 당백전을 발행하였단다. 하지만 이 당백전이 많이 발행되면서 물가가 크게 올라서 백성들의 생활이 어려워졌지. 게다가 오랜 시간 힘겨운 공사에 대한 백성들의 불만이 늘어 갔단다.

흥선대원군의 시대는 그리 오래가지 못했어. 어떤 불만과 위기들이 닥쳤을까? 대원군 때문에 억눌려 지내야 하는 양반들의 아우성이 컸지. 또 나이가 찬 고종에게 권력을 내놓으라는 압력, 또 무서운 아버지에게 눌려 있던 고종 역시 직접 나라를 다스리겠다고 나섰단다.

게다가 처음에는 대원군을 반겼던 백성들조차 고된 궁궐 공사가 계속되자 점점 등을 돌리기 시작했지.

나라 안에서는 이런 불만이 터져 나올 때 나라 밖 역시…… 순탄한 상황이 아니었단다. 왜 그랬을까?"

#17

"맞아. 이 그림에 보이는 배가 무엇일까? 그래, 이양선이라고 하는 서양의 배들이 조선을 점점 위협해 오기 시작했어. 서양의 여러 나라는 자신의 나라 밖으로 세력을 확대하여 발전에 필요한 자원 등을 얻고자 했어. 청나라가 영국, 프랑스와의 전쟁에서 패하고 일본은 미국에 의해 개항했다는 소식이 전해지면서 조선 사람들은 불안해했지. 흥선대원군은 이러한 서양 세력에 대해 어떻게 생각했을까?

거침없이 나아가던 흥선대원군은 큰 위기를 맞게 되었단다."

(1) 2단원의 주요 활동 예시

① 개화 전과 후의 달라진 점 살펴보기

아이들에게 사진 여러 장을 나누어 주고, 모둠별로 상의해서 기준을 세운 후 분류하게 하였다. 대부분 의식주로 나누어 분류하였는데, 성

개화기 전과 후 분류하기

냥이 무엇인지 모르는 경우가 많았다. 성냥을 어떻게 사용했는지 알려주면 흥미로워했다.

② 역할극으로 꾸며 보기(국어과와 통합)

들말쓰 7단원 촌극과 통합해서 역할극으로 꾸며 보았는데, 주제는 자유롭게 정했다. 역할극을 어려워하는 모둠은 해설이 있는 역할극을 한 경우가 많았다. 남학생들은 군인 역할을 많이 했고, 명성황후 시해 사건을 많이 하는 편이었다.

주제 예시-흥선대원군 대 명성황후 / 흥선대원군 대 박규수 / 신식 군인 대 구식 군인 / 개화에 찬반 / 김옥균 대 민영익 / 동학 농민군 대 지방 관리(외세)

③ 을사조약, 국권 강탈 기사문 쓰기

들말쓰 2단원과 통합해서 을사조약과 국권 강탈에 대한 기사문 쓰기를 했다. 나중에 서술형 평가에서도 이 문제를 출제

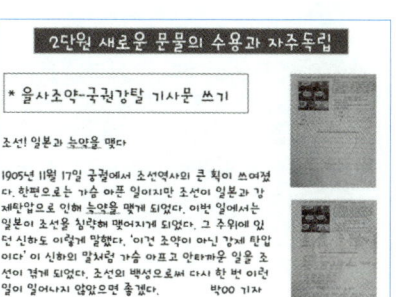

기사문 쓰기

하였다. 대부분 비통해하고 분노했다. 나라가 힘이 없어서 당할 수밖에 없는 상황을 아쉬워했다. 2단원에 들어가기 전에 '전쟁과 평화' 프로젝트를 하며 제국주의가 무엇인지 어렴풋이 인식하고 있었기에 이 당시 상황을 잘 이해할 수 있었다.

슬픈 과거가 반복되지 않으려면 우리나라가 힘을 길러야 한다는 의견이 많았다.

④ 아이들의 수업 후기

▶좋은 점
• 이야기로 역사를 배우니 더 재미있다.
• 이야기책으로 공부를 한다는 건 좋은 생각이다.
• 책으로 지루하게 공부하는 것보다 활동을 하면서 하니까 재미있었다.
• 재미있는 방법으로 진도를 나가니 기억이 잘 된다.
• 사회는 어렵다고 생각했는데 이야기로 수업을 하면서 더 좋아졌다.
• 역사가 하나의 이야기처럼 느껴져서 좋았다.
• 책을 읽으면 지루할 수 있는데 PPT로 읽으니 잘 이해할 수 있고, 지루하지 않았다.
• 모둠끼리 힘을 합쳐 좋았다.
• 사회를 어렵지 않게 배워서 좋았다.
• 이야기책으로 보통 교과서보다 더 쉽고 자세하게 이해할 수 있었다.
• 재미있게 배우니 머리에 더 잘 들어왔다.
• 이번 학기 공부가 더 잘 이해되었고, 이야기책으로 하니까 딱딱한 사회 책보다 더 쉽게 이해할 수 있었다.

▶개선할 점
• 게임을 하면서 하면 좋을 것 같다.
• 주제별: 시간 순서 정리가 어렵다.
• PPT, 책 등으로 하니 더 재밌고 쉽게 이해가 됐지만, 교과서 위주로 하지 않아서 시험 볼 때 교과서를 보면 공부한 흔적이 없어 기억이 잘 안 난다.
• 현장 학습을 더 많이 갔으면 좋겠다.
• 우리가 직접 체험하고 만든 것으로 공부를 하고 싶다.
• 활동 위주의 수업을 하고 싶다.

3) 3단원 재구성-대통령 프로젝트

사회과 '3단원 대한민국의 발전과 오늘의 우리'는 아주 중요함에도 불구하고 학기 말과 맞물려 소홀히 다뤄지는 경우가 많고, 역사 왜곡도 많은 부분이다. 또한 현재에도 영향을 미치는 다수의 인물과 사건을 다루는 단원이다. 따라서 역사적 사실을 객관적으로 바라보고 올바르게 평가하려는 노력을 중심에 놓고 단원을 재구성하고자 하였다.

3단원은 우리나라의 현대사에 관련된 내용으로 인과 관계의 설명 없이 사건의 단순 내용만으로 구성되어 학생들에게 제대로 인식되는 부분이 적다. 역사의 흐름을 중심으로 학습해야 역사 이해도가 높은 만큼 사건 중심이 아니라 우리나라 현대사에 큰 영향을 미쳤던 대통령 중심으로 가르치려는 교사들의 자발적인 교과 재구성이 시작되었다. 마침 2012년 대선이 12월 19일에 있었던 만큼 대통령 중심으로 수업하는 것이 아이들에게 더욱 집중도가 생길 것이라는 기대도 해 보았다.

(1) 대통령 프로젝트를 시작하며

제1대 대통령 이승만을 필두로 16대 대통령 노무현까지 근대사에 관련된 내용을 인물 중심으로 하여 자료를 작성하였다.

따라서 사회 교과서 3단원은 책보다 더 깊은 내용으로 심도 있게 접근할 수 있었다. 교사 또한 자료를 조사 작성하면서 몰랐던 내용에 대해 한층 더 잘 알게 되어서 근대사 바로 보기 작업을 할 수 있었다. 결국 교사들의 역사의식을 일깨워 줄 수 있는 작업이기도 했다.

대통령 프로젝트는 지극히 교사 주도적으로 계획되었다. 기말고사를 마치고 일주일 동안 아이들에게 꼭 알아야 할 역사 부분을 제시해야 했기 때문이다.

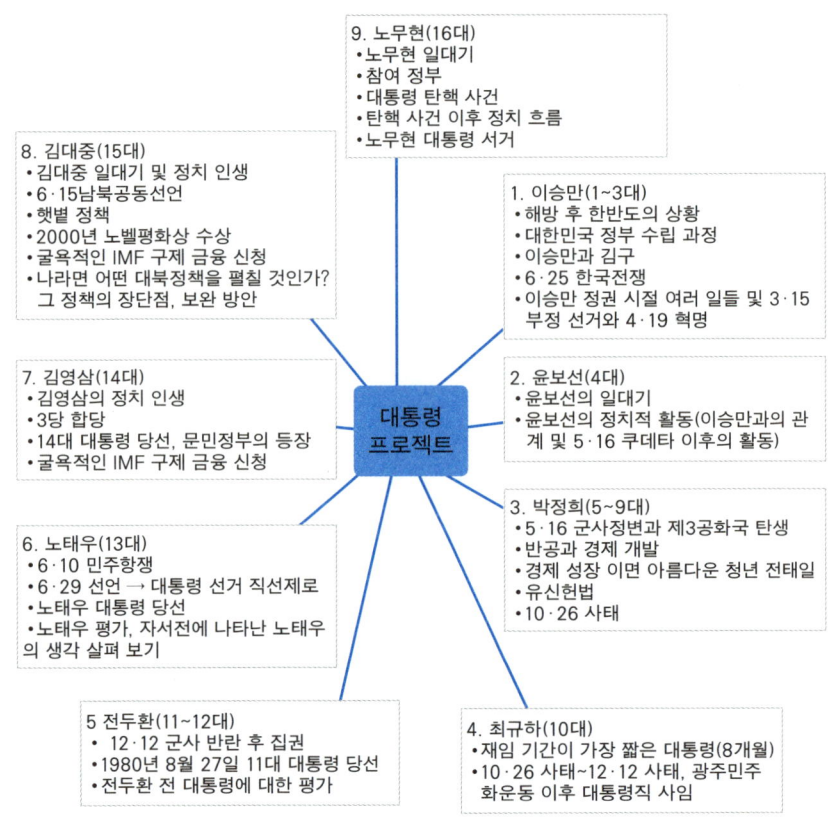

대통령 프로젝트 개요도

(2) 대통령 프로젝트 실행 사례

대통령 프로젝트는 조사할 내용이 많았기에 교사 주도적인 성격을 띠었지만, 아이들도 4인 1조 7개 조를 만들었다. 각 조에 대통령별로 중점적으로 조사할 내용을 적은 뽑기 종이를 만들어 '이끔이'가 나와서 뽑기로 하였다.

아이들이 주어진 대통령에 대해 조사한 후 PPT 자료나 보고서를 작성하고, 교사의 설명을 듣고 나서 그 인물을 맡은 조가 나와서 발표를 하는 형식으로 계획하였다. 대통령 프로젝트의 마지막 인물인 노무현 대통령까지 학습과 발표가 끝나고 대통령 후보 포스터를 만들어 보고 마무리하는 활동으로 진행하였다.

① 수업의 흐름

1	이승만	• 해방 후 한반도의 상황 • 대한민국 정부 수립 과정, 대한민국 정부 수립 즉흥극 • 이승만과 김구(이승만 두 얼굴의 사나이, 김구의 죽음 동영상 시청) • 사탐 72쪽의 대한민국 정부 수립에 관한 대립을 알아보고 자신의 의견 나눠 보기 • 6·25 한국전쟁 • 이승만 정권 시절에 일어난 여러 일들 및 3·15부정선거와 4·19혁명 • 나도 역사가(1960년 4월 19일 내가 만약 경무대 앞에서 시위를 하고 있었다면 어떤 기록을 남겼을까?)
2	윤보선	• 윤보선 일대기 • 윤보선의 정치적 활동(이승만과의 관계 및 5·16쿠데타 이후의 활동)
3	박정희	• 5·16쿠데타를 일으키기까지의 과정 및 이후 행적(프레이저 보고서 1부) • 5·16쿠데타와 제3공화국 탄생 • 반공과 경제 개발 • 1965년 한·일 협정 • 독도밀약 • 산업화 • 새마을 운동 • 경제 성장의 이면: 아름다운 청년 전태일 • 인혁당 사건 • 유신 헌법 • 10·26사태
4	최규하	• 재임 기간이 가장 짧은 대통령(8개월) • 10·26사태~12·12사태, 광주민주화운동 이후 대통령직 사임
5	전두환	• 12·12 군사반란 후 집권 • 1980년 8월 27일 11대 대통령 당선 • 전두환 전 대통령에 대한 평가 • 영화 「화려한 휴가」, 「26년」, 「남영동 1985」 이야기 나누기 • 강풀의 웹툰 「26년」 감상하기
6	노태우	• 노태우의 정치 인생 • 6·10 민주항쟁 • 6·29선언 → 대통령 선거 직선제로 • 노태우 대통령 당선 • 88올림픽, KTX나 인천국제공항 건설 시작 • 3당 합당 • 노태우 평가, 자서전에 나타난 노태우의 생각 살펴보기 • 노태우 경호 비용 기사 함께 보기
7	김영삼	• 김영삼의 정치 인생 • 3당 합당 • 14대 대통령 당선, 문민정부의 등장 • 지방자치제, 금융실명제, 부동산실명제 실시 • 굴욕적인 IMF 구제 금융 신청

| 8 | 김대중 | • 김대중 일대기 및 정치 인생
• 6.15남북공동선언 • 햇볕정책 • 2000년 노벨 평화상 수상
• 나라면 어떤 대북 정책을 펼칠 것인가? 그 정책의 장단점, 보완 방안
• 5·18 국립공원(1, 2, 5반) |
| 9 | 노무현 | • 노무현 일대기 • 참여정부
• 대통령 탄핵 사건 • 탄핵 사건 이후 정치 흐름
• 노무현 대통령 서거 |

② 「화려한 휴가」 감상 후 소감 쓰기

-「화려한 휴가」를 통해 5·18에 대해 쉽게 다가간 후 국립묘지와 자유공원으로 체험학습을 갔다. 영화를 보지 않았더라면 아이들이 어렵게 느끼지 않았을까 생각된다.

화려한 휴가

-아이들은 이 영화를 보면서 왜 우리 군인이 우리 국민에게 총을 겨누는지를 많이 궁금해했다. 이러한 궁금증은 이후 현대사를 가르치면서 해결할 수 있었다. 대통령 프로젝트 속에서 5·18 광주 민주화 운동을 배우고 나서 한 활동보다 「화려한 휴가」를 보고 나서 한 활동 내용에 아이들 생각이 더 잘 나타나 있었다. 아이들에게는 교과나 PPT로 배우는 것보다 책, 영화를 통해 더 잘 다가갈 수 있음을 다시 한 번 느낀다.

③ 현장 체험학습과 연계한 대통령 프로젝트(5·18 국립공원 현장 체험학습)

5·18 국립묘지	5·18 자유공원	김대중 컨벤션센터

국립묘지에서 상영해 주는 아이들 수준에 맞는 5·18 민주화 운동 영화를 본 후 해설사(오월지기)의 설명을 들으며 국립묘지 구석구석을 돌아보았다. 묘비와 사진을 보며 그날의 아픔을 함께했다.	5·18 기념재단에서 주먹밥 체험을 해서 도시락 대신 주먹밥을 먹었다. 약간 배가 고파서 힘들었지만 그날의 아픔을 조금이나마 함께할 수 있었다. 자유공원에는 체험관과 대형 사진들이 있어 5·18에 대해 자세히 공부할 수 있는 좋은 기회를 제공했다.	기대했던 것과는 달리 아주 작은 규모의 김대중 기념관이 있었다. 하지만 김대중 대통령이 사용했던 물건들, 감옥에서 쓴 편지 등 의미 있는 물건들이 많아 김대중 대통령에 대해 추억을 되새길 수 있었다.

④ 5·18 민주화 항쟁 바로 알기

5·18 광주 민주화 항쟁에 대해 수업 후 활동지를 나누어 주어 정리하였다. 판결문과 기자가 되어 인터뷰했던 내용을 통해 5·18 민주화 운동 당시의 상황과 내용을 정리해 볼 수 있었다.

☞ 내가 재판관이었더라면 5·18에 책임이 있는 두 전직 대통령에게 어떤 판결을 내릴 것인지 자신만의 판결문을 적어 보는 활동.

☞ 당시 왜 언론에서는 광주 시민을 간첩의 조종을 받는 폭도로 보도하였는지 이유 적어 보기.

☞ 광주항쟁에서 투쟁하는 광주 시민을 인터뷰하고 나서 기사 작성하기.

스케치북 정리

-프로젝트 진행을 하면서 아이들은 프로젝트 스케치북에 수업 시간에 배운 내용을 정리하여 나름대로 구조화시키는 활동을 한다.

⑤ 조별 발표 자료

교사 주도적인 프로젝트여서 아이들이 따로 다양한 활동을 하지 못한 점이 아쉬웠다. 그렇지만 뽑기 활동을 하여 역대 대통령을 조사하여 파워포인트 또는 발표 자료를 만들어 교사의 설명 후 조별 발표를 진행하였다.

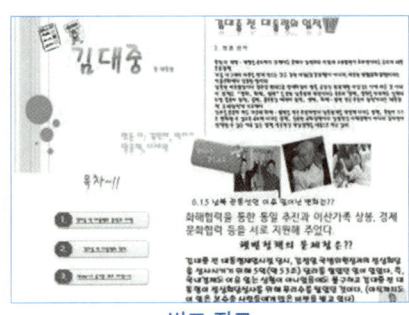
발표 자료

(3) 프로젝트를 마치며

프로젝트 학습이 끝난 후 2012년 대선과 맞물려 다음과 같은 활동을 실시했다.

1. 대통령 선거 투표 독려 포스터 만들기.
2. 내가 좋아하는 대통령 출마자 포스터 만들기.
3. 내가 대통령 출마자라면? -대통령 선거 포스터 만들기.
4. 패러디 포스터 만들기.

국어과 2학기(읽기)-3단원 '의견과 주장' 광고의 의도 파악하기와 연계하여 실시한 수업으로 진행하였다.

포스터 만들기 외에 토론 활동도 진행하였다. '박정희는 좋은 대통령

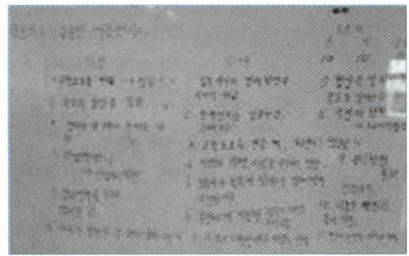

포스터 만들기와 토론

이다'라는 주제로 박정희 대통령의 평가에 대해 찬성과 반대 입장으로 나뉘어 토론을 통해 평가하였다.

정리 활동을 하면서 구민 한 사람의 소중한 한 표가 국민의 권리임과 동시에 막중한 의무임을 알 수 있었으며, 어른이 되어서 그 의무를 저버리지 않고 성실히 수행할 것을 다짐하는 계기가 되었다.

(4) 활동 후기

> ▶아이들
> • 이승만, 박정희 대통령의 또 다른 모습에 대해 알게 된 점이 인상적이었다. 노무현 대통령의 죽음을 알게 되어 슬펐고 스트레스가 크셨을 거라 생각된다. 윤보선, 최규하와 같이 짧은 기간 재임하신 잘 알려지지 않은 대통령에 대해 알게 되어 좋다. 김대중 대통령의 햇볕정책에 대해 알게 되었고 북한에 대한 태도 및 바람직한 통일 방안에 대해 고민하는 계기가 되었다.
> • 대한제국에서 대한민국으로의 변천사를 정확하게 알 수 있게 되었다.
> • 우리나라의 대통령이 누구였는지 알아서 좋았고 선거를 왜 해야 하는지를 알게 되었다.
> • 대통령에 대해, 정치에 대해 전혀 관심도 없었는데 이번 프로젝트를 통해 관심을 갖게 되었다.
> • 대통령이란 다 마음 따뜻하고 좋은 사람인 줄 알았는데 대통령을 하기 위해 사람을 죽이고 모함하는 역사가 부끄럽고 무섭기도 했다.
> • 우리 스스로 역대 대통령에 대해 조사하고 PPT 자료를 만들어서 발표할 수 있었던 점이 좋았다.
> • 역대 대통령들이 한 일을 자세히 알아서 좋았고 온갖 비리를 저지른 대통령들에 대해서는 실망을 했다. 어떤 일에 대해 비판적으로 생각해 볼 수 있는 기회가 되어 좋았다.
> • 전체적으로 재미있었지만 PPT 자료나 발표 자료를 만드는 데 하는 사람만 하고

모두가 참여하지는 못했던 것 같아 아쉬웠다.

- 최근 대통령(이명박, 박근혜)에 대해 알지 못해 아쉽다.
- 고려시대, 조선시대 역사도 왕 중심과 사건을 연관 지어 하면 더 재미있을 것 같다.
- 전두환, 박정희 같은 대통령 수업할 때 모의재판 활동을 넣었으면 좋았을 것 같다.

▶ 교사들

- 현대사를 주입식으로 설명하기에는 어려운 내용이 많았으므로 사전 과제를 제시하였다. 모둠별 조사 후 간단한 보고서나 PPT를 만들어서 교사 설명 전 모둠별로 돌아가며 발표하였다. 한 해 동안의 경험이 쌓여서인지 기존의 '복사-붙여 넣기'의 무성의한 PPT 제작에서 벗어나 핵심 내용과 사진을 담은 학생들의 PPT 결과물이 인상적이었다. PPT 발표의 마지막은 모둠별로 간단한 퀴즈를 마련하여 교사의 설명 전 충분히 학습 동기를 가지도록 하였다.
- 현대사 내용은 교사 자신도 몰랐던 내용이 많았기에 수업하면서 함께 배워 가는 과정이었다. 최근 개봉한 영화 이야기도 함께 나누고 어젯밤 봤던 웹툰 이야기를 나누며 학생과 교사가 함께 배우고 소통하고 있다는 생각이 들었다.
- 교과서에서는 역대 대통령에 대한 객관적이고 올바른 평가가 되지 않은 상태로 애매모호하게 적혀 있는 경우가 많아 아이들에게 정확한 역사의식을 심어 줄 수 없는 것 같다. 꼭 재구성이 필요한 단원이라고 느꼈다. 우리 역사는 제대로 평가하지 않으면서 역사를 왜곡한다며 중국과 일본을 비판하고 있는 것 또한 모순이라 느꼈다.
- 대통령 프로젝트 마무리 활동으로 포스터 그리기를 했다. 국어과의 광고와 관련을 지어서 광고의 표현 방법을 염두에 두고 제작하라 하였다. "1. 내가 대통령이라면……, 2. 우리나라 대통령 중 존경하는 대통령, 3. 인상 깊은 대통령 패러디 광고." 원래는 앞의 두 가지를 제시했는데, 아이들이 세 번째 활동을 제시해서 추가하게 되었다. 특히 아이들은 이번 대통령 선거에서 본 포스터의 작은 부분까지 기억해서 본떠 만든 점이 재미있고 기특했다.
- 평소 사회 교과에 가장 자신이 없는 나는 현대사는 더 형편이 없었다. 이번 기회를 통해서 현대사에 대해 많이 공부할 수 있었으며 역사를 바라보는 시각을 가질 수 있었다. 대통령 프로젝트를 하면서 한 아이가 나에게 "왜 우리나라에는 나쁜 대통령만 있어요?"라고 질문해 당황스러웠다. 우리나라의 현대사는 민주화를 이루기 위해 많은 우여곡절을 겪은 시기이다. 이에 대해 공부하면서 아이들이 우리나라에 대해 부정적인 시각이 아니라 우리의 노력으로 바꿀 수 있다는 것을 가르쳐 주고 싶었다. 4·11 총선과 대통령 프로젝트를 해 본 우리 아이들이 어른이 되었을 때 정치에 무관심하지 않고 올바르게 참여한다면 이 프로젝트는 성공한 것이 아닐까, 흐뭇한 느낌을 갖게 되었다.
- 파워포인트 자료를 교사가 주도적으로 작성하여 설명 위주였다는 것이 좀 아쉽다. 이제껏 프로젝트 학습을 하면서 아이들은 스스로 학습 활동을 선택하여 하는 것을 좋아하는 걸 알기도 했지만 프로젝트 성격상, 시기상 교사 위주로 진행할 수밖에 없었다. 좀 더 여유가 된다면 다양한 활동과 더불어 스스로 판단할 수 있는 기회를 부여하면 더 좋았을 것 같다.

4) 이렇게 평가했어요

1. 다음은 18세기 정조가 다스리던 당시 조선의 신문기사입니다. 이 기사를 읽고, 수원화성 건축이 34개월 만에 완공될 수 있었던 이유를 짐작하여 기사의 뒷부분을 써봅시다.

정조의 야심작, 수원 화성 완공

우리 조선의 새 임금님이 즉위하신지 어언 20년 만인 1796년 9월 10일 오늘, 드디어 수원 화성이 완공되었다. 이는 공사에 착수한 지 34개월 만에 완성된 것으로, 세계의 다른 건축물에 비교할 때 전례가 없는 기록이다. 원래 우리 조선에서는 백성들이 한 푼도 받지 못하고 궁궐 공사  를 비롯한 부역에 동원되는 것이 당연시 여겨졌다. 강제로 농사를 비롯한 생업을 중단해야 했으며, 때로는 공사에 필요한 재료마저 우리 스스로 조달해야 했다. 국가의 이익을 위한 대업이라는 명분하에, 우리 백성들이 희생당했던 꼴이다.

하지만, 우리의 새로운 임금님은 달랐다.

_____

_____

_____

_____

2. 다음 보기는 조선 후기 발행되었던 한 문서의 사진입니다. 각 물음에 알맞은 답을 작성하세요.

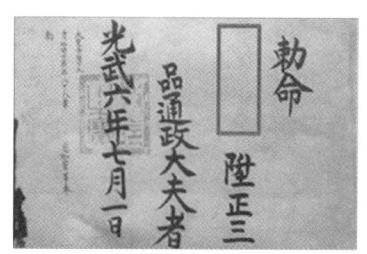

(1) 이 문서의 이름은 무엇이며, 나라에서는 이것을 왜 발행했을까요?

_____

_____

_____

(2) 이 문서를 많이 발행하여 나누어 주었을 때, 어떤 문제점이 발생했을까요?

_____

_____

3. 다음은 조선 후기 서민들의 다양한 생활 모습을 담은 풍속화입니다. 그림에서 알 수 있는 우리 조상들의 당시 생활 모습을 3가지 이상 찾아 쓰세요.

_____

_____

4. 다음 그림은 서양에서 온 선교사와 동학의 창시자 최제우의 주장을 나타낸 것입니다. 그림을 통해 알 수 있는 천주교와 동학의 차이점과, 천주교와 동학이 백성들에게 사랑받을 수 있었던 이유를 적으세요.

차이점: _____

_____

사랑받은 이유: _____

_____

5. 조선 후기 농민들은 조세 제도, 신분 제도 등의 사회 개혁을 요구하며 봉기하였습니다. 우리 조상들이 주어진 현실에 굴복하지 않고 보다 나은 사회를 만들기 위해 노력하였다는 점에서 그 의의를 찾을 수 있는데요. 더욱 살기 좋은 사회를 건설하기 위해 우리가 할 수 있는 활동(지금이나 나중에 어른이 되어서)으로 어떤 것들이 있을까요?

보기와 같이 사회 참여의 여러 가지 방법을 2가지 이상 쓰세요.

> 반크, 환경운동연합과 같은 시민단체에 가입하여 꾸준히 활동한다.

_____

6. 아래 내용을 읽고 물음에 답하세요.

백성들의 세금을 줄이도록 하라

조선 시대에 16세 이상 된 남자들은 군사가 되는 대신 베(옷감)를 나라에 바쳐야 했다. 처음에는 한 해에 두 필을 내야 했다. 그러나 고된 농사일을 하면서 베를 짜 나라에 바치는 것은 쉽지 않은 일이었다. 게다가 관리들의 횡포로 백성들이 내야할 베는 점점 많아졌다. 그러자 백성들 중에는 고향을 등지고 도망치는 사람들이 생겨났고, 베를 바치지 못해 옥에 갇히는 사람들이 많아졌다. 백성들의 원망이 커지자 영조는 백성들이 내야 할 베를 한 필로 줄이도록 하였다.

(1) 위의 내용에서 알 수 있는 영조의 가치관을 써 보세요.

(2) 내가 중요하게 생각하는 가치를 고민하여 표의 빈칸을 채워 보고, 가장 중요하게 생각하는 가치와 그 이유, 그를 위해 내가 실천하고 있는 것, 또는 실천해야 할 점을 써 보세요.

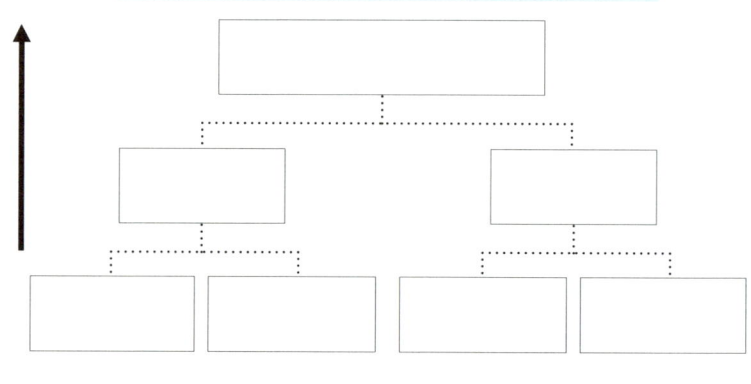

• 가치란 배려, 우리 반의 행복과 같이 자신이 중요시하고 어떤 행동이나 말을 선택하고 실천하는 데 바탕이 되는 생각을 말합니다.

제가 중요하게 생각하는 가치는

왜냐하면

그래서 저는

2. 전쟁과 평화

1) 통합수업을 시작하며

인간의 갈등 중 가장 극단적인 형태, 전쟁. 인류의 역사를 설명하면서 전쟁과 평화라는 두 단어를 제쳐 둘 수 있을까? 아마도 불가능할 것이라 생각한다.

평화는 간단하게 '전쟁이 없는 상태'로 정의할 수 있을 것이다. 그러나 세계의 역사를 냉정하게 돌아볼 때, 평화의 역사는 얼마나 되는가? 우리가 살고 있는 이 시대는 과연 평화의 시대일까? 우리는 그렇게도 염원하는 평화를 온전히 누리고 있다고 단언할 수 있을까? 분명한 것은 진짜 평화를 이룩하기 위해서, 우리는 불편한 진실을 결코 외면해서는 안 된다는 점이다. 다소 아프지만 지금도 끝나지 않은 전쟁과 그 비극을 알아야 한다.

6학년 1학기 사회는 이양선의 등장으로 시작하는 우리의 근현대사를 다룬다. 이양선의 등장에서 일제의 침략까지 끊임없이 고난을 겪는 우리의 근대사를 배우지만, 교과서 위주의 학습만으로는 세계의 열강들이 우리나라에 왜 접근하고 어떤 의도로 조약을 맺었는지에 대해 전체적인 시각으로 바라보기 어렵다. 분절적으로 배우면 아이들의 마음에 우리의 역사가 와 닿을 수 없다. 오직 전체적인 맥락에서 크게 봐야만 우리의 역사가 제대로 보인다. 그런 의미에서 제국주의와 1·2차 세계대전, 세계열강의 야욕으로 큰 아픔을 겪은 약소국의 슬픔 등에 대해 학습하는 것이 아이들이 우리 근현대사를 배우기에 앞서 꼭 필요하다고 생각했다. 역시 주제통합수업은 교사를 열공하게 한다. 어려운 내용이 많았기에 교사들도 부담을 느꼈고 학생들이 잘 이해할 수 있을까 걱정도 컸으나, 우리 자신도 다시 배운다는 생각으로 '전쟁과 평화' 주제통합수업에 임하게 되었다.

전쟁과 평화 수업은 우리가 진행한 주제통합수업 중 가장 준비 기간이 길었다. 세계사와 요즈음의 세계정세를 공부해야 했기에 그만큼 교사의 학습 부담이 컸기 때문이기도 하다. 먼저 각자 전쟁사에 관해 개략적으로 공부하고 나서, 학습 주제와 관련한 마인드맵을 만들기 위해 브레인스토밍을 하였다. 그 결과 콜럼버스의 신대륙 발견부터 가장 최근의 이라크 전쟁까지 공부할 만한 주제들이 술술 나왔다. 브레인스토밍을 할 때마다 역시 집단 지성의 힘을 느끼게 된다. 소싯적보다 유연하진 않지만 아홉 명의 머릿속에서 다채로운 생각이 쏟아져 나오기 때문이다.

논의를 거쳐서, 전쟁과 평화 프로젝트는 주제의 무거움과 난이도 등 주제 특성상 교사의 주도로 이루어지는 프로젝트로 진행되는 게 바람직하다는 결론이 나왔다. 다만 아무리 쉽게 가르친다 하더라도 교사가 일방적으로 수업한다면 아이들이 지칠 수 있기 때문에, 중간중간에 의미 있는 활동을 제공하기 위해 많은 회의를 거쳐 계획을 수정하였다. 우리는 아이들이 전쟁의 참혹한 실상을 목격하는 데서 그치지 않고, 더 나아가 평화의 필요성을 실감할 수 있는 활동은 어떤 것일지 끊임없이 고민했다. 또한 움직이고 싶은 에너지가 넘치고 주의 집중할 수 있는 시간이 짧은 초등생의 특성상, 숨 돌릴 수 있는 시간이 필요했기 때문이기도 하다. 아이들 마음속에도 내적 평화가 찾아오길 바라면서……

2) 통합수업 개요

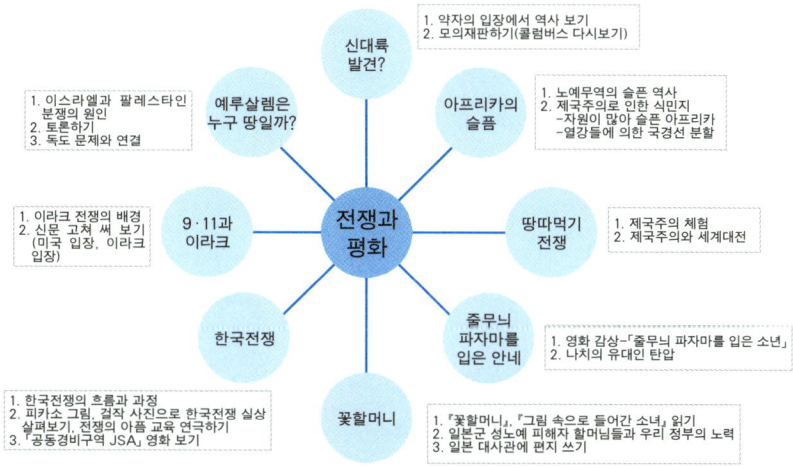

전쟁과 평화 마인드맵

(1) 신대륙 발견?

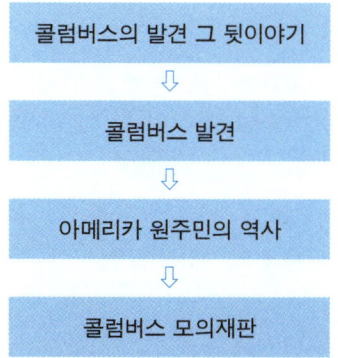

① 콜럼버스의 발견 그 뒷이야기

「마토아카의 이야기」 슬라이드별 대본 내용

1. 우리는 고대로부터 이 땅에서 자연과 함께 살아왔어. 그런데 어느 날 그들이 왔지.

2. 보이니? 이게 바로 우리의 마야 문명이야. 하지만 그들은 우리를 미개하다고 했지.

3 그들은 우리 땅에 십자가를 세우고 '이 땅은 하느님이 우리에게 내려주신 허락이며 사명이다.'라고 했어(명백한 운명). 이제 이 땅의 주인은 그들이라고 했지. 우리에게도 그들의 신을 섬기라고 했어. 저항하면 죽음과 고문을 받아야 했어. 우리 땅과 문화를 지키려고 싸웠지만, 신식 무기로 무장한 그들을 이길 순 없었지.

4. 그들은 우리를 무자비하게 학살했어. 이 그림은 라카스 신부가 스페인 군대가 인디언을 학살하는 장면을 그린 거야. 남녀노소를 가리지 않고 죽였지. 불에 태우기도 하고, 손목을 잘라 사냥개의 먹이로 주기도 했지. 우리는 인간도 짐승도 못되었던 거야.

5. 콜럼버스라는 사람은 우리 땅의 왕이 자기라고 했어. 우리 땅에서 우리를 내쫓고 일을 시켰어. 들어 보니 우리가 일해서 번 돈의 10분의 1을 콜럼버스가 갖도록 되어 있대. 그 권리를 누가 주었는지 아니? 이 땅에 산 적도 없는 에스파냐 왕이래(발견자 우선주의, 명백한 운명). 콜럼버스는 강제로 일을 시키는 것도 모자라 사람까지 유럽으로 팔아넘겼어. 노예로 말이야.

6. 그들은 유럽으로 작물, 금, 가죽, 사람 등을 수탈해 갔어. 그 대신 그들이 우리에게 가져온 게 무엇인 줄 아니? 세균이야. 우리에겐 천연두 같은 질병을 가져왔지. 우리는 낯선 대륙에서 온 새로운 세균에 대한 면역력이 없었어. 그래서 대부분의 원주민들이 죽었지. 이것을 '콜럼버스의 교환'이라고 부른대.

7. 이후에 더 많은 이주민들이 왔지. 그중에는 영국인도 있고 프랑스인도 있었어. 영국, 프랑스, 스페인, 네덜란드 등 열강이 우리 땅을 놓고 전쟁을 벌였지. 우리는 우리 땅에서 그들을 피해 살 수밖에 없었어. 열강들 틈에서 우리도 스스로를 지키기 위해 싸웠지.

8. 크레이지 홀스 영상: 다음 카페

그렇게 용맹하게 싸운 영웅 중 한 명이 크레이지 홀스란다. 미국이 1776년에 영국에서 독립을 하고 프랑스, 스페인으로부터 땅을 사들였어. 그래서 지금의 미국이 만들어진 거야. 유럽에서 미국으로 이주민이 늘어나자 그들은 우리를 강제 이주시켰어. '인디언 추방령'이지.

9. 1838년 겨울, 우리가 강을 넘어 강제 이주하던 길을 '눈물의 행로Trail of Tears'

라고 부른단다. 이 과정에서 남아 있는 주민의 4명 가운데 1명이 죽었다고 알려져 있어. 우리는 국가라는 개념이 없이 여러 부족이 어울려 살다 보니 땅에 대한 소유의 개념도 없었어. 미국인들이 갖은 수로 우리를 괴롭히며 협약서에 사인을 하게 했지. 그들은 우리 땅을 스스로 자기들에게 넘겨 주었다는 증거로 그 계약서를 말하지. 그 계약서에 마지못해 사인을 하면서 미국인들에게 전한 시애틀 추장의 연설이 전해 내려온단다. 우리가 자연을 어떻게 대하며 살아왔는지 알 수 있지(시애틀 추장: 동화책)

10. 이후로도 우리의 고난은 계속되었단다. 강제 이주한 지역에서 금광이 발견됐거든. 백인들은 우리를 조용히 살게 두지 않았지. 우리는 싸웠지만, 결국 또 다른 곳으로 강제 이주할 수밖에 없었어. 그들이 우리와 맺은 계약은 종잇조각에 불과했던 거야. 콜럼버스가 처음 우리 땅에 왔을 때, 우리 인구는 1억 명에 달했지만, 이제는 25만 명 정도만 남아 있지. 그리고 몇몇 '인디언 보호구역'이라는 곳에서 겨우 우리 문화를 보존하며 살고 있단다.

-「마토아카의 마지막 인사」

② 콜럼버스 모의재판 실시

위인 콜럼버스	침략자 콜럼버스
•용기 있는 모험가 •바다에 대한 당대인의 공포와 미신을 타파 •근대 과학의 증명: 과학 지식을 가진 근대인, 서양 문명의 근대화에 중요한 역할을 함 •미국 건국에 중요한 역할	•침략자: 이사벨라 여왕에게 수익의 1/10, 총독을 요구 •금 채굴이 안 되자 노예무역을 시작함 •아메리카 대륙의 원주민이 노예가 되거나 학살됨

(2) 아프리카의 슬픔

동기 유발: 아프리카 지도의 특징 찾기

⇩

노예무역

⇩

① 동기 유발

-아프리카 지도의 특징 찾기(모둠별로 찾아 써 보기, 아프리카 지도 나눠 주기)

② 노예무역

-'16세 쿤타의 슬픈 이야기'(노예로 팔려가는 쿤타의 이야기를 만들었 어요)

• 이야기 슬라이드 중간에 동영상 1개 삽입:「아미스타드」-스티븐 스필버그가 만든 영화, 노예무역선의 참혹한 상황, 5분 정도.

-이야기가 끝나면 노예무역의 경로 슬라이드 살펴보기

-영국의 노예무역을 폐지한 윌리엄 윌버포스 이야기

• 그의 일대기를 다룬 영화 「어메이징 그레이스」 예고편 3분 정도 삽입

-마무리

• 슬픈 아프리카: 아직도 슬픔의 땅, 죽음의 땅, 전쟁의 땅 아프리카

• 생각해 봅시다: 200년 전의 노예무역! 사과하고 배상해야 할까요?

③ 제국주의로 인한 식민지(자원, 국경선, 소년병)

-자원이 많아 슬픈 아프리카

• 아프리카 자원 분포 지도 보기: 그런데 왜 가난할까?

• 지식채널e「Blood phone」보기 / 영화예고편「Blood diamond」 감상

• 자원이 부른 참상과 킴벌리 협약에 대해 이야기하기

-제국주의: 국경선 분할

- 열강들의 획일적 국경 설정으로 내전 등의 피해를 겪고 있는 아프리카
- 내전: 르완다(「호텔 르완다」 예고편 링크) 콩고(서로를 향한 총부리 PPT)
- 활동: 국경선 따라 그려 보기(지도 개인별 배부)
- 생각해 볼 문제 : 아프리카의 내전은 아프리카 사람들이 이기적인 탓?
- 초등학생이 총 잡는 나라: 소년병
- 동화 「서로를 향한 총부리」의 소년병이 가족을 살려 준 까닭 생각해 보기
- 소년병의 실태 알아보기 ⇒ 사진 감상
- 지식채널e 「집으로 돌아가는 길」 보기

(3) 땅따먹기 전쟁-제국주의 & 세계대전

제국주의 체험 런닝맨 게임
⇩
제국주의와 세계대전 알아보기(PPT)
⇩
지식채널e: 「보내지 못한 편지」
⇩
세계대전 당시 가미카제 특공대원이 되어 부모님께 편지 쓰기

① 제국주의 체험 런닝맨 게임

준비물: 이면지 여러 장, 연필, 나라 이름표(뽑기용, 부착용), 테이프.

1. 나라를 나눈다.

2. 제국주의 나라를 뽑은 사람은 각자 배정된 식민지 나라를 잡는

다. 식민지를 뽑은 사람은 한 발로만 뛰어 도망갈 수 있다.

제국주의	식민지
영국	인도, 파키스탄, 네팔, 부탄, 미얀마, 스리랑카, 말레이시아, 케이프타운, 오스트레일리아
프랑스	캄보디아, 베트남, 모로코, 마다카스카르, 튀니지, 알제리, 가봉, 라오스, 코트디부아르
독일	토고, 카메룬, 탄자니아, 비스마르크 제도, 나미비아, 캐롤라인 제도, 중국 칭다오

3. 잡힌 사람은 잡은 나라 이름 "○○ 만세"를 50번 쓴다.
4. 모두 잡힌 후 식민지 사람의 느낌을 이야기한다.

② 제국주의와 식민지 살펴보기: PPT, 교사 자료 참고

③ 전쟁에 참여하게 된 사람들의 모습 살펴보기
: PPT 사진 자료 & 지식채널e-「보내지 못한 편지」

④ 세계대전에 참여하게 된 사람이 되어 부모님께 편지 쓰기
예) 세계대전 당시 가미카제 특공대원, 강제 징병된 군인, 독일군, 연
   합군, 민간인 등

* 교사 자료
* 어린이 백과- 이해하기 쉬움, 한번 읽어 보세요.
제국주의: http://bit.ly/1uQk5tx
제1차 세계대전: http://bit.ly/1n4fBYl
전체주의: http://bit.ly/1pXlXfT
제2차 세계대전: http://bit.ly/VBz1wv
* 지식채널e-「보내지 못한 편지」: http://bit.ly/YsuAGf

(4) 줄무늬 파자마를 입은 안네

유대인 인권 탄압 PPT
⇩
지식채널e: 「괴벨스의 입」, 「인생은 아름다워」
⇩
세상에서 제일 아름다운 사진: 독일 총리의 폴란드 사죄 사진
⇩
평화의 책갈피 만들기

① 2차 세계대전 당시 유대인 인권 탄압:
유대인과 홀로코스트에 관한 PPT

② 지식채널e: 「괴벨스의 입」

③ 영화 「줄무늬 파자마를 입은 소년」, 「인생은 아름다워」 보기
-나치가 왜 유대인을 탄압했는지 그 까닭과 수용소에서의 생활
 이해

④ 독일 총리의 사죄 사진을 보고 이야기 나누기
-특히 독일 지도부의 사죄 사진을 보여 줌으로써 일본과 비교하기
-아이들의 역사 인식의 지평 넓히기

⑤ 평화의 책갈피 만들기
-평화를 다짐하며 책갈피 만들기

(5) 꽃할머니

「꽃할머니」 동영상 보기

⇩

위안부(성노예)란 무엇인지 알아보기

⇩

일본군 성노예 피해자 할머님들의 노력과 우리 정부의 노력 알아보기

⇩

할머님께 편지 쓰기

① 동기 유발 영상 보기

- 「꽃할머니」 영상: http://bit.ly/1kQEAD6
- 「그림 속으로 들어간 소녀」: http://bit.ly/1vbbSO6]
- 위안부(성노예)란 무엇일까요? 이야기 나누기

② 위안부(성노예)란 무엇인지 알아볼까요?

- Military Sexual Slavery of Japan(PPT로 알아보기)

③ 일본군 성노예 피해자 할머님들의 노력과 우리 정부의 노력 알아
  보기

- 할머니들의 노력, 정부의 노력 알아보기
- 「수요일엔 빨간 장미를」(지식채널e 동영상) 보기

④ 편지 쓰기

- 우리도 함께하는 「수요일엔 빨간 장미를」(장소 마련하여 그분들의
  아픔 체험하기)
- 위안부 할머님들이 만드시는 압화 꽃 편지지(4장에 5,000원)를 주

문하여 할머니들도 돕고, 그 편지지로 할머니들과 일본 대사관에
편지 쓰는 활동하기

(6) 한국전쟁

지식채널e: 「어머니께 보내는 편지」
⇩
한국전쟁 전체적 흐름 정리
⇩
한국전쟁 당시 사진, 피카소 그림을 통해 본 한국전쟁
⇩
영화 「공동경비구역 JSA」 보고 평화의 필요성 생각하기
⇩
군사분계선 체험 – 교육 연극하기
⇩
통일의 필요성 생각하기– 그동안의 노력 알기, 토의 토론 해 보기

① 동기 유발
-지식채널e 「어머니께 보내는 편지」

② 개관
-한국전쟁의 전체적 흐름 정리(PPT)

③ 사진과 그림을 통해 본 한국전쟁
-각 사진에 대한 간략한 안내.
-피카소 그림 설명(도립미술관 피카소, 샤갈전 관람 가는 것과 연계)
-당시 사람들의 마음 생각해 보기

④ 영화 「공동경비구역 JSA」 보기
-영화 감상 후 소감 말하기, 혹은 써 보기

⑤ 군사분계선 체험: 교실에서 체험해 보는 분단의 아픔
-엄마와 딸이 편지를 서로 주고받지 못하는 과정에서 이산가족의
  아픔과 절박함을 느껴 봄. 교사는 활동 중간에 엄마와 딸에게 어
  떤 감정이 드는지 물어봄.
-남북한의 장벽을 낮추어야 한다는 결론으로 마무리.

⑥ 평화통일의 필요성 생각하기

가) 평화통일을 위한 그동안의 노력 알기
-서울에서 평양까지 플래시 노래방
-교사의 PPT 자료

나) '남북한 어떻게 해야 친해질까?' 토의 토론하기
-변형된 디즈니 창의성 전략 방법 이용
-각 역할 단계를 동시에 함께하면서 진행한다.
-역할 단계: 반짝이, 냉철이, 현실이, 기록이

〈토의 토론〉 반짝이 → 냉철이 → 현실이
1. 반짝이 단계: 마음껏 상상하여 아이디어를 제안한다.
2. 냉철이 단계: 냉철하게 문제점, 어려운 점, 불가능한 점을 찾아
   낸다.
3. 현실이 단계: 반짝이와 냉철이 단계의 이야기를 토대로 현실적인
   대안을 만들어 낸다.

4. 기록이는 돌아가면서 맡아서 모둠에서 제안되는 것을 기록한다.

5. 모둠 칠판을 앞에 부착한다.

6. 각 모둠에서 나온 제안들을 선생님과 함께 공유한다.

다) 정리하기

-평화통일을 위한 정부/민간 차원의 노력 PPT

(7) 9·11과 이라크 전쟁

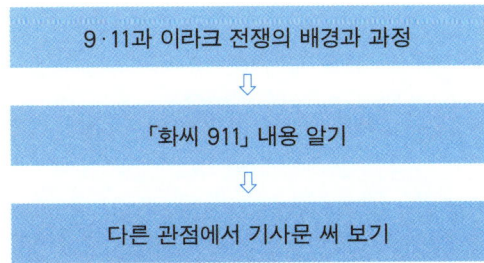

① 9·11과 이라크 전쟁에 대한 배경과 전개과정에 대한 PPT

-9·11 테러 그 당시 상황을 촬영한 사진과 동영상이 담긴 PPT를 보며 왜 일어나게 되었는지, 어떻게 전개가 되었는지 알아보기

-9·11 테러 동영상: http://bit.ly/1tdQc4f

② 마이클 무어의 감독 「화씨 911」에 관한 PPT(또는 영화)

-시간에 따라 유동적으로 간략하게 PPT로 보거나 시간이 가능하면 영화 보기

-부시 전 대통령과 사우디의 유착 관계, 9·11과 이라크 전쟁을 통해 엄청난 부를 획득한 부시 전 대통령에 관한 마이클 무어 감독의 비판 영화

③ 기사문 다시 써 보기

-관점을 달리하여 기사문 써 보기

(8) 예루살렘은 누구 땅일까?

이스라엘 팔레스타인의 분쟁에 관련한 이야기
⇩
전쟁 배경, 흐름에 관련된 전반적인 내용, 각자 입장에 관련 주장 내용
⇩
입장을 선택 후 토론(이스라엘 대 팔레스타인)
⇩
지식채널e (「한잘라」 1부, 2부) 시청
⇩
강대국들의 힘과 논리에 의해 삶의 터전을 잃어버린 여러 나라 중 우리나라에 대한 부각
⇩
현재도 논란이 되고 있는 중국의 동북공정, 일본의 독도 영유권 주장과 연관 짓기

① 이스라엘 팔레스타인의 분쟁에 관련한 이야기

-이스라엘과 팔레스타인의 영토 분쟁의 역사 알기

-현재 상황 공유하기

② 전쟁 배경, 흐름에 관련된 전반적인 내용, 각자 입장에 관련 주장
   내용

-이스라엘과 팔레스타인의 입장 차이 알기

③ 입장을 선택 후 토론(이스라엘 대 팔레스타인)

-자신의 입장을 선택하여 토의 토론 준비하기

-토의 토론 실시

④ 지식채널e 시청
-「한잘라」1부 http://bit.ly/1wdeVcI
-「한잘라」2부 http://bit.ly/1v1iUHX

⑤ 강대국들의 힘과 논리에 의해 삶의 터전을 잃어버린 여러 나라
  중 우리나라에 대한 부각

⑥ 현재도 논란이 되고 있는 중국의 동북공정, 일본의 독도 영유권
  주장과 연관 짓기

3) 통합수업 실행 사례

'전쟁과 평화'는 교사들이 미리 공부하고 계획한 전형적 교사 주도 수업이지만, 혹시 아이들이 공부하고 싶어 하는 주제가 있다면 반영하기 위해 마인드맵을 하였다.

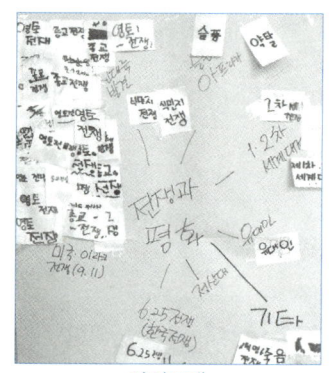

마인드맵

(1) 신대륙 발견?

우리의 첫 시작은 콜럼버스의 침략 이후 불행한 세월을 겪어야 했던 아메리카 원주민의 아픈 역사를 배우는 것이었다. 달걀의 비유가 많이 인용되듯이, 콜럼버스의 신대륙 발견은 역사 속에서 당대인의 평면적 사고의 전환을 가져온 혁신적인 사건으로 평가된다. 그렇지만 신대륙 발견은 서구 열강의 제국주의의 시발점이 된 사건이기도 하며, 또한 그 이면에 수많은 아메리카 원주민들의 희생이 있었다.

우리는 아이들이 하나의 사건을 입체적으로 다양한 시각에서 바라보길 바랐다. 마찬가지로 혁신적인 위인으로만 평가되는 콜럼버스라는 인물을 아이들이 비판적인 시각에서 재조명해 보는 것도 의미 있는 활

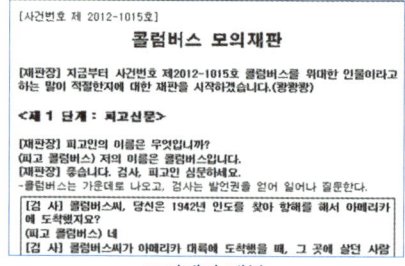

모의재판 대본

아메리카 원주민의 이야기

수업 PPT

240

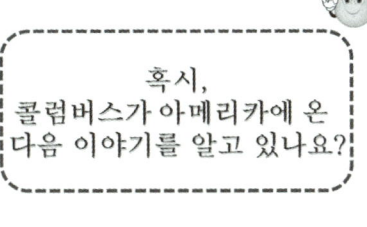

수업 PPT

동이 될 듯했다. 따라서 우리는 '콜럼버스는 위대한 영웅인가? 침략자인가?'라는 주제로 모의재판을 진행하기로 하였다. 기존의 토론과 다른 새로운 토론 방식을 도입함으로써 아이들이 흥미를 느낄 수 있을 것이란 판단에서였다.

모의재판에서는 아이들이 각각 콜럼버스 측(콜럼버스, 이사벨라 여왕, 과학자, 신부, 변호사)과 인디언 측(원주민, 양심 고백 백인, 노예 상인, 검사)으로 나누어 토론한 뒤, 최종적으로 배심원들이 콜럼버스의 형량을 결정하였다. 다만 아메리카 원주민의 가슴 아픈 이야기를 바탕으로 수업을 한 직후라서, 아이들이 검사 측에 동화될 가능성이 높다고 판단했기 때문에 변호사 측과 검사 측에 읽기 자료를 나누어 주었다. 또, 혹시나 배심원이 재판 과정에 소극적으로 참여할 것을 염려하여 배심원을 맡은 아이들이 형량과 함께 어떤 근거로 그러한 사법적 판단을 내렸는지 글쓰기를 하도록 하였다.

우리의 예측대로 콜럼버스는 '유죄' 선고를 받았을까? 놀랍게도 결과는 그렇지 못했다. 콜럼버스가 '무죄' 선고를 받은 반도 있었다. 이쯤에서 아이들의 날카로운(!) 근거를 한번 살펴보도록 하자.

역할을 나누어 모의재판을 해 보고 좋았던 점은, 자신들의 역할이 주어지는 만큼, 아이들이 자신의 역할에 따른 책임감을 갖고 열의 있게 활동에 참여하였다는 것이다. 우리는 아이들에게 어렵지는 않을까 걱정했는데, 다행히도 대부분의 반에서 매우 반응이 좋았다.

"역할을 나누어 모의재판을 하는 게 가장 인상 깊었어요."

"위인으로만 알았던 콜럼버스를 심판한다는 게 재미있었어요."

"일반적인 토론보다 재미있었어요."

> • 콜럼버스에게 유죄 선고를 내린 아이들의 근거
> 1. 콜럼버스는 부를 위해서 많은 원주민 학살을 저질렀다.
> 2. '콜럼버스의 교환'으로 알 수 있듯이, 그는 원주민에게 질병과 관련한 바이러스
>   를 옮겼다.
> 3. 그는 원주민들을 데려와 노예로 부림으로써 원주민의 인권을 무시했다.

> • 콜럼버스에게 무죄 선고를 내린 아이들의 근거
> 1. 콜럼버스는 지구가 둥글다는 것을 직접 항해로 입증하여 당시의 과학에 큰 공헌
>   을 했다.
> 2. 그는 누구도 시도하지 못한 항해를 감행한 용기 있는 모험가였다.
> 3. 미국의 건국과 서양 문명의 발전의 직접적인 계기가 되었다.

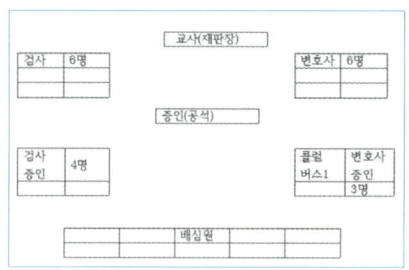

모의재판 자리 배치도

모의재판 모습

(2) 아프리카의 슬픔

자원이 많아서 슬픈 땅, 아프리카. 아프리카는 현재까지도 전쟁, 가
난, 굶주림, 인권 침해 등 우리가 상상할 수조차 없는 비극의 역사를
겪고 있는 땅이다. 아프리카 비극의 역사는 서구 열강의 제국주의와
식민지 정책 때문에 시작되었다. 제국주의를 학습하기 이전에, 아직도
제국주의의 영향 아래서 자유롭지 못한, 비참한 슬픔을 겪고 있는 세

계의 현실을 목격하는 수업이
필요하다고 생각했다. 또한 개
인적으로는 우리가 쾌적한 환경
속에서 공부하며 편안한 생활을
누리고 있는 일상에 아이들이
감사하길 바랐다. 그러면서 동시
에 최소한의 인권조차 보장되지

아프리카 국경선의 비밀을 찾아라

않는 그 땅을 외면하지 않길 바라는 마음에서 이 수업을 계획하게 되
었다.

동기 유발로 아이들에게 아프리카의 지도를 보여 주며 그 특징을 찾
게 했다. 아이들은 비교적 단순하고 반듯한 아프리카 국경선의 특징을
잘 찾아냈다. '각 나라의 국경선이 왜 이렇게 반듯한 걸까?'라는 질문
에 아이들은 "그냥 생각 없이 편한 대로 나눈 것 같아요."라는 대답을
했다. 우리는 아프리카의 지도에 숨겨져 있는 슬픔에 대하여 학습할
것이라고 예고한 뒤 수업을 전개해 나갔다.

첫 번째로는 16세 쿤타의 이야기를 통해 아프리카의 노예무역에 대
한 수업을 했다. 중간에 노예무역을 소재로 다룬 영화 「아미스타드」의
한 장면을 잠깐 보여 주었는데, 아이들은 그 끔찍한 현실에 분노했다.
눈물이 맺힌 아이도 있었고, 눈을 감아 버리는 아이도 있었다. 수업이

16세 '쿤타'의 슬픈 이야기

내 이름은 쿤타야. 나
이는 16살이고,,

어느날 영국사람들의
습격을 받아 부모님
과 동생은 죽고 나만
생포되어 목에 사슬
을 걸고 노예로 팔려
게 되었어.

어쩌다 내 삶이 이렇
게 되버렸을까...

슬픈 쿤타의 이야기

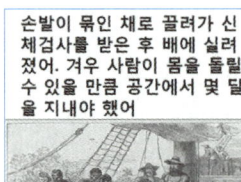
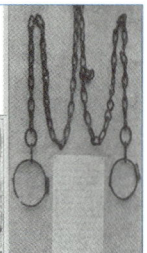
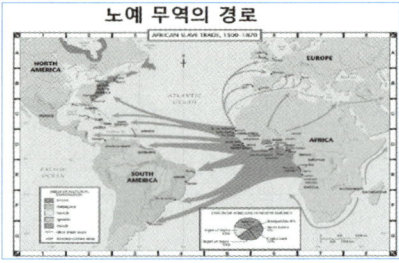

노예 무역의 경로

노예무역의 잔인함

- 노예무역에 대한 아이들의 반응
- 과거에 저지른 잘못이라고 해서 오늘날 용서받을 수 있는 것은 아니다.
- 과거의 잘못이라고는 하나 다른 나라의 희생을 바탕으로 돈을 번 것은 이기적인 행동이므로 마땅히 사과해야 한다.
- 분명한 인권 침해를 저질렀다는 점에서 사과해야 마땅하다.

끝난 뒤, 아이들에게 "200여 년이 지난 지금, 노예무역으로 이득을 본 선진국들은 과거의 일인데도 사과해야 할까?"라는 질문을 던졌다.

아프리카 수업의 두 번째 소주제는 지금도 아프리카 곳곳에서 일어나고 있는 자원 전쟁에 관한 것이었다. 아프리카에는 콜탄, 다이아몬드를 비롯한 값비싼 지하자원이 많이 매장되어 있고, 이 때문에 자원 매장 지역의 지배를 두고 내전이 벌어지고 있다. PPT와 지식채널e 등의 영상 자료를 통해 수업을 전개했고, 이 과정에서 아이들과 비슷한 나이 또래의 아이들이 학교 대신 전쟁터에 나가야 하는 현실에 대해 언급했다.

아이들과 함께 수업의 첫 부분에서 언급했던 아프리카 지도를 직접 따라 그려 보도록 했다. 아이들은 아프리카의 지도를 따라 그려 보며, 그 이면에 숨겨진 의도를 잘 추리해 냈다. "그래요. 여러분이 생각한 대로 아프리카를 식민 지배하는 과정에서 아무렇게나 땅을 나누었어요. 이 결과로 어떤 일이 벌어졌을까요?"라는 질문을 던졌다. 너무 두서없는 질문을 던진 까닭일까? 아이들은 대답이 없었다. PPT의 다음 장을

아프리카의
자원지도

탄전,석유,금,다이아몬드,철
광석 등 지하자원은 물론
야생동물, 해양자원 등

아프리카 자원 지도

• 자원 전쟁에 대한 아이들의 반응

- 무조건 많이 가진 게 좋은 거라고 생
  각했는데, 아닐 수도 있구나.
- 수업 중간에 「블러드 다이아몬드」 예
  고편을 봤는데, 실제로 보고 싶다.
- 아름답다고만 생각했던 다이아몬드
  로 인해 전쟁이 벌어지고 있다니 놀
  랍다.

보여 주니, 아이들은 나름대로 그 결과를 잘 예측해 냈다.

지금까지도 수많은 아프리카 내전의 원인이 되는 아프리카의 국경선. 수업의 마지막 단계에서는 아이들과 함께 『서로를 향한 총부리』라는 책을 읽으며 초등학생이 연필 대신 총을 잡아야 하는 아프리카의 현실에 대해 알게 되었다. 진한 공감의 힘이 있기 때문에 사람이 동물과 다른 것일까. 수업이 끝나고, 아이들뿐만 아니라 나에게도 어떤 마음의 빚이 생긴 것 같은 기분이 들었다.

(3) 땅따먹기 전쟁

선생님들은 '전쟁과 평화' 수업을 계획할 때, 머릿속에 쏙 들어오는 제목을 짓기 위해 고심했다(물론 직접적으로 주제를 드러내는 제목도 있지만). 우리는 아이들도 익숙한 땅따먹기 놀이가 제국주의의 뜻을 가장 잘 드러낸다고 생각하여 '땅따먹기 전쟁'이라고 이름 붙였다. 또한 아이들에게는 생소한 느낌으로 다가오는, 제국주의 수업을 계획할 때 우리 선생님들의 가장 큰 고민은 바로 "어떻게 하면 아이들이 제국주의와 식민지를 쉽게 이해할 수 있을까?"였다. 기존의 계획대로라면 전쟁과 평화 프로젝트는 체험 활동이 너무 부족하다는 한계가 있었다. 아이들이 좋아하는 놀이와 접목시켜야 한다는 생각에 모두 동의했고,

245

제국주의 런닝맨 체험

TV 프로그램에도 나오는 '런닝맨' 체험을 하기로 했다. 놀이 자체보다 더 중요한 건 규칙이었다.

규칙을 계속 고민한 끝에 영국, 프랑스, 독일의 3개국으로 서구 열강을 대표하기로 하고, 3개국의 지배를 받았던 식민지 국가는 같은 색과 기호로 표시하기로 했다.

아이들은 3개국과 식민지국으로 나뉘어 등에 해당국의 표시가 인쇄된 종이를 붙이고 쫓고 쫓기는 놀이를 하게 된다. 당연히 쫓는 쪽은 열강국, 쫓기는 쪽은 식민지국이다. 열강국은 자신의 식민지를 붙잡아 등 뒤의 종이를 떼어 내야 하는데, 이때 현실이 놀이에 반영되어 아이들이 불평등함을 느낄 수 있도록, 식민지국의 아이들은 한 발로만 뛰어야 한다는 규칙을 추가했다(공정한 룰을 가진 '경쟁'이 아니라는 의미다). 마지막으로, 식민지국의 아이들은 열강에게 잡히면 해당 국가를 찬양하는 문장을 50번 써야 한다(예를 들면, 알제리 표시를 단 아이가 잡혔을 경우, "프랑스 만세"를 50번 쓰기).

런닝맨 게임으로 아이들은 제국주의를 재미있게 학습한 것 같았다. 물론 식민지국의 아이들은 벌칙을 수행하면서 입이 삐죽 나와 있기도 했다. 아이들에게 런닝맨 체험으로 느낀 제국주의는 어땠는지 질문을 던졌다.

• 제국주의 런닝맨 체험에 대한 아이들의 반응
- 한 발로 뛰어야 하니까 잡힐 수밖에 없는 게임이라서 불공평했다.
- 잡혀서 '독일 만세'라고 50번 써야 할 때는 힘들고 짜증 났다. 식민지 사람들의 기분을 알 수 있을 것 같았다.
- 다음엔 식민지국 대신 독일이나 프랑스의 역할을 맡고 싶다.
- 전쟁과 평화 프로젝트 활동 중 가장 재미있었다.

런닝맨 체험이 끝나고 제국주의와 세계대전 수업을 PPT와 영상 자료로 진행하였다. 아이들에게 세계대전의 구체적 경과를 설명한다는 것은 어려울 수 있다는 판단에 따라, 지나친 설명은 지양하고 제국주의와 세계대전의 인과관계를 설명하는 데 초점을 맞추었다. 또한 다음 수업이 나치의 유대인 탄압에 관한 것이었기 때문에 2차 세계대전과 독일에 대해서도 간략하게 설명해 주었다. 원자폭탄 투하로 끝난 2차 세계대전의 비참한 결과와 각 국의 이익 앞에 무침히 희생당한 전사자들을 보면서 아이들은 많은 생각에 잠기는 듯했다. 마지막으로 전쟁 당시의 학도병이 되어 부모님께 편지를 쓰는 활동을 하면서 제국주의 수업을 마무리하였다.

학도병이 되어 편지 쓰기

(4) 줄무늬 파자마를 입은 안네

전쟁과 평화를 다루면서, 근현대 역사상 가장 대규모의 인종 탄압이라고 할 수 있는 홀로코스트에 관하여 언급하지 않을 수 없었다. '줄무늬 파자마를 입은 안네'라는 독특한 제목은 영화 「줄무늬 파자마를 입은 소년」에서 따온 것이다. 독서 릴레이의 일환으로 읽은 『안네의 일기』를 아이들에게 연상시키려는 의도도 있었다. 유대인 탄압과 관련한 수업을 하기 전에, 우리 반은 『안네의 일기』를 읽은 직후라서 수업 내용을 더 쉽게 이해할 수 있었던 것 같다.

우리는 프로젝트 수업의 일관성을 위해, 영어 선생님의 도움을 받아 영어 전담 시간에는 「인생은 아름다워」, 「줄무늬 파자마를 입은 소년」

등의 영화를 감상하였다.

전쟁과 평화 프로젝트는 분량이 상당히 많고, 또한 수업이 꽤 길어졌으므로 아이들이 영화를 보면서 휴식할 수 있는 시간도 필요하다는 판단에서였다. 그렇다 하더라도, 영화를 감상하면서 자신의 생각을 정리할 수 있도록 항상 영화 감상문 학습지를 작성하도록 했다. 특히 「줄무늬 파자마를 입은 소년」의 경우, 주인공 브루노의 시각으로 내용이 전개되기 때문에, 초등학생들도 쉽게 내용 파악이 가능하다는 장점이 있었다.

아이들은 굳이 나치와 연관 짓기보다는 순수하게 영화에 나온 두 아이를 불쌍히 여기는 마음이 앞섰던 듯하다. 이 영화를 본 아이들의 반응을 소개한다.

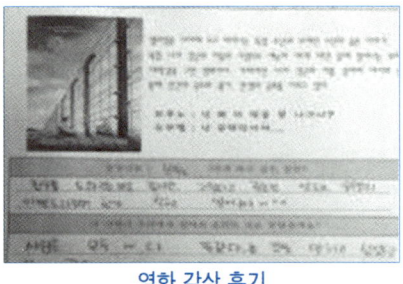

영화 감상 후기

• 영화 「줄무늬 파자마를 입은 소년」에 대한 아이들의 반응
- 브루노가 슈무엘의 아버지를 찾아 주려고 갈아입고 수용소로 들어갔을 때 기특했다.
- 유대인이라는 이유로 희생당한 사람들이 불쌍하다.
- 브루노나 슈무엘과 같은 아무것도 모르는 어린아이들도 희생당했다는 게 비참하다.

나치와 유대인 탄압을 다룬 수업을 하면서 가장 염려했던 부분이자 초점을 두었던 부분은 아무래도 '왜'와 '어떻게'라는 질문에 관련한 것이었다. 아이들이 가장 의문을 가질 만한 근본적인 질문이 무엇일지 고민하면서 그 궁금증을 해소하기 위해 노력했다. '나치는 왜 유대인을 탄압한 것일까?'와 '어떻게 그렇게 많은 사람들이 옳지 못한 일(유대인 탄압)에 동참했을까?'라는 의문. 그것은 교사인 나 또한 선뜻 쉽게 대답하지 못할 질문들이었다. 또한 답을 찾더라도 아이들 수준에서 쉽게 설명할 수 있을지 걱정되었다. 결국 우리는 나치 정권의 선동가인 괴벨스에게서 조금이나마 그 답을 찾을 수 있었다.

이것이 정답이라고 명확하게 이야기할 순 없지만, 지식채널e의 「괴벨스의 입」 편에는 이런 말이 나온다. "독일 국민의 마음을 하나로 모으기 위해서는 공동으로 미워할 대상을 찾는 것이 중요하다." 증오의 대상은 유대인이었다. 영상을 감상한 뒤 유대인을 학살한 목적에 대해 언급하고, 아이들에게 짧게 스쳐 지나간 이 문장을 반복하여 이야기해주자 아이들은 하나같이 '그런 이기적인 목적으로 많은 사람을 학살했다는 것이 어이없고 놀랍다.'라는 반응을 보였다. 두 번째로 아이들에게 언론과 연설 등으로 광범위한 대중을 선동한 사례에 대해서도 이야기하고, '다수의 독일 국민이 어떻게 유대인을 죽이는 데 동의했을지' 질문했다. 아이들은 '다른 사람들도 다 하니까', '나치가 선동하니까'라는 간단한 대답들을 했다. 사실 많은 학자들의 의견이 엇갈리지만, 나는 아이들의 말이 맞다고 생각했다. 아이들과 나는 함께 "모든 사람들이 그렇게 하기 때문에, 어떤 것이 옳고 그른지 스스로 생각하고 판단하지 않았기 때문"이라는 결론을 내렸다.

과거 독일 총리 빌리 브란트의 사죄 사진을 보여 주며 과거에 저지른 과오에 대해 사과하는 독일과 우리나라를 식민지로 삼고 약탈을 감행한 과거에 대해 반성할 줄 모르는 일본의 모습을 아이들과 함께 비

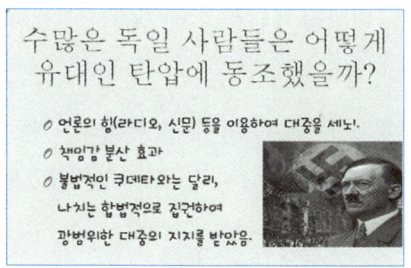

수업 PPT

독일 총리가 사죄하는 사진

교하며 수업을 끝맺었다. 특히 과거사에 대한 잘못을 인정하지 않는 일본을 비판하기 위한 의도로 『뉴욕타임스』에 독일 총리의 사진을 실어 광고로 내보낸 김장훈 씨의 사례를 함께 언급하였다. 그저 분노하는 것에서만 그치지 않고, 광고를 싣거나 일본 정부에 사과를 정식으로 요구하는 등 해결책에 대하여도 아이들과 논의하였다.

다른 수업보다 활동이 적기 때문에 유대인 탄압과 큰 연관성은 없지만, 수업 중간에 평화의 메시지를 그림으로 담는 평화의 책갈피 만들기 활동을 하였다. 아이들은 소중한 사람에게 선물할 책갈피를 열심히 만드는

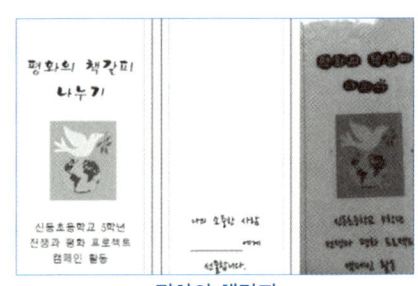
평화의 책갈피

데 집중하였다. 반별로 평화의 책갈피 전시가 끝나고, 코팅하여 직접 선물할 수 있도록 하였다.

(5) 꽃할머니

'꽃할머니'라는 제목은 위안부 할머니를 다룬 권순덕 작가의 동명의 동화에서 따왔다. 전쟁이 도대체 무엇이기에 한 사람의 인생을 이다지도 망가뜨린 것일까? 위안부 할머니와 관련한 문제는 우리 민족의 아픈 역사를 다룬 부분이기 때문에 굉장히 조심스럽게 접근할 수밖에 없었다. 특히 초등학생 아이들에게 일본군이 어떤 만행을 저질렀는지 어디까지 구체적으로 이야기를 해 주어야 할까? 마찬가지로 '위안부'라는 표현과 '성노예'라는 표현 중 어떤 표현을 사용해야 할지도 난감했다. 나는 고민 끝에 '위안부 할머니'라는 명칭을 그대로 사용하기로 했다(성노예라는 직접적인 명칭으로 언급할 자신이 없었기 때문이기

『꽃할머니』   희움 사이트

도 하다).

아이들과 함께 『꽃할머니』 책을 읽으며 수업을 시작했다. 평화 그림 책의 일환으로 만들어진 이 책은, 13살 어린 소녀가 무작정 전쟁터에 끌려가 성노예로 이용당한 기억 때문에 말과 웃음을 잃는 등 평생 아 픔을 겪은 이야기를 다룬 내용이다. 내용 자체가 무겁기 때문에, 아이 들은 웃음기 없이 진지하게 동화책에 집중하였다. 일본군이 밭에서 일 하고 있는 소녀들을 억지로 끌고 갈 때엔, 얼마 전 종영한 드라마 「각 시탈」의 한 장면(트럭에 조선 처녀들을 데리고 잡아가는 장면)을 떠올리 는 아이들이 많았다.

전쟁과 평화 프로젝트 수업을 하면서 느낀 점은, 전에도 언급했듯 이 수업이 단지 '분노'하는 데 그쳐서만은 안 된다는 것이다. 어떻게 하 면 긴장 상태를 완화할 수 있는지 해결책에 관한 대화와 토론이 꼭 필

할머님께 편지 쓰기

요하다. 특히 현재 진행형이라고 할 수 있는 문제들에 관해서는 더욱 그러한 절차가 필요하다고 느꼈다. 지금도 정신대 할머니들께서 그들을 지지하는 분들과 일본 대사관 앞에서 정식 사과와 정신적 피해 보상을 요구하는 시위를 하고 계시기 때문에, 실질적으로 우리가 도움을 드릴 수 있는 일이 무엇이 있을지 고민하지 않을 수 없었다.

우리는 고민 끝에 선생님과 학생 모두가 돈을 모아 정신대 할머니와 연대하는 시민 모임인 '희움' 사이트에서 직접 편지지를 구입하여 위로의 편지를 보내기로 하였다. 희움에서 판매하는 압화 편지지는 정신대 할머니들께서 손수 만드신 압화 작품을 바탕으로 제작했기 때문에 더욱 뜻깊은 의미가 있었다. 편지지가 참 예뻐서일까? 아이들은 평소와 달리 진심을 담아 꾹꾹 눌러 썼다. 오랜만에 본 꾸러기들의 진지한 모습에, 그 예쁜 마음에 깜짝 놀라지 않을 수 없었다. 편지를 다 쓴 뒤, 동봉된 우표를 붙이고 아이들이 직접 우체통에 넣어 보내기로 했다. 편지를 다 쓴 아이들 얼굴에서는 제 손으로 뭔가를 해냈다는 뿌듯한 미소가 번졌다.

- '편지 쓰기'에 대한 아이들의 반응
- 실제로 정신대 할머니들께 도움이 될 수 있어 뿌듯했다.
- 우리랑 비슷한 나이에 아픔을 겪어야 했던 할머니들이 안타깝다.
- 정말 진심을 담아서 정성스럽게 썼다.
- 일본에게 너무 화가 난다. 일본에게 사과를 요구하는 편지도 써 보고 싶다.

(6) 한국전쟁

도덕 수업을 할 때도 항상 우리나라는 세계 유일의 '분단 국가'이고 전쟁이 아직 끝나지 않은 '휴전 국가'임을 강조했지만, '전쟁'의 과정 자체에 초점을 맞추어 수업을 한 적은 없었다. 놀랐던 것은 통일에 대한 요즘 아이들의 부정적인 인식이다. 아이들에게 '우리나라가 통일을 해야 할까?'라는 질문을 던지면 대다수의 아이들이 반대한다. 이유를 물으면 '북한이 우리보다 훨씬 가난한데, 통일을 하면 우리나라까지 가난해질까 봐(경제적 이유)', '천안함이나 연평도 사건을 보면 북한이 우리에게 적대적으로 대하는데 굳이 손을 내밀 필요가 없는 것 같아서(적대적 감정)' 등의 반응이다. 물론 유연한 대응, 물리적 위협에 대한 강경한 대응이 어느 정도 필요한 것도 사실이지만, 북한에 대한 인식이 아이들에게도 결코 좋지 않은데 통일과 관련해서 앞으로 어떻게 수업을 해야 할지 한숨이 나오기도 한다.

그림에도 불구하고 우리 근현대사를 설명하면서 교사가 설명하기 불편하다는 이유로 한국전쟁을 언급하지 않을 수는 없는 노릇이다. 최대한 객관적으로 전쟁의 피해와 평화 통일의 중요성에 대해 수업하기 위해 노력했다. 평화가 전제된 세상 속에서 우리 아이들이 마음껏 꿈을 펼치며 살았으면 좋겠다는 생각을 해 본다.

첫 번째로 한국전쟁과 관련하여 전쟁 당시의 사진과 그림을 보고 한국전쟁이 낳은 피폐한 현실에 대하여 아이들과 함께 알게 되었다. 보따리를 싸들고 아래로 피난 가는 사람들, 폐허가 된 도시를 벌거벗고 돌아다니는 한 어린아이의 모습…… 당시의 카메라가 담은 우리 민족의 모습을 보니 반 전체가 숙연해지는 분위기였다. 한국전쟁의 결과 발생한 수많은 사상자와 이산가족들. 아이들은 예상보다 한국전쟁의 규모

한국에서의 학살

미술 작품 관람

가 크다는 것에 놀라는 것 같았다. 관련된 예술 작품으로는 피카소의 「한국에서의 학살」을 보여 주었다. 아이들은 유명 화가인 피카소가 우리나라의 전쟁을 그렸다는 것에 신기해하면서도 그림의 배경인 신천 학살에 대해 알게 되자 분노하였다.

우리는 전쟁과 평화 주제통합수업 기간 중 도립 미술관의 전시를 구경할 기회가 있었다. '나의 샤갈, 당신의 피카소'전에서 교과서에서만 볼 수 있던 유명 화가들의 그림을 감상할 수 있었다. 물론 전쟁 프로젝트에서 언급했던 「한국에서의 학살」이나 「게르니카」 등의 그림은 없었지만, 회화를 무기라고 인식하며 투철한 사회의식을 보여 준 피카소의 그림을 우리 지역에서 볼 수 있다는 사실은 아이들에게 그 자체로도 뜻깊었을 것이다.

한국전쟁 두 번째 시간. 우리는 아이들과 교육 연극으로 이산가족의 아픔과 분단의 아픔을 체험할 수 있었다. 갈갈이 서준호 선생님의 연수 내용을 참고하여 분단의 아픔을 체험했는데, 아이들이 우리의 현실과 거리가 있다고 생각하는 '이산가족의 아픔'을 몸으로 간접적으로나마 느껴 볼 수 있어 참 좋았다는 평이 대부분이었다.

분단과 관련이 있는 영화들도 한국전쟁을 이해하는 데에 큰 도움을 주었다. 특히 「웰컴투 동막골」이나 「공동경비구역 JSA」 등의 영화는 전쟁과 휴머니즘을 다시 한 번 생각해 보게 하는 힘이 있는 영화이다.

영화 감상지

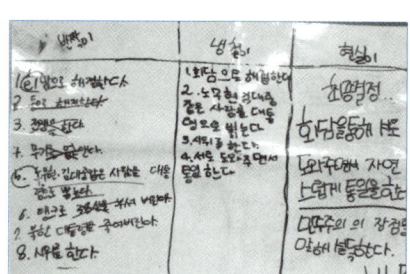

토의 토론

「JSA」는 아이들 수준에서 조금 어려워서 집중하지 못하는 아이들도 더러 있었기 때문에, 중간중간 교사가 설명해 주면서 보았다.

마지막으로 우리는 평화통일의 대안을 마련하기 위해서 생소한 토론 방식을 도입했는데, '디즈니 창의성 토론' 기법이라는 것이다. 우리는 원래의 디즈니 창의성 토론 기법을 살짝 변형하여 초등학생에게 맞는 우리만의 토론 방법으로 변형시켰다. 처음의 반짝이 단계에서는 누구나 자유롭게 브레인스토밍을 하듯 창의적인 생각을 내놓는다. 이 단계에서는 엉뚱한 의견이라고 할지라도 비판을 금지하는 것을 원칙으로 한다. 냉철이 단계에서는 반짝이 단계에서 나온 의견 중 불가능한 것을 제외하는 과정을 거친다. 현실이 단계에서는 반짝이 단계와 냉철이 단계에서 나온 의견을 종합하여, 반짝이 단계의 의견을 현실적으로 실행 가능하도록 수정한다. 3단계의 과정을 통해 아이들은 어떤 문제에 관한 현실적 대안을 수립할 수 있다. 아이들은 평화적인 통일을 이룩하기 위해서 자신의 생각들을 수정하여 '대화와 협력'만큼 좋은 해결책이 없다는 것을 깨달은 듯하다. 다음은 아이들 머릿속에서 나온 놀라운 수준의(!) 반짝이는 대안들이다.

> • 평화적인 통일을 이룩하려면?
> – 남북한이 합작하여 '통일학교'를 지은 후, 통일 인재를 양성한다.
> – 남북한의 어린이들이 오해를 풀기 위해 서로 편지를 주고받는 기관을 만든다.
> – 공동으로 회사를 설립하여 북한에 공장을 짓고 수익금을 나눈다.
> – 날짜를 정해 북한 사람들을 남한으로 초대하는 날을 만든다.

(7) 9·11과 이라크

9·11은 미국이 '테러와의 전쟁'을 선포한 시발점이 되는 사건이다. 하지만 우리는 '테러와의 전쟁'을 선포한 그 이면에 숨겨진 자본과 자원의 논리를 알기가 어려웠다. 9·11이라는 단 한 가지의 사건만을 두

고 단독으로 '테러리스트의 소행'으로 평면적 평가를 하는 것은 문제가 될 수 있다고 생각한다. 무조건 미국을 비판하기 위해서 이러한 수업을 계획한 것은 아니지만, 아랍인의 입장에서도 관점을 뒤집어 9·11을 비롯한 사건들을 평가해 보는 수업이 의미가 있으리라는 생각에 이 주제의 수업을 계획하고 실행하였다.

(8) 예루살렘은 누구 땅일까?

예루살렘을 비롯한 땅의 지배권을 두고, 이스라엘과 팔레스타인의 영토 분쟁은 현재 진행형이다. 성서에 등장하는 유대인들의 약속의 땅, 하지만 그곳엔 이미 다른 민족이 들어와 살고 있었다. 우리는 어느 한쪽의 입장을 견지하기보다는 아이들이 입체적으로 이스라엘-팔레스타인 사건에 대해 파악하고, 주체적인 사고를 하길 바랐다. 그곳이 마땅히 누구의 땅이어야 한다는 생각을 주입하기보다는, 아이들이 스스로 생각하고 판단하여 결정을 내리는 것이 중요할 것 같았다.

먼저 이스라엘-팔레스타인 분쟁과 관련하여 아이들은 아프리카에 이어 지금도 영토 분쟁이 진행 중인 국가가 있다는 것에 놀라움을 표했다. 이곳이 누구의 땅인 것 같으냐고 아이들의 의견을 물어보니, 당장 살고 있던 터전에서 쫓겨난 팔레스타인 편을 든 아이들이 대부분이었지만, 미군의 무기를 대동한 무력 진압이라는 방법은 비록 잘못되었으나 땅의 원래 주인인 이스라엘의 손을 들어주어야 한다는 의견도 있었다. 아이들의 반응을 한번 살펴보자.

• 예루살렘의 주인은 누구인가?
- 원래 땅의 주인은 이스라엘인이다. 주인이 오랫동안 자리를 비운다고 해서 손님이 집을 차지할 순 없다.
- 가자지구를 비롯한 좁은 땅으로 내몰린 팔레스타인인들이 불쌍하다. 오랜 세월

(9) 평화가 절실해요

전쟁에 대해 자세히 알아본 이유는 전쟁의 해
악을 알고 평화의 필요성을 느끼기 위해서였다.
마지막 평화와 관련된 수업이 핵심이라고 할 수
있겠다. 전쟁과 평화가 무엇인지 모둠 문장 만들
기를 해 보았다. 다양한 의견들이 많이 나왔다.
전쟁의 참혹함을 어느 정도 이해하는 것 같았다.

평화의 필요성을 느끼게
해 주는 동화

평화의 필요성을 느낄 수 있는 좋은 책이 있어
아이들과 함께 읽었다. 『고릴라왕과 대포』라는 동화이다. 저학년을 비롯
하여 고학년까지 함께 읽을 수 있는 좋은 동화이다. 이 책을 읽으며 전
쟁과 평화 수업을 마무리하였다. 이후 아이들이 만들게 될 산출물에 대
한 이야기를 나누었다.

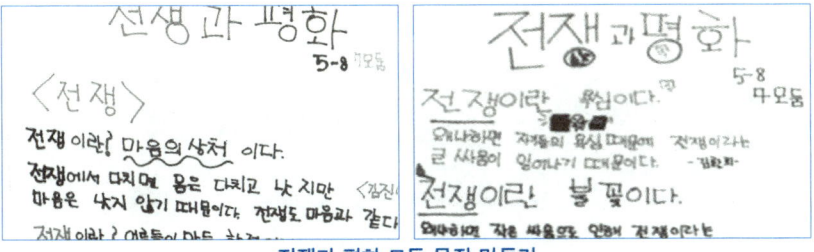

전쟁과 평화 모둠 문장 만들기

3) 통합수업을 마치며

전쟁과 평화 프로젝트는 마지막에 아이들에게 주도권을 주어 스스로 프로젝트 결과물을 만들어 내도록 했다. 영화, 뉴스, 드라마, 뮤직비디오를 비롯한 동영상 만들기, 평화 선언문 만들기, 평화의 마스코트 만들기, 포스터 그리기 등 여러 가지 활동이 주도적으로 이루어졌다.

아이들의 자유로운 활동 결과물을 소개하고자 한다. 아이들이 만든 평화 프로젝트의 마스코트와 평화 선언문이다. 이 마스코트는 평화의 상징인 비둘기와 평화 마크를 이용해서 만든 평심이와 평돌이라고 하는데 한쪽 날개를 펼친 모습이 재미있다. 평화 선언문과 같은 경우는 우리 반의 한 모둠이 반 아이들의 의견을 하나씩 모아 공통된 의견들을 묶고 우리 반이 지켜야 할 선언문으로 작성하였다. '서로 도우며 함께 성장하자'와 같은 항목은 교사인 내가 낸 의견인데 아무래도 아이들에게 받아들여졌나 보다.

이 외에도 다른 반에서 다양한 UCC와 포스터 등이 만들어졌고, 아이들의 창의력이 잘 발휘된 작품들이 많았다. 다양한 프로젝트를 거치며 아이들은 이제 동영상 만들기 박사가 된 것 같다. 분명한 것은 기술적인 수준만이 아니라 동영상의 내용도 점점 훌륭해지고 있다는 사실이다. 전쟁의 폐해와 세계정세에 대한 긴장을 담은 드라마, 뉴스 등의

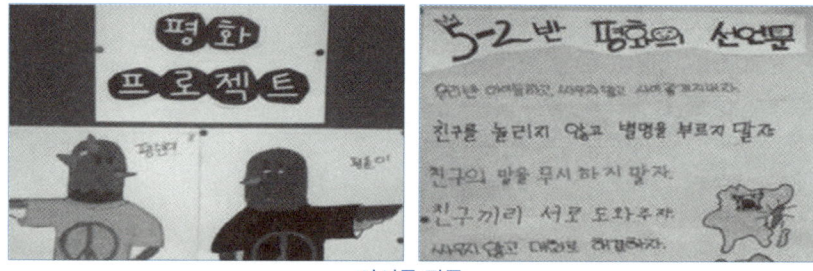

아이들 작품

포스터 작품

UCC(뉴스, 영화 등)

UCC 작품을 보고 감탄을 금치 못했다. '아이들도 많이 시도해 보고, 무넛히고, 그러면서 성장하고 있구나.'라는 마음이 들었다.

열흘이 걸린 상당히 길고 힘들었던 전쟁과 평화 프로젝트. 하지만 힘들었던 만큼 교사도 성장하였다. 새로 알게 된 지식들도 많고 그만큼 가르쳐야 할 것도 많다는 것을 배웠지만, 무엇보다 우리 반 꾸러기들을 세상에 대한 관심과 배려를 간직한 아이들로 성장시키는 데 조금이나마 길잡이가 되었다는 생각에 뿌듯했다. 마지막으로 전쟁과 평화 프로젝트에 관한 우리 5학년 아이들의 의견을 소개해 본다.

- 전쟁과 평화 프로젝트를 하면서 느낀 점은 무엇입니까?
- 약소국의 아픔이나 전쟁의 희생자들 등 몰랐던 것들을 많이 알게 된 것 같다.
- 내용이 너무 많지만, 중간에 미술관 체험이나 런닝맨 체험 등이 있어 기억에 남을 것 같다.
- 관련된 영화를 많이 봐서 좋았다.
- 모의재판 등 새로운 토론들이 재미있었다.
- 전쟁의 역사에 관해 더 자세히 알고 싶다.
- 전쟁과 거리가 멀다고만 생각했는데 생각보다 우리와 멀리 있진 않은 것 같다.
- 식민지의 아픔을 알 수 있었다. 일제 강점기 때 우리 나라 사람들도 겪었을 거라는 생각에 마음이 아프다.
- 위안부 할머니들께 편지를 쓰고 도움이 되어 드릴 수 있어 기억에 남는다.
- 런닝맨 놀이가 너무 재미있었다. 식민지의 아픔을 알 수 있었다.

4) 이렇게 평가했어요

1. 다음 전쟁과 평화에 대한 시를 읽고 물음에 답하세요.

> 전쟁과 평화
>
> 신동초 5학년 아이들
>
> 전쟁이란 함정이다.
> 전쟁에 진정한 승자는 없기 때문이다.
>
> 전쟁이란 블랙홀이다.
> 전쟁의 고통은 끝이 없는 블랙홀과 같기 때문이다.
>
> 평화란 무지개다.
> 여러 색이 모여 있는 무지개처럼 함께 어울려 살 때 아름답기 때문이다.
>
> 평화란 식물이다.
> 식물이 자랄 때처럼 평화를 위해서는 노력과 정성이 필요하기 때문이다.

(1) 위 시에서 인상적인 부분을 찾아 쓰고, 까닭을 써 봅시다.

인상적인 부분

까닭 _____

_____

(2) 위 시와 어울리도록 전쟁과 평화에 대한 시를 지어 봅시다.

전쟁이란 _____ (이)다.

(왜냐하면) _____

평화란 _____ (이)다.

(왜냐하면) _____

3. 지구

1) 통합수업을 시작하며

통합수업을 구상할 때 재구성이 어려웠던 교과는 과학이다. 필수 실험이 많기도 하고 내용 자체도 다른 교과와 섞이지 않는 동떨어진 부분이 많기 때문이다. 다행히도 6학년 1학기 과학은 5학년 과학보다는 다른 교과와 연결될 수 있는 부분이 많았다. 과학 '생태계와 환경' 단원은 사회 '환경을 생각하는 국토 가꾸기'라는 단원과 겹치는 내용이 많아 이를 중심으로 통합수업을 구상하였다.

우리는 아이들에게 분절된 지식이 아니라 지구라는 주제 아래 환경과 계절 등 통합된 지식을 접하게 하였다. 교과서 4개의 단원(과학 '3. 계절의 변화', '4. 생태계와 환경'과 사회 '1. 우리 국토의 모습과 생활', '3. 환경을 생각하는 국토 가꾸기')과 그 외에 아이들이 호기심과 흥미를 가질 수 있는 내용을 포함하여 6개의 주제로 재구성하였다.

이 통합수업은 다른 주제에 비해 어려운 점이 많았다. 관련 있는 교과 내용을 모두 다루려는 욕심에 수업의 규모가 상당히 커졌기 때문이다. 교과서는 교과서대로 가르치고 그 외 내용도 가르치려니 아이들도 힘이 들고 교사들도 힘이 들었다. 〈미스터리 지구〉 외에는 교과서 위주의 내용이어서 활동 중심, 모둠 중심으로 운영되기 어려워 중간에 일부 변경하였다. 〈내일을 위한 지구〉에서 다루려 했던 교과 내용을 〈함께 사는 지구〉와 통합하여 학습 내용을 줄이고, 〈내일을 위한 지구〉는 아이들에게 7개의 주제 미션을 주어 모둠 활동으로 재구성하였다.

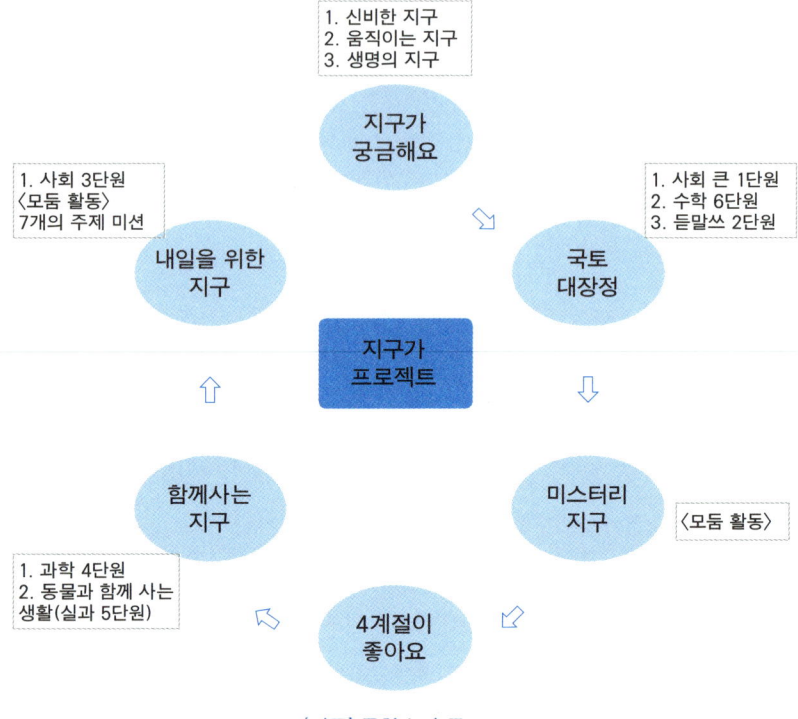

'지구' 통합수업 구조도

2) 통합수업 개요

1. 지구가 궁금해요

동기 유발 → 신비한 지구 → 움직이는 지구 → 생명의 지구 → 1,500만 년 전의 우리나라

⇩

2. 국토 대장정

동기 유발 → 우리 국토의 위치와 영역 → 지형도 만들기(지점토) → 특색 있는 신문 만들기 → 인구분포의 특징 알기

⇩

3. 미스터리 지구

불가사의, 외계인, 미스터리, 수수께끼 등 자유 주제 탐구 후 발표

⇩

4. 4계절이 좋아요

동기 유발 → 기후란 무엇인가? → 태양 고도, 그림자의 길이, 기온의 관련성 파악하기 → 계절에 따른 남중 고도의 변화 → 계절에 따라 기온이 달라지는 이유 → 계절의 변화 → 계절 변화의 원인 → 세계의 기후 알아보기 → 우리나라 기온의 특징 알아보기 → 우리나라 강수의 특징 알아보기 → 우리나라 자연재해

⇩

5. 함께 사는 지구

동기 유발 → 비생물 요소와 생물의 관계 → 생태계란? → 생태계 평형 → 인간과 동물의 관계 → 생물의 환경 적응 → 환경오염이 생물에 미치는 영향 → 물의 여행 → 과학의 날 행사 → 과학 광고지 만들기

⇩

6. 내일을 위한 지구

사회의 '3단원 환경을 생각하는 국토 바꾸기'의 내용 분석하기 → 7가지 주제 만들기 → 모둠별로 주제 나누어 연구하기 → 계획 발표하기 → 계획 수정하기 → 산출물 만들어 발표하기

(1) 지구가 궁금해요

① 동기 유발
- 지식채널e 「1년과 하루」

② 신비한 지구
- 우주에서 본 지구 감상
- 지구 개관, 지구의 탄생
- 산소는 처음부터 있었을까?
- 지구의 나이는?
- 지구는 무엇으로 만들어졌을까?
- 지구의 무게와 둘레, 지구는 거대한 자석: 지구 생명을 지키는 자
  기장, 지구가 잡아당기는 힘: 중력

③ 움직이는 지구
- 지구의 구조
- 지구의 내부: 삶은 계란 잘라 보기
- 대륙이동설: 세계지도 잘라 붙여 보기
- 땅은 왜 움직이는 걸까?, 화산, 지진, 쓰나미 동영상 시청

④ 생명의 지구
- 최초의 생명, 인류의 탄생과 역사
- 지구에는 얼마나 많은 사람들이 살고 있을까?
- 지식채널e 「세상에 100명의 사람들이 있다면?」 시청

⑤ 1,500만 년 전의 우리나라

- 일본과 우리나라는 연결되어 있었고, 동해는 큰 호수였다는 내용
  으로 2번째 주제 국토대장정과 연결

(2) 국토대장정

① 동기 유발 - ○× 퀴즈 풀기

② 우리 국토의 위치와 영역
- 한반도의 위치: 위성, 세계지도를 통해 본 한반도의 위치와 특징
- 한반도의 영역: 반도국가의 특징, 시베리아 횡단 철도, 영토/영해/
  영공

③ 지형도 만들기
- A4 등분 지형도 2개 제시. 왼쪽 지형도를 참고로 오른쪽에 지점토
  로 산맥(녹색), 평야(황색), 물길(청색)을 나타낸다.

④ 특색 있는 신문 만들기
- 듣말쓰 2. 정보와 이해(요약, 정리하기) 연계
- 선행 과제학습: 7개 주제를 나누어 조사해 오기
- 모둠 역할 4명: 조사 1명, 기록 1명, 기사 작성 1명, 꾸미기 1명
- 주제: ①전국 고속도로, ②전국 철도망, ③전국 특산품, ④전국 유
  명 음식, ⑤축구 연고팀, ⑥연예인 출생지, ⑦새 정부 관료
  출신지 등 아이들 의견 반영

⑤ 인구분포의 특징
- 인구분포의 특징을 공부한 후 변형된 자료를 이용한 띠그래프, 원

그래프 그리기
- 인구분포의 특징: 우리나라의 인구 성장과 인구 구성, 인구분포의
  지역적 특성 인구문제
- 백분율, 띠그래프, 원그래프 순으로 학습한 후 학습지 활용

(3) 4계절이 좋아요

① 동기 유발
- 기후 관련 동영상 시청

② 기후란 무엇인가?
- 날씨와 기후의 공통점과 차이점 알기
- 날씨: 짧은 기간, 지역
- 기후: 오랜 기간, 넓은 지역에 지속되는 평균적 기상 현상
- 3대 기후 요소: 기온, 강수량, 바람
- 영상 보기: 기후 관련 뉴스 보기

③ 태양 고도, 그림자의 길이, 기온의 관련성 파악하기
- 하루 동안 태양 고도 측정해 보기: 과학 교과서 94~97쪽, 실험관
  찰 38~39쪽
- 태양 고도, 태양 고도 측정 방법, 남중 고도, 남중과 기온의 관계
  파악

④ 계절에 따른 남중 고도의 변화
- 계절에 따라 달라지는 남중 고도: 과학 교과서 98~101쪽, 실험관찰
  40~41쪽

⑤ 계절에 따라 기온이 달라지는 이유

- 태양에너지의 양 실험: 과학 교과서 103~105쪽
- 모눈종이에 빛 비춰 보기(직각, 비스듬히)
- 여름과 겨울의 차이 이해하기
- 우리나라 낮의 길이와 계절의 관계, 교과서 45쪽, 실험관찰 107쪽

⑥ 계절의 변화

- 계절에 따라 달라지는 것 알아보기: 4계절에 관련 동영상 시청 후 교과서로 계절의 차이 학습
- 같은 계절 찾기 게임하기

⑦ 계절 변화의 원인

- 계절 변화의 원인 알아보기
- 지구의 자전과 공전 동영상
- 지구의 자전축이 기울어진 채 공전하기 때문에 계절이 변한다는 것을 이해하기
- 과학 퍼즐 과학 교과서 51쪽

⑧ 세계의 기후 알아보기

- 위도별 기후 특징 알아보기: 위선, 경선 설명 필요
- 각 기후를 대표하는 나라를 보며 특징 알기: 스케치북에 세계지도 붙이고 함께 해 보기

⑨ 우리나라 기온의 특징 알아보기

- 사회과탐구 13쪽 확인
  • 고위도(앵커리지), 중위도(우리나라), 저위도(싱가포르)별 기후의 특

징 확인
- •우리나라의 기온, 강수량 그래프 그려 보기: 그래프를 그리고 월별 기온의 특징, 강수량의 특징 파악하기
- 지역별 기온의 특징
- •봄꽃 개화 시기가 지역마다 다른 현상 파악: (뉴스 시청 후 사회과탐구 14쪽 확인)
- 사회과탐구 15쪽 과제 확인하면서 남북, 동서 내륙 간 차이 확인

⑩ 우리나라 강수의 특징 알아보기
- 우리나라 월별 강수량의 특징 파악하기
- •4차시에 그린 그래프로 월별 강수량의 특징 파악 후 사회과탐구 16쪽에서 지역별 강수의 특징 파악하기
- •강수량에 따른 지역별 생활 모습 알아보기

⑪ 우리나라 자연재해
- 계절에 따른 자연재해, 자연재해 극복 방법 알아보기
- 기후변화의 심각성 짚어 보기

(4) 함께 사는 지구

① 비생물 요소와 생물의 관계
- 동기 유발: 식물이 자라는 데 필요한 것은?
- 생물의 생활에 영향을 주는 비생물 요소 알아보기: 페트병을 이용하여 화분을 만들고 실험, 일주일간 관찰 결과 확인, 정리하기
- 마무리: 지식채널e 「투발루섬」 시청

② 생태계란?

- 동기 유발: 생물이 살아가는 데 필요한 것 이야기하기
- 생물요소, 비생물 요소 알아보기: 과학 126, 127쪽 그림을 보고 붙임딱지 이용하여 실험관찰 정리하기
- 생산자, 소비자 알아보기: 사람은 무엇을 먹고 사는가? → 양분에 따라 생산자, 소비자, 분해자 나누기
- 생태계에 대한 퀴즈: 다양한 생태계의 모습(과학128, 129쪽) 읽고 확인 문제 풀기

③ 생태계 평형

- 동기 유발: 지식채널e「참 흔했던 새」시청
  • 생태계 평형을 깨트렸을 때의 위험성, 참새가 줄어들었을 때 늘어난 것은?
- 먹이사슬, 먹이그물 알아보기: 각자 생물카드 이용해서 먹고 먹히는 관계 만들어 보기 → 모둠별로 다시 만들어 보기
- 먹이 피라미드 알아보기: 모둠별로 만든 먹이사슬(또는 먹이그물) 보고 가장 많이 필요한 생물과 가장 조금 필요한 생물 생각해 보기, 먹이 피라미드에서 한 단계가 없어졌을 때 상황 생각해 보기
- 마무리: 먹이연쇄송

④ 인간과 동물의 관계

- 얻을 수 있는 것: 영양과 생활용품, 경제적 이익, 기쁨과 마음의 안정 등: 책이나 영화 속에서 동물의 역할 찾아보기
- 인간이 동물이 함께 살아가는 세상 만들기: 연설문 쓰기, 동물을 보호합시다!(듣말쓰-6단원)
- 영화「폼포코 너구리 전쟁」감상하기: 감상 후 로드킬에 대해 이야

기하기
- 내 애완동물을 소개합니다: PPT, 사진, 동영상 등을 이용하여 애
  완동물(먹이, 훈련, 사는 곳 등) 소개

⑤ 생물의 환경 적응
- 카멜레온의 적응 영상 보기
- 생물들의 적응한 사례 살펴보기
- 북극, 남극에서 사는 생물이 적응하면서 살아가는 사례 조사하기

⑥ 환경오염이 생물에 미치는 영향
- 황산용액과 물에서의 배추씨 싹틔우기 실험
- 북금곰 관련 동영상 시청

⑦ 물의 여행-과학의 날 행사
- 전주시 환경사업소 견학: 하수처리장
- 간이 정수기 만들기-과학책 참고
- 우리가 할 수 있는 물 절약 방법 알아보기

⑧ 과학 광고지 만들기
- 생태계 문제 사건 해결하기
- 단원 정리
- 환경보호 광고 살펴보기
- 환경보호 광고 만들어 발표하기

(5) 내일을 위한 지구

① 교과서 내용 분석하기
-사회의 '3단원 환경을 생각하는 국토 바꾸기'의 내용 분석하기

② 7가지 주제 만들기
-사회의 '3단원 환경을 생각하는 국토 바꾸기'의 내용 분석하기
  • 느리게 걸어 볼까? 슬로시티
  • 여기는 비운의 섬, 투발루
  • 미래의 밝은 하늘을 위한 탄소 줄이기
  • 더 건강한 삶을 위한 선택, 슬로푸드
  • 4대강 사업, 얻은 것과 잃은 것은?
  • 바람, 태양, 파도. 자연에서 빌리는 힘, 신재생에너지
  • 굶주리는 나라, 버리는 나라. 음식물 쓰레기

③ 모둠별로 주제 나누어 연구하기
 - 한 모둠당 1개 주제 배당

④ 계획 발표하기
 -다른 반과 공유가 가능하도록 영상물을 만들기로 함
 -다른 모둠과 아이디어 공유하기

⑤ 계획 수정하기
 - 발표 시간에 얻은 아이디어를 수정하여 반영하기

⑥ 산출물 만들어 발표하기
 - 동영상 제작, 편집하기 → 발표하기 → 우수작 선정하기

3) 통합수업 실행 사례

(1) 지구가 궁금해요

동기 유발: 지식채널e 영상 2개 보기	⇨	신비한 지구	⇨	움직이는 지구	⇨	생명의 지구	⇨	1,500만 년 전의 우리나라

지구 통합수업은 교과서 내용이 주가 되었다. 6개의 주제 중 첫 번째 주제인 '지구가 궁금해요'만이 교과 내용과 별도로 구상되었다. 지구에 초점을 맞춰 '신비한 지구', '움직이는 지구', '생명의 지구' 3가지를 공부하였다. 동기 유발로 지식채널e 영상을 보며 지구에 대한 흥미를 유발하였다.

'신비한 지구'에서는 우주에서 본 지구의 아름다운 사진들을 감상하며 시작하였다. 지구의 탄생, 나이, 무게와 둘레, 위도와 경도, 적도, 자기장과 중력 등을 알아보며 지구의 신비함에 대해 공부하였다. 아주 빠르게 돌고 있는 지구에 살면서도 움직임을 느낄 수 없는 것은 중력 때문이다. 중력이 없다면 지구에서 어떤 일이 일어날까 생각해 보는 시간을 가졌다.

'움직이는 지구'에서는 삶은 달걀로 지구의 구조를 개괄적으로 알아보았다. 지각, 맨틀, 핵에 해당하는 달걀 껍데기, 흰자, 노른자를 살펴보고 지구와 달걀의 공통점과 차이점을 찾아보게 했다. 달걀 위에 바다와 대륙을 그려보는 아이도 있었고, 달걀 껍데기가 깨

달걀로 알아보는 지구 활동 모습

원시 지구 상상하기

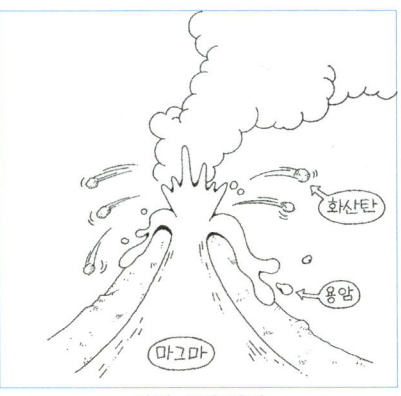

화산 폭발 장면

지자 지진이 일어났다고 말하는 아이도 있었다. 무엇보다 수업이 끝나고 달걀을 먹는 것을 제일 좋아했다. 담임교사는 달걀 30개를 삶아 오는 것이 살짝 힘들기도 했지만 아이들이 행복해하는 모습에 보람을 느꼈다.

세계지도를 잘라 붙여 보며 옛날엔 지구가 한 덩어리였다는 것을 알아보았다. 조금 어렵다고 하는 아이들도 있었지만 대륙이 조금씩 이동하고 있다는 것을 알게 되는 계기가 되었다. 5,000만 년 후에는 남아메리카와 북아메리카도 갈라질 수 있다는 사실에 놀라워했다.

그렇다면 땅은 왜 움직이는 걸까? 자연스레 의문이 생겨났다. 지구의 겉껍질이 여러 조각으로 이루어져 있고 이 조각들이 맨틀 위를 떠다니면서 움직이게 된다는 것을 그림으로 설명해 주었다. 아이들의 수준에는 다소 어려운 판구조론을 다루었기 때문에 최대한 아이들의 눈높이에 맞추어 설명하는 것이 중요했다. 무엇보다 아이들이 좋아하는 부분은 화산과 지진이었다. 화산활동을 공부하며 자연스레 마그마, 용암, 화산탄과 같은 용어를 공부했

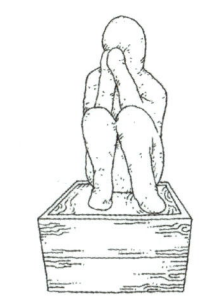

폼페이의 미라

고, 이탈리아 폼페이의 화산 폭발을 예로 들며 그 위력에 대해 알아보았다.

땅이 흔들리거나 갈라지는 지진에 대해 알아보고 지진이 자주 일어나는 곳이 어디인지 지도에서 찾아보았다. 지진이 자주 일어나는 일본의 참혹한 상황을 동영상으로 시청하고, 바다 속의 지진인 쓰나미에 대해서도 알아보았다.

'생명의 지구'에서는 생명의 탄생, 인류의 진화, 인류의 역사, 현재 살고 있는 지구의 인구, 2050년의 지구 인구는 몇 명일까 등을 공부하였다. 지식채널e 「지구가 100명의 마을이라면」을 보며 지구에 살고 있는 생명에 대해 생각해 볼 수 있는 시간을 가졌다. 마지막으로 일본과 우리나라는 연결되어 있었고, 동해는 큰 호수였다는 내용을 두 번째 주제 '국토대장정'으로 자연스레 연결시켰다.

(2) 국토 대장정

'국토대장정'은 사회 1단원 '우리 국토의 모습과 생활'을 중심으로 듣말쓰 2단원 '정보와 이해', 수학 6단원 '비율 그래프'를 통합하여 계획하였다. 우리 국토의 모습과 생활을 중심으로 기본적인 지식을 익히고, 지형의 특성을 찾아보기 위하여 '입체 지형도 만들기' 활동을 하였으며, 지역의 특색을 찾아 정리하는 활동으로 '국어의 정보와 이해(요약, 정리하기)'와 연계하여 '특색 있는 신문 만들기' 활동을 해 보았다. 그리고 우리나라의 인구분포의 특성을 찾아보고 이를 활용하여 수학의 비율 그래프를 그리는 활동으로 마무리하였다.

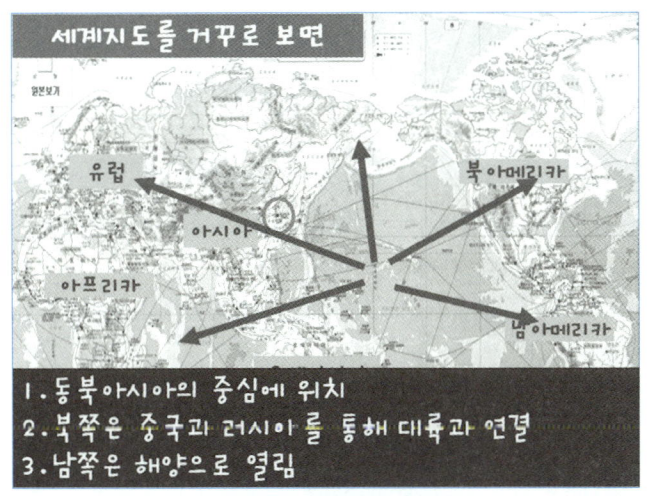

세계지도 거꾸로 보기숍

시작은 사회 1단원의 주요 내용을 ○× 퀴즈로 엮어 아이들의 사전 지식을 확인하였고 주요 개념을 간단히 언급함으로써 아이들의 흥미를 유발하였다.

'우리 국토의 위치와 영역'에서는 '세계지도에서 본 대한민국'의 모습과 '거꾸로 본 대한민국'의 모습을 통하여 대륙과 해양으로 열린 우리나라의 지리적 특징에 대해서 알아보았다. 통일이 된 이후 시베리아 횡단철도를 통해 유럽까지 여행하는 길을 지도에서 찾아보기도 하고, 영토/영해/영공 등의 개념들도 확인하였다. 세계 지도에서 우리나라 위치의 장점을 찾아 모둠별로 정리했다.

'지형도 만들기'는 입체 지형도를 만들면서 우리나라의 지형적 특징을 알아볼 수 있도록 구상하였다. 지형도 밑그림 그 위에 지점토로 산맥과 평야를 입체적으로

지형도 만들기

나타내고, 털실을 이용하여 물길을 표시했다. 이를 통해 전체적인 지형과 동고서저의 특징, 물길의 방향을 직관적으로 알 수 있었다. 각 모둠에서 찾아낸 특징들을 발표하면서 서로 배우고 가르치는 과정으로 마무리하였다.

모둠에서 찾은 우리나라의 지형적 특징이 교과서에서 제시된 부분과 크게 다르지 않았고, 활동을 통한 배움이 아이들의 기억 속에 더 오래 남을 것이라 생각한다.

아이들이 찾아낸 우리나라의 지형적 특징
평야는 서쪽에 많다. 서쪽과 남쪽에는 섬이 많다. 동쪽과 북쪽에 산이 많다. 동쪽이 높고 서쪽이 낮다, 동해안은 해안선이 단조롭고, 서쪽과 남쪽의 해안선은 복잡하다. 서쪽에는 하천이 많다. 하천이 동쪽에서 서쪽으로 흐른다. 삼면이 바다이다. 호랑이처럼 생겼다. 토끼처럼 생겼다.

'특색 있는 신문 만들기'는 듣말쓰 2단원 '정보와 이해'(요약, 정리하기) 부분과 연계하여 진행하였고, 모둠회의를 바탕으로 주제를 선정하였다. 자료를 수집하고 정리하는 과정을 통하여 각 지역의 위치와 특색을 파악할 수 있도록 하였다. 아이들은 스스로 결정한 주제를 즐겁게 조사하였다. 모둠원(4명)의 역할은 조사, 기사 작성, 편집, 꾸미기로 나누었다. 신문 주제는 전국의 특산품, 유명 음식, 관광지, 지역별 산업구조, 아이돌 가수의 출생지, 축구 연고팀, 지역별 축제 지도 등 아이들의 흥미를 갖는 주제들이 많았다. 우리나라의 지역적 특징을 스스로 조사하고 신문을 만들어 보는 활동을 통하여 의미 있는 배움의 과정을 경험했다. 추가로 우리나라의 주요 고속도로와 철도를 직접 그려봄으로써 전국의 교통망을 확인할 수 있는 기회도 가졌다.

'인구분포의 특징'은 수학 6단원 '비율 그래프'와 연계하여 사회적 지식을 수학적으로 표현하였다. 지형과 인구, 산업의 구조가 밀접하게 관

런이 있음을 찾아보았고, 주어진
자료를 통해 띠그래프, 원그래프
를 그려 보았다. 그 후 인구문제
를 해결하기 위한 모둠 토론은
사뭇 진지했고, 다양한 해결책이
제시되기도 하였다.

인구문제 포스터

세계의 인구로 비율 그래프를 그려 봅시다.

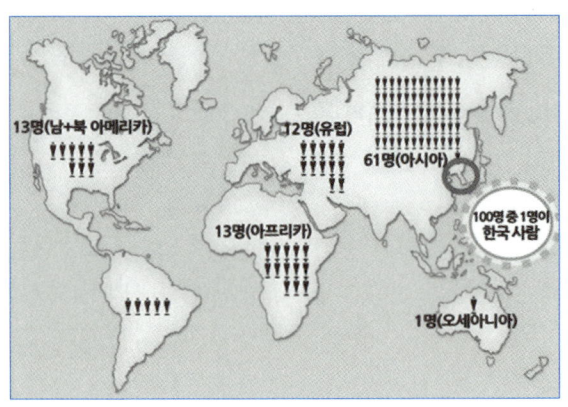

1. 위 그래프를 보고 아래의 표를 완성해 봅시다.

대륙	아메리카	유럽	아프리카	아시아	오세아니아	계
인구						
백분율(%)						

2. 앞에서 구한 백분율을 활용하여 띠그래프를 그려 보세요.

```
0      10     20     30     40     50     60     70     80     90    100(%)
┌──────┬──────┬──────┬──────┬──────┬──────┬──────┬──────┬──────┬──────┐
│      │      │      │      │      │      │      │      │      │      │
└──────┴──────┴──────┴──────┴──────┴──────┴──────┴──────┴──────┴──────┘
```

3. 앞에서 구한 백분율을 활용하여 원그래프를 그려 보세요.

(3) 미스터리 지구

아이들이 좋아하는 주제이기 때문에 모둠별로 주제를 정해 친구들에게 소개하는 방식으로 계획되었다. 아이들이 평소에 갖고 있던 지구에 대한 호기심을 자유롭게 풀어놓을 수 있도록 했다. 주제 선정에서부터 발표까지 아이들 주도로 진행되어 진정한 주제통합수업에 가까웠다. 아이들이 지구에 관해 궁금해했던 내용들을 적어 보면, 7대 불가사의, 씽크홀, 빅뱅, 블랙홀과 화이트홀, 괴생명체, UFO와 외계인, 버뮤다 삼각지대, 천재지변, 지구 멸망 등이다. 블랙홀이나 UFO와 같은 주제는 엄밀히 말해 지구보다는 우주에 더 가까운 주제이지만 폭넓게 허용하였다. 자신들이 흥미를 가지고 있는 주제를 선택했기 때문에 더 열심히 준비하여 친구들에게 자신의 지식을 뽐내는 기회가 되기도 하였다.

미스터리 지구 발표 모습과 프레젠테이션 자료

한 가지 아쉬운 점은 아이들의 발표가 거의 프레젠테이션 자료로만 이루어졌다는 것이다. 완전히 자신의 것으로 소화하지 못한 내용을 그대로 가져와 발표하는 경우도 많았다. 빅뱅이나 블랙홀에 대한 설명은 어른인 나조차 이해하기가 힘들었다. 어떤 모둠은 빅뱅에 대해 조사하기로 하였다가 내용이 어렵다며 중간에 주제를 바꾸기도 했다. 물리나 천문학에 특별한 관심이 없다면 성인도 이해하기 어려운 내용으로 되어 있기 때문에 미리 아이들 수준에 맞는 책을 찾아서 제공했으면 좋았을 거라는 아쉬움이 남는다.

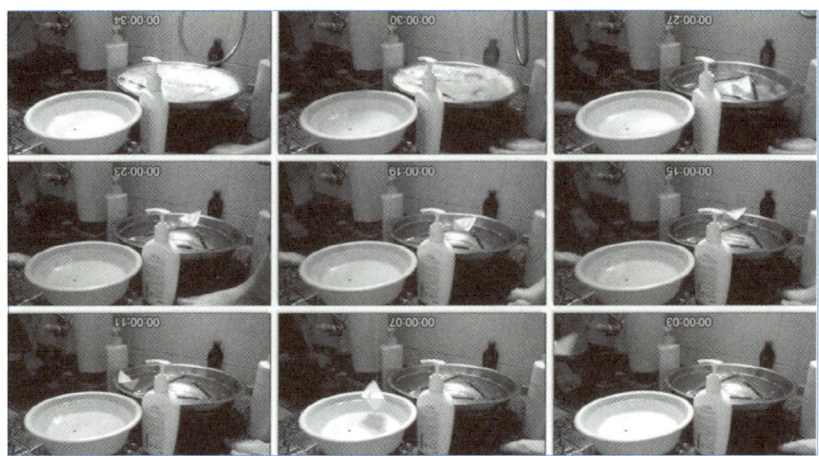

버뮤다 삼각지대의 원리를 실험으로 재현한 동영상

그래도 프레젠테이션에서 벗어나 버뮤다 삼각지대의 모습을 재현하는 실험을 영상으로 촬영하여 설명한 모둠도 있었다. 이와 같이 창의적인 시도가 이루어지도록 격려하는 것도 교사의 역할이라는 반성을 하였다. 아이들이 창의적인 방법으로 발표할 수 있도록 유도하는 방법에 대한 연구가 필요하다.

(4) 4계절이 좋아요

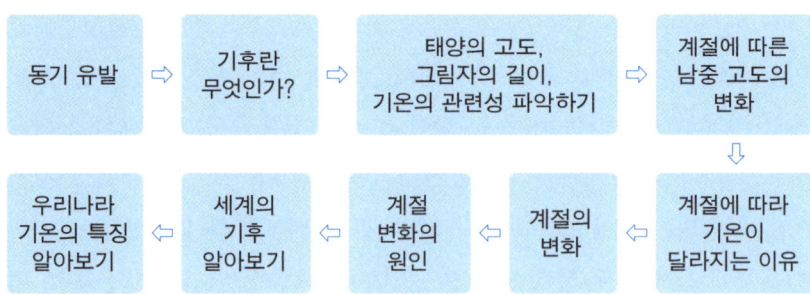

⇩

우리나라
강수의 특징
알아보기 ⇨ 우리나라
자연재해

'4계절이 좋아요'는 사회 1단원 '우리 국토의 모습과 생활' 중 기후와 관련된 부분과 과학 3단원 '계절의 변화'를 엮은 주제이다. 과학적 지식과 지리적 특성을 더해 계절의 변화를 더 쉽게 이해할 수 있도록 구성했다.

먼저 기후에 대해 개괄적으로 살펴본 후 과학 3단원에 나오는 태양의 고도 측정, 남중 고도 변화, 계절과 기온의 관계, 계절의 변화를 공부했다. 그리고 사회과에 나오는 세계의 기후, 우리나라의 기온과 강수, 자연재해를 공부했다.

동기 유발은 남반구와 북반구의 계절이 반대인 것을 알지 못하는 도둑의 이야기였다. 등장인물을 6학년 담임선생님들로 출연시켜 학생들의 흥미를 유발했다.

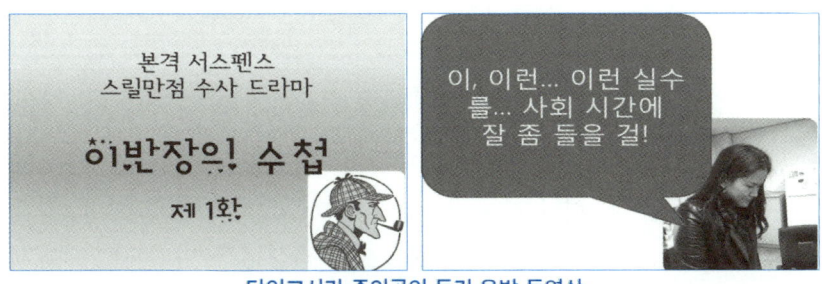

담임교사가 주인공인 동기 유발 동영상

태양의 고도를 알아보는 수업에서는 아이들이 직접 태양의 고도를 측정했다. 아침에 등교하자마자 모둠별로 실험도구를 준비하였고 역할을 나눠 태양의 고도를 측정, 기록하였다. 다음 날에는 학생들이 기록한 결과를 가지고 태양의 고도 수업을 하였다. 직접 관찰·기록한 내용

태양의 고도 측정 실험 모습

으로 진행되는 수업에 흥미를 느끼고 적극적으로 참여했지만 해가 질 때까지 모두 관찰한 것이 아니기 때문에 남중고도의 특성을 제대로 해석하기에는 부족함이 있었다.

이후 진행된 계절별 태양의 고도 차이, 태양에너지의 차이, 계절의 변화에 관련된 내용은 교과서를 중심으로 수업을 진행하였다. 면적에 따른 태양에너지가 다르기 때문에 계절의 기온이 다르다는 내용 등 아이들이 다소 이해하기 어려운 내용은 시간적 여유를 두고 차근차근 알아보았다.

과학 관련 내용이 끝난 후에는 사회 2단원의 계절과 기후를 공부했다. 세계의 기후를 먼저 공부한 뒤 우리나라의 기후에 대해 공부하였다. 과학을 먼저 공부하였기 때문에 계절의 변화, 기후가 다른 이유를 깊이 있게 이해할 수 있었다. 사회와 과학에 나뉘어 있는 기후와 계절에 관한 내용을 하나로 묶어 진행함으로써 이해를 쉽게 할 수 있었다는 장점이 있었다. 하지만 교과서 중심으로 진행되어 내용이 많아지면서 전반적으로 무겁고 지루한 내용의 소주제였다. 이에 내년에는 내용을 정선하여 사회 '우리 국토의 모습과 생활', 과학 '계절의 변화'를 통합하여 공부하기로 했다.

학생들의 활동이 주가 되도록 주제를 재편성하는 방법에는 주말에 태양의 고도를 하루 종일 측정하기, 우리나라 계절에 대해서 직접 포트폴리오 만들기, 장기 통합수업으로 3월부터 태양의 고도를 매월 정해진 날 정해진 시간에 측정하기 등이 있다.

(5) 함께 사는 지구

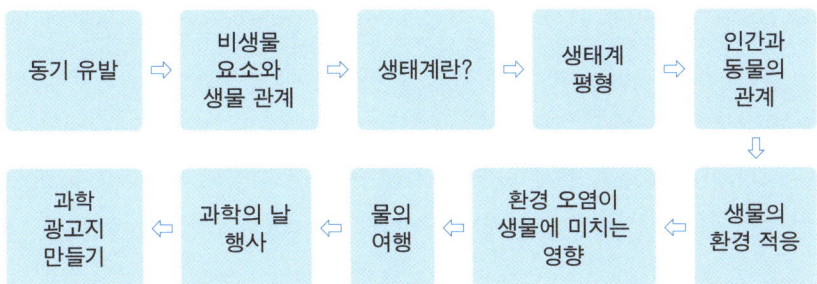

'함께 사는 지구'는 과학 '생태계와 환경'을 중심으로 구성된 주제이다. 이 주제에서 다루어야 할 필수 실험들과 내용은 다른 교과(실과, 든 말쓰)와 연계하였으며, 과학의 달 행사와 연계하여 실시하도록 계획하였다. 또한 책 속에 갇혀 있는 과학 지식이 아니라 우리 생활과 밀접하게 관련된 살아 있는 과학 지식으로 느낄 수 있도록 아이들의 일상생활과 관련지었다. 그리고 체험을 통해 학습할 수 있도록 구성하였다. '인간과 동물의 관계'는 실과와 든말쓰를 통합, 실과 교과 내용(동물에게 얻을 수 있는 것)을 먼저 학습한 후 '인간과 동물이 함께 살아가는 세상 만들기'를 주제로 연설문을 작성하였다.

먼저 비생물 요소와 생물 요소의 관계를 알아보기 위해 콩나물과 페트병을 이용한 실험을 하였다. 준비한 콩나물의 길이가 길어 페트병에 꽂는 것에 어려움이 있었다. 콩나물은 길지 않은 것으로 준비하는

것이 좋겠다. 일주일 뒤 햇빛이 없는 콩나물은 노란색으로, 햇빛이 있는 콩나물은 초록색으로 변했다. 생각보다 많은 아이들이 햇빛이 없는 쪽의 것을 더 잘 자란 콩나물로 인식하였다. 이는 평소 노란색 콩나물을 많이 보

비생물 요소와 생물요소의 관계를 알아보는 콩나물 실험

왔기 때문인 것 같다. 틀린 개념을 바로잡기 위해 아이들에게 콩나물의 잎에 집중하여 관찰하도록 했다. 잎의 크기가 더 크고 줄기가 튼튼한 초록색 콩나물이 노란색 콩나물보다 더 잘 자란 것임을 지도하였다.

지식채널e에는 수업에 사용할 만한 좋은 동영상이 많이 있다. 비생물 요소와 생물 요소의 관계를 알아본 후 「투발루와 기후 난민」을 마무리 자료로 사용하였다. 콩나물 실험 후 식물과 햇빛, 물의 관계에 관한 생각을 이 영상을 통해 인간과 비생물 요소와의 관계로 확장하도록 지도하였다.

생태계 평형수업에서는 「참 흔했던 새」를 동기 유발 자료로 활용하여 생태계의 평형이 깨졌을 때의 위험성을 알아봄으로써 수업의 집중도를 높이도록 유도하였다.

지식채널e-「투발루와 기후 난민」

지식채널e-「참 흔했던 새」

과학 5단원 '생태계와 환경'은 식물을 중심으로 활동하기 때문에 실과 5단원 '동물과 함께하는 생활'을 가져와 동물을 중심으로 생태계를 배우도록 구성해 보았다. '영화 시청 → 디즈니 창의성 전략을 활용한 수업 → 연설문 쓰기'의 단계로 이루어졌다.

영화 「폼포코 너구리 대작전」은 도시개발로 인해 삶의 터전인 숲이 없어지자 너구리들이 힘을 합쳐 이를 막아내는 내용이다. 이를 활용하여 인간이 생태계에 미치는 영향을 생각해 보는 시간을 가졌다.

아이들이 인간과 동물이 함께 살 수 있는 방안을 개별적으로 생각하는 것이 어려울 것 같아 모둠 활동으로 구성하였으며 디즈니 창의성 전략을 활용하였다. 디즈니 창의성 전략은 토의토론 방법 중 하나로 아이들이 이해하기 쉽도록 반짝이 단계(브레인스토밍), 냉철이 단계(비판적으로 보기), 현실이 단계(현실에 맞게 다듬기)로 명칭을 변경하여 수업에서 자주 활용하고 있다. 이 지도안의 학습과정은 『교사 수업에서 나를 만나다』(김태현 지음)에 실린 수업 틀을 활용하였다. '마음 열기 → 생각 쌓기 → 생각에 날개 달기 → 삶에 접속하기'를 거치며 아이들의 삶과 연관된 배움이 일어나도록 구성하였다.

　　위 수업 후 '인간과 동물이 함께 살아가는 세상 만들기'를 주제로 연설문을 쓰고 마무리하였다.

　　과학의 달 행사는 함께 사는 지구와 연계하여 실시하였다. 과학의 달 행사가 교과와 연계 없이 과학 상상 그리기 등으로 이루어지는 것이 안타까워 지구 통합수업을 구성할 때 과학의 달 행사를 미리 계획하여 실시하였다. 학교에서 가깝지만 평소 알지 못했던 전주시 환경사업소를 방문해 하수가 정화되는 과정을 눈으로 둘러보고 왔다. 아이들은 냄새가 난다며 싫어하기도 했지만 우리 동네 근처에 이런 곳이 있다는 것에 신기해했다. 오전에 견학을 마치고 학교로 돌아와 오후에는 간이 정수기를 만들어 보았다. 물이 깨끗해지는 데 복잡한 과정이 필

환경사업소 견학

요함을 아이들이 몸소 깨닫는 시간이었다.

정리 활동으로는 과학 광고지 만들기를 했다.

과학 광고지

(6) 내일을 위한 지구

'내일을 위한 지구'는 사회 1, 3단원, 과학 3, 4단원을 주축으로 수학, 국어 등이 포함된 대규모 통합수업이었다. 분절된 교과를 연결하여 배우는 장점이 있지만, 학교 행사 등으로 계획된 기간이 길어짐에 따라 힘들어하는 아이들을 종종 볼 수 있었다. 또, 사회 3단원 '환경을 생각하는 국토 바꾸기'의 경우 환경 보전에 대한 내용으로 매 학년에서 반복적으로 다루어진 내용이라 오히려 집중도가 떨어질 거라 예상되었다. 그래서 이 주제는 교과서를 펴지 않고 아이들 스스로 주제를 공부하고 산출물을 만드는 방식으로 진행하였다. 단, 주제를 아이들이 정했던 미스터리 지구와 달리 교사가 교과서에서 다루어지는 내용을 큰 주제로 나누어 발표 주제를 정해 주었다.

발표 주제는 ① 느리게 걸어 볼까? 슬로시티, ② 여기는 비운의 섬, 투발루, ③ 미래의 밝은 하늘을 위한 탄소 줄이기, ④ 더 건강한 삶을 위한 선택, 슬로푸드, ⑤ 4대강 사업, 얻은 것과 잃은 것은?, ⑥ 바람, 태양, 파도. 자연에서 빌리는 힘, 신재생에너지, ⑦ 굶주리는 나라, 버리는 나라, 음식물 쓰레기의 7개로 나누었다. 대부분의 주제는 환경 관련 내용 중 6학년에 새롭게 등장하는 내용으로 선정하였다. 음식물 쓰레기 문제는 아이들의 생활과 세계를 관련지어 생각하는 계기 마련을 위해서였고, 4대강 사업은 시사성을 고려하여 계획하였다.

이전의 미스터리 지구가 프레젠테이션 발표로 일관된 것을 보완하고자 다양한 발표물, 그중에서도 영상물로 제작하도록 권유하였다. 그 결과, 영화, 뉴스, 애니메이션, 개사한 음악 영상물 등 다양한 시도가 이루어졌다. 영상물로 제작할 경우, 아이들의 소중한 발표를 보관할 수 있고, 다른 반의 우수작을 공유할 수 있다는 장점이 있다. 하지만, 이렇게 영상으로 제작을 하도록 하려면 미리 ICT 시간을 이용해 간단한 영상을 편집하는 수업을 진행해야 한다. 편집을 어려워하는 경우 편집이 능숙하고 흥미를 느끼는 아이를 조교로 삼는 것도 좋은 방법이었다. 최근엔 휴대폰에 카메라가 장착되어 영상을 만들 때 기계를 따로 빌릴 필요가 없어 이전보다 제작 조건이 좋아졌다. 하지만, 영상을 찍은 후에 휴대폰과 컴퓨터, 편집 프로그램의 호환이 제대로 되지 않는 에러들 때문에 아이들의 사기가 꺾이는 일도 자주 있었다. 어떤 모둠은 휴대폰 영상이 컴퓨터에 옮겨지지 않는 경우도 있었고, 편집 프로그램에서 편집이 끝난 후 동영상으로 저장이 되지 않아 애를 태우기도 했다. 또, 좀 더 질 높은 산출물을 기대하였기에 준비 기간을 충분하게 주었다. 준비 기간이 길어지면 제작이 느슨해질 수 있기에 미리 계획서를 쓰고, 일주일에 한두 번씩 자투리 시간에 진행 상황을 발표하도록 하였다. 진행 상황을 발표하며 다른 모둠의 주제라도 좋은 생각이 있으면 말해 주도록 하여 새로운 아이디어를 추가했다. 이런 방법은 다른 모둠에 관심을 가질 수 있는 기회가 되기도 해서 좋았다.

① 느리게 걸어 볼까? 슬로시티

② 여기는 비운의 섬, 투발루

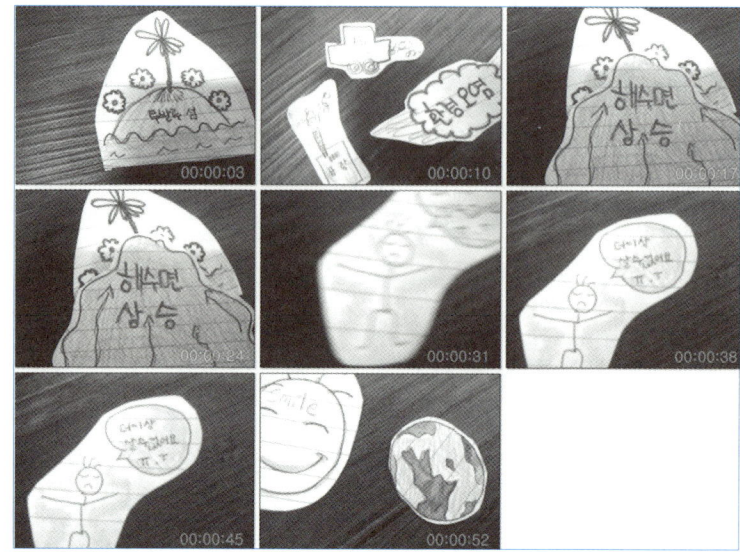

「비운의 섬 투발루」 애니메이션

③ 미래의 밝은 하늘을 위한 탄소 줄이기

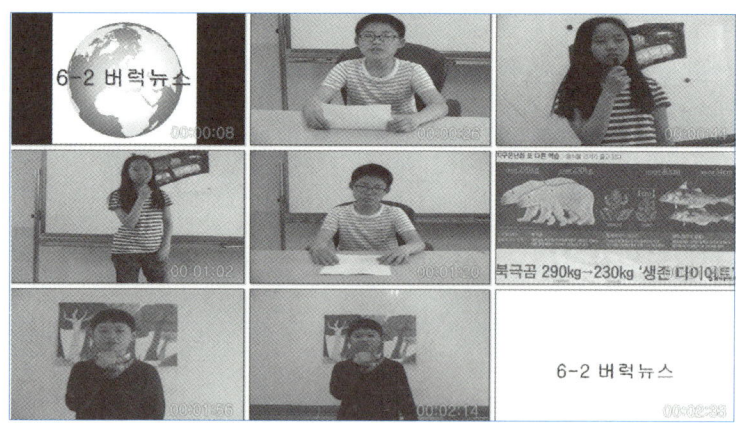

「미래의 밝은 하늘을 위한 탄소 줄이기」 영상

④ 더 건강한 삶을 위한 선택, 슬로푸드

우리나라의 대표적인 슬로푸드인 비빔밥을 만드는 과정을 보여 주면서 슬로푸드를 설명하였다. '살찐 아이'라는 제목의 영화로 햄버거에 중독된 여학생이 슬로푸드를 먹으며 건강해졌다는 내용으로 배우들의 열연이 돋보였다.

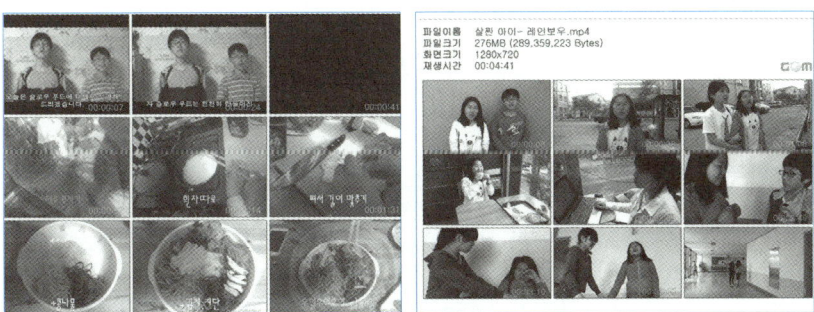
슬로푸드 「비빔밥 만들기」 동영상(왼쪽)과 슬로푸드 「살찐 아이」 영화

⑤ 4대강 사업, 얻은 것과 잃은 것은?

「4대강의 득과 실」 뉴스 작품

⑥ 바람, 태양, 파도. 자연에서 빌리는 힘, 신재생에너지

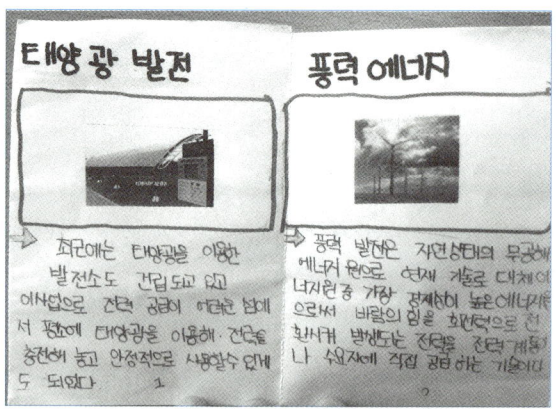

'신재생에너지' 책 만들기

⑦ 굶주리는 나라, 버리는 나라, 음식물 쓰레기

학급 아이들의 급식 실태를 설문지로 검사하여 통계를 내고, 영양사 선생님을 인터뷰하였다. 노래를 개사하여 강대국의 비만과 빈국의 굶는 아이들을 대조하여 식량 불균형을 지적하였다.

'우리 학교 음식물 쓰레기 실태' 인터뷰 동영상

4) 통합수업을 마치며

지구 통합수업을 하면서 우리는 통합수업에 대해 다시 한 번 생각해 보게 되었다. 이번 통합수업은 이전의 것과 다른 방식으로 구성되었다. 이전의 통합수업은 브레인스토밍을 통한 마인드맵 형식으로 주제를 먼저 정하고 그와 관련된 소주제를 연상하고 그리고 그와 관련된 교과 내용을 뽑아내어 구성하였지만, 이번 지구 통합수업은 먼저 교과 내용을 살펴 통합할 수 있는 주제를 묶어 구성하였다. 그래서인지 교과 내용을 너무 많이 다루었고(비슷한 교과 내용을 모두 다루고 싶은 마음에 많은 내용을 포함시켰다), 통합수업이 길어져 교사도 아이들도 힘든 면이 있었다. 두 달 가까이 진행되니 흥미가 떨어지기도 하고, 교과서를 많이 다루니 아이들은 "통합수업 맞아요?"라는 볼멘소리를 하기도 했다. 통합수업의 내용을 너무 욕심내서 많이 넣으면 교과 통합과 활동 중심의 배움을 실천하지 못하고 교과서 진도 나가기에 급급해져 교과서에 그만큼 의존하게 된다는 것을 느꼈다. 지구 통합수업은 우리에게 '통합수업을 구상할 때는 너무 욕심을 부려서는 안 된다.'는 깨달음을 주었다.

지구 통합수업은 주제 중심 학습과는 다소 거리가 있다. 하지만 교사 스스로 교과 내용을 재구성할 수 있는 방법을 제시해 준다는 점에서 의의가 있다고 생각한다. 교사 혼자서 새로운 주제를 가지고 소주제들을 구상하여 구성하는 것은 힘든 작업일 수 있다. 하지만 교과서의 내용을 크게 벗어나지 않는 범위 내에서 교과 간 비슷한 내용을 통합하고 아이들이 직접 활동할 수 있는 주제를 더하는 이러한 방식이라면 교사 혼자서도 어렵지 않게 주제통합수업을 운영할 수 있을 것이다.

5) 이렇게 평가했어요

1. 정아는 삶은 계란을 먹으려다가 시험 삼아 절반으로 잘라 보았습니다. 그러자 얼마 전 과학 시간에 배운 지구의 내부 구조가 떠올랐는데 자세히 기억이 나지 않습니다. 다음 그림 자료를 보고 정아의 고민을 해결해 줍시다.

(1) 계란의 각 부분은 지구의 내부 구조 중 어떤 부분에 해당할까요? 잘 기억나지 않는 정아를 위해 계란 옆에 해당 부분을 써 줍시다.

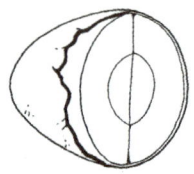 

(2) 지구의 내부구조와 달걀을 비교하여 어떤 공통점과 차이점이 있는지 간략하게 써 보세요.

공통점	차이점

2. 다음은 '내일을 위한 지구 통합수업' 모둠별 발표 주제입니다. 발표 내용을 떠올리며 아래 주제 중 한 가지를 골라 참여를 바라는 글을 써 봅시다.

> 투발루섬, 슬로푸드, 슬로시티, 신재생에너지,
> 4대강 사업, 음식물 쓰레기, 탄소 줄이기 운동

_____

_____

_____

_____

_____

_____

3. 다음은 세계의 인구를 비율로 나타낸 그래프입니다. 물음에 답하여 보시오.

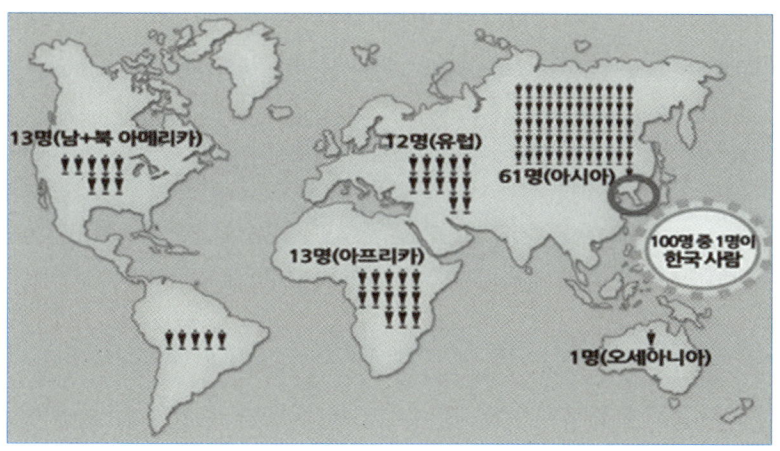

위 그래프를 보고 아래의 표를 완성해 봅시다.

대륙	아메리카	유럽	아프리카	아시아	오세아니아	계
인구						100
백분율(%)						

4. 다음은 섬나라인 신동국의 모습입니다.

(1) 우익이는 요즘 시멘트 사업을 시작하여 시멘트 공장을 세우려고
합니다. 시멘트 공장을 세우기에 적합한 곳에 공장을 그리고 그 이유
를 간단히 설명하세요.

_____

_____

_____

_____

(2) 혜진이는 의류 브랜드를 창업하려고 생각 중입니다. 의류 봉제
공장을 세우기에 적합한 곳에 공장을 그리고 그 이유를 간단히 설명하
세요.

_____

_____

_____

_____

5. 다음 물음에 답하세요.

(1) 1970년대에 다음과 같은 인구 정책 표어를 만든 까닭을 당시의 인구문제와 관련지어 쓰세요.

_____

_____

_____

(2) 2012년에 맞는 인구문제와 관련한 표어를 한 문장으로 만들어봅시다.

_____

4. 나는 시민이다

1) 통합수업을 시작하며

6학년 2학기 사회 1단원은 '우리나라의 민주정치'이고 소단원은 '우리생활과 민주주의', '민주주의를 실현하는 기관', '생활 속의 법', '인권과 인권보호'로 구성되어 있다. 경험에 비추어 보면 정치 관련 내용인 1단원을 어려워하거나 지루해하는 아이들이 많았다. 그래서 좀 더 쉽고 재미있게 가르칠 방법이 없을까 고민하다가 '나는 시민이다' 통합수업을 만들게 되었다.

각 반에 신동공화국을 세우고 대통령, 국무총리, 국회의원 등을 뽑으면서 실제 그 역할을 수행하기로 하였다. 국무총리는 인사청문회를 통해 검증을 받고, 국회의원들은 법을 만들고, 각부 장관들은 국무회의를 하며 자신의 역할을 체험해 보도록 했다. 국가의 전반적인 틀을 이해하는 데 도움이 될 수 있도록 계획하였다. 이를 통해 민주시민으로서의 소양을 기를 수 있을 거라 생각했다. 진정한 시민이란 깨어 있는 의식과 저항정신을 가지고 능동적으로 행동하는 주체이다. 아이들이 이런 시민으로 자랐으면 좋겠다는 생각에서 '나는 시민이다'라는 제목을 붙였다.

"나는 시민이다" 프로젝트

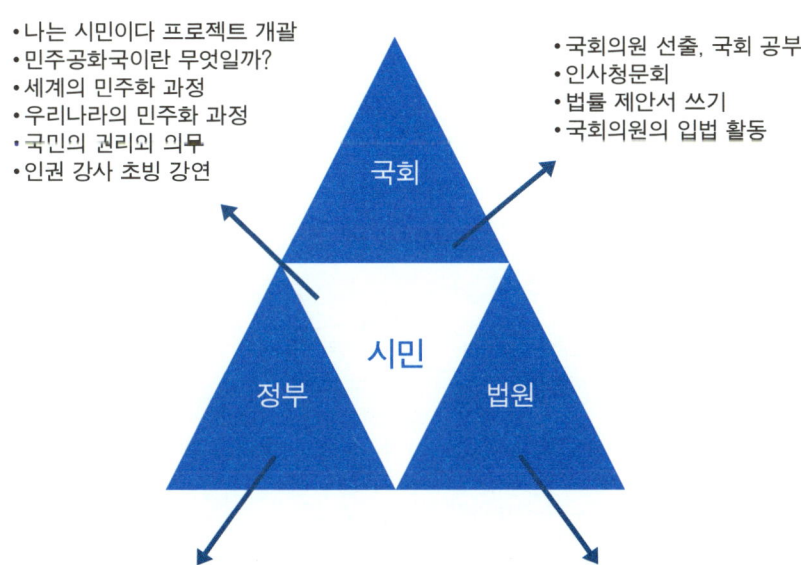

- 나는 시민이다 프로젝트 개괄
- 민주공화국이란 무엇일까?
- 세계의 민주화 과정
- 우리나라의 민주화 과정
- 국민의 권리와 의무
- 인권 강사 초빙 강연

- 국회의원 선출, 국회 공부
- 인사청문회
- 법률 제안서 쓰기
- 국회의원의 입법 활동

국회

시민

정부

법원

- 대통령 선출, 정부 공부
- 정부 부처의 하는 일 설명 및 임명
- 국무회의: 4대강 녹조
- 국무회의: 남북교류 활성화
- 대통령 외교 활동
- 3권분립과 대통령제의 문제점
- 국가인권위 회의

- 대법원장 선출, 법원 공부
- 민사재판: 충간 소음
- 형사재판: 특허권 침해

'나는 시민이다' 수업 구조도

2) 통합수업 개요

(1) 역할 정하기

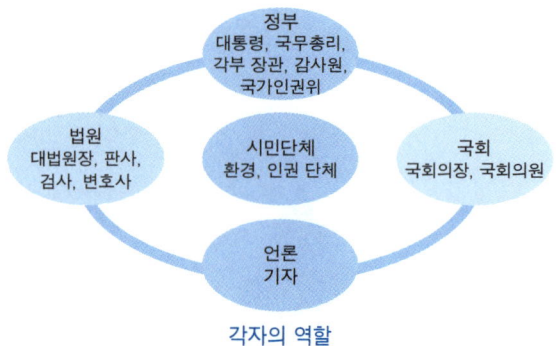

각자의 역할

(2) 수업 개요

학습 주제	타 교과 연계 및 과제 제시
프로젝트 개관	헌법 제1조 외워 오기
민주화 과정(세계):「레미제라블」보기	
민주화 과정(우리나라)	
국민의 권리와 의무	듣말쓰 6단원, 대통령이 하는 일, 출마 준비
대통령 선출, 정부 공부	국회의원이 하는 일, 출마 준비
국회의원 선출, 국회 공부	듣말쓰 6단원, 법원이 하는 일
대법원장, 법원 공부-「너의 목소리가 들려」시청	정부가 하는 일
정부 부처의 하는 일 설명 및 임명	자신이 하는 일
인사청문회(국무총리), 나머지 역할 정하기	자신이 하는 일
법률 제안서 쓰기, 국회의원의 입법 활동, 지역구 국회의원 홈피에 제안 올리기	4대강 녹조 관련 과제
국무회의(4대강 녹조)	읽기 6단원, 층간 소음 관련 과제
민사재판: 층간 소음	듣말쓰 3단원
대통령 외교 활동: 복도 사용 조약 맺기	전북학생인권조례 조사하기
인권 관련 강사 초빙: 평화와 인권 연대	
국가인권위 회의: 학생부 인권 침해 여부	남북 교류 방안 관련 조사 과제
인권, 헌법 관련 강사 초청: 김승환	
국무회의(남북 교류 활성화 방안)	저작권·특허권 과제, 형사재판 과제
형사재판: 저작권·특허권 침해	
3권 분립, 대통령제의 문제점 및 대안	

(3) '나는 시민이다' 개관

시민의 개념 이끌어 내기
⇩
헌법 제1조 제1항 살펴보기
⇩
민주공화국의 개념 알아보기
⇩
'나는 시민이다' 통합수업을 하는 이유 생각해 보기

① 나는 시민이다: 시민의 개념 이끌어 내기
- 프랑스 대혁명, 4·19혁명, 이집트 혁명 사진을 보며 공통점 찾기
- 모두 시민들이 나서서 만들어진 혁명이라는 것에서 시민의 개념 이끌어 내기
- 시민과 국민의 차이점 말해 보기
- '나는 시민이다' 통합수업에 대한 개괄적 이해 돕기

② 시민들이 사는 나라 민주공화국 - 헌법 제1조 제1항
- 「헌법 제1조」 지식채널e 영상 보기
- 다른 나라의 헌법 제1조 제1항 살펴보기: 독일, 미국, 중국, 프랑스, 네덜란드, 핀란드, 쿠바, 팔레스타인, 남아프리카 공화국, 북한, 일본 등
- 우리나라의 헌법 제1조 제1항은?
- 헌법 제1조 제1항과 관련된 노래와 영상 보기

③ 시민들이 사는 나라 민주공화국 - 민주공화국이란?
- '민주', '공화국' 개념 알아보기

- 민주공화국을 만들기 위해 '나는 시민이다' 통합수업을 한다는 사실 공유하기
- 통합수업에 대해 전반적인 이야기 나누기

(4) 세계 민주주의의 역사

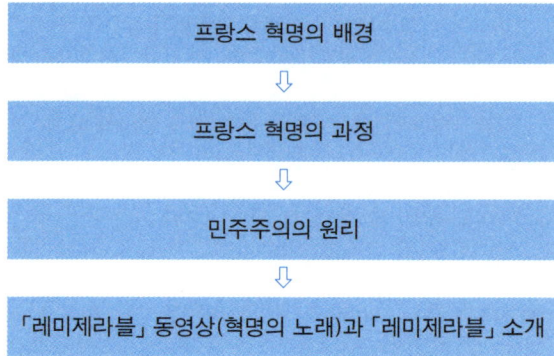

① 프랑스 혁명의 배경
- 신분제와 재정 파탄
- 루이 16세의 3부회의 소집과 국민회의 결성
- 바스티유 감옥 습격, 인권선언(세계 최초 인권선언, 시민사회 형성에 기여)

② 프랑스 혁명의 과정
- 프랑스 혁명은 한 번의 혁명이 아니라 민주주의를 위해 계속 싸워 온 기간 전체를 말하며, 민주주의는 한 번에 달성되는 것이 아니라 계속해서 지켜 나가야 한다.

③ 민주주의의 원리
- 국민주권의 원리, 대의제의 원리, 권력분립의 원리, 입헌주의의

원리

*「레미제라블」영화에는 프랑스 혁명 이전에 빈민의 삶과 프랑스 혁명의 분위기가 잘 나타나 있다.

(5) 우리나라 민주주의의 역사

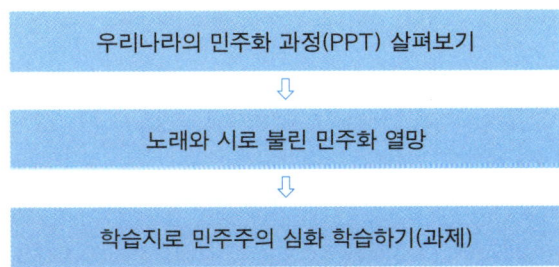

① 우리나라의 민주화 과정 PPT 살펴보기
- 제2차 세계대전 종식부터 현재 대통령까지 우리 역사 두루 살피기
- 민주화의 역사 UCC 감상하기
- 현재 민주주의가 잘 지켜지고 있는지 생각 나누기

② 노래와 시로 불린 민주화 열망
- 김수영 시인의 「풀」 감상하기
- 시에서 풀과 바람이 의미하는 것이 무엇인지 생각 나누기
- 「풀」이 쓰인 역사적 배경에 대해 이야기 나누기
- 「임을 위한 행진곡」 감상하기, 작곡 배경에 대해 공부하기
- 「임을 위한 행진곡」을 둘러싼 논란에 대하여 생각 나누기

③ 학습지로 민주주의 심화 학습하기
- 〈민주주의란 ○○이다.〉 문장 만들기
- 민주주의 4행시 짓기

- 민주화 열사의 생애에 대해 조사하고 배울 점과 느낀 점 생각하기

(6) 국민의 권리와 의무

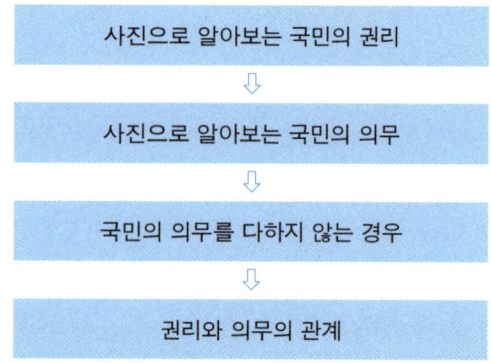

① 사진으로 알아보는 국민의 권리
- 인간으로서 존엄성을 유지할 권리, 행복을 추구할 권리
- 사진으로 알아보는 국민의 기본권
- 자유권: 신체의 자유, 직업 선택의 자유, 종교의 자유, 거주 이전의 자유
- 평등권: 성별, 종교, 사회적 지위에 따라 차별받지 않을 권리
  (그림책: 『사라, 버스를 타다』, 『로자 부인 힘을 내요』)
- 참정권: 정치에 참여할 권리, 참정권 획득의 역사 알아보기
- 청구권: 국민의 권리가 침해당했을 때 국가에 일정한 요구를 할 수 있는 권리
- 사회권: 일할 수 있는 권리, 교육받을 권리, 쾌적한 환경에서 살 수 있는 권리

② 사진으로 알아보는 국민의 의무
- 국방의 의무, 납세의 의무, 근로의 의무, 교육의 의무, 환경 보전의

의무

③ 국민의 의무를 다하지 않는 경우
- 탈세 만연: 현금영수증 발급 기피, 납세의 의무를 다하지 않는 경우
- 병역 비리: 연예인 병역 비리, 병역의 의무를 다하지 않는 경우
- 홈스쿨링의 법적인 기준

④ 권리와 의무의 관계
- 권리와 의무는 동전의 양면과 같다.

(7) 대통령 선거

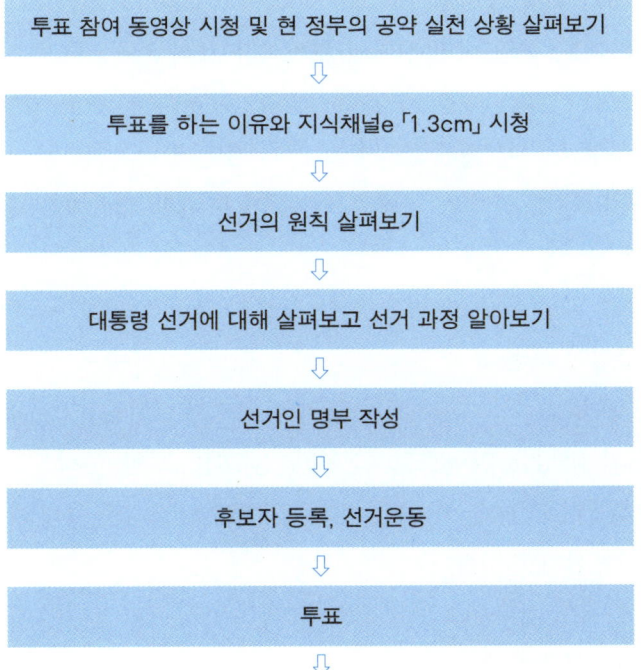

| 투표 참여 동영상 시청 및 현 정부의 공약 실천 상황 살펴보기 |
| ⇩ |
| 투표를 하는 이유와 지식채널e 「1.3cm」 시청 |
| ⇩ |
| 선거의 원칙 살펴보기 |
| ⇩ |
| 대통령 선거에 대해 살펴보고 선거 과정 알아보기 |
| ⇩ |
| 선거인 명부 작성 |
| ⇩ |
| 후보자 등록, 선거운동 |
| ⇩ |
| 투표 |
| ⇩ |

개표 및 당선인 확정, 당선증 발급

① 투표 참여 동영상 시청 및 현 정부의 공약 실천 상황 살펴보기
- 선관위의 「투표 참여」 동영상을 본 후 6개월 지난 지금 현 정부의 공약이었던 무상급식 무상 보육 등 보편복지 정책 실천 상황 살펴보기
- KBS 「이슈&뉴스」 '보육 예산' 충돌…… '보편 복지' 논쟁 재점화

② 투표를 하는 이유와 지식채널e 「1.3cm」 시청
- 투표를 하는 이유를 살펴보고 지식채널e 「1.3cm」 시청을 통해 투표에 참여하는 권리에 대해 생각해 보기

③ 선거의 원칙 살펴보기
- 직접, 보통, 평등, 비밀 선거의 원칙 알아보기

④ 대통령 선거에 대해 살펴보고 선거 과정 알아보기
- 대통령 임기, 선거일, 기탁금, 등 선거에 관란 대략적인 내용 살펴보기
- 선거의 과정: 선거인 명부 작성-후보자 등록-선거운동-투표-개표 및 당선인 확정
- 당선증 발급
- 선거의 과정을 알아보고 〈선거는 ○○이다.〉 한 문장으로 표현해 보기
- 대통령 선거 준비하기

⑤ 신동민주공화국 대통령 선거

- 선거인 명부 작성한 후 후보 등록 신청서 받기
- 선거 벽보를 만들고 선거 운동 하기
- 선거 유세하기/후보자 평가지로 주장과 근거의 적절성 판단하기
  (듣말쓰 6단원 선거 유세하는 글쓰기와 연계)
- 투표 및 개표 후 당선증 발급하기
- 조직도 만들어서 한쪽 벽면에 붙여 나가기

(8) 대통령과 정부

대통령에 대한 OX 퀴즈 풀기
⬇
정부, 대통령, 국무총리, 국무회의에 대해 알아보기
⬇
지식채널e 「눈물의 룰라」와 동영상 시청

① 대통령에 대한 OX 퀴즈 풀기
- 대통령에 관련된 간단한 내용을 OX 퀴즈로 풀어보기

② 정부, 대통령, 국무총리, 국무회의에 대해 알아보기
- 정부의 의미와 정부가 하는 일
- 대통령이 하는 일
- 국무총리가 하는 일
- 국무회의에 대해 살펴보기

③ 지식채널e 「눈물의 룰라」와 동영상 시청
- 「온 국민이 뿔났다」 동영상 보기: 국민을 대하는 역대 대통령들의
  자세에 대해 보고 나서 이야기 나누기

- 「눈물의 룰라」 시청하기
- 우리가 바라는 대통령에 대해 이야기 나누기
- '내가 만약 대통령이라면?' 생각하며 공약 만들어 보기

(9) 국회와 국회의원

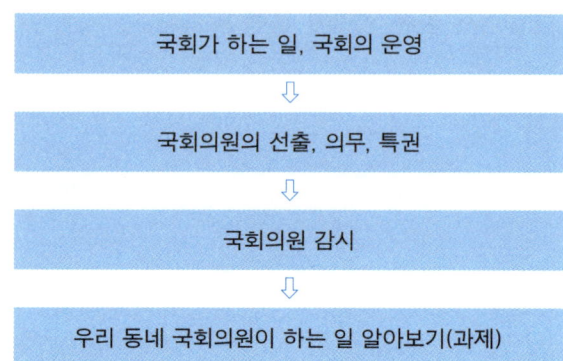

① 국회가 하는 일, 국회의 운영
- 국회가 하는 일
- 삼권분립에서 국회의 중요성을 알아보기

② 국회의원 선출, 의무, 특권
- 국회의원 선출의 과정, 국회의원의 의무와 특권

③ 국회의원 감시는 시민의 몫
- 특권이 많은 국회의원이 권력을 잘못 사용하였을 때 그것을 감시할 수 있는 기관의 필요성을 설명하고 국회의원 감시를 하고 있는 여러 단체 소개하기

④ 우리 동네 국회의원이 하는 일 알아보기

- 우리 동네 국회의원이 누구인지 알아보고 우리 동네를 위해 하는 일은 무엇인지, 국회에서 어떤 역할을 하고 있는지 알아보는 과제를 수행

(10) 법과 법원

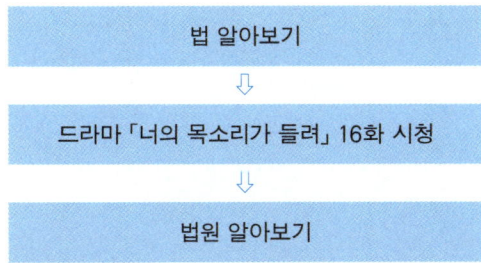

① 법
- 우리 생활 주위에 있는 법 상기하기(교통, 안전, 금융 등)
- 법의 필요성 생각해 보기
- 옛날 법(함무라비 법전, 고조선 8조법)과 대한민국 헌법 읽고 헌법에 대해 알아보기
- '장발장' 이야기와 '할머니와 손녀' 이야기
  이 이야기 속의 판사라면 어떤 판결을 내릴 것인지 생각해 보고, 법은 단지 벌을 주기 위한 것이 아니라 정의롭고 행복한 사회를 만들기 위한 것임을 인식하도록 지도한다.

② 드라마 「너의 목소리가 들려」 16화 시청
- 판사, 검사, 변호사의 역할 찾기
- 국민참여재판 알아보기

③ 법원 알아보기

-법원이 하는 일 알아보기: 구속, 벌금, 협의, 처벌, 이혼, 보상 등

-법원의 종류 알아보기: 헌법재판소, 대법원, 고등법원, 지방법원

-공정한 재판을 위하여: 3심제도

-재판의 종류: 국민참여재판, 민사재판, 형사재판

(11) 정부 조직 및 정부 부처가 하는 일, 인사청문회

행정부 구성 알아보기
⇩
정부 조직하기 및 인사청문회, 기타 역할 정하기
⇩
정부 부처가 하는 일 알아보기

① 행정부 구성 알아보기

-정부 조직도 살펴보기

-대통령 직속 기관과 행정부 17개 부처 살펴보기

② 정부 조직하기 및 인사청문회, 기타 역할 정하기

-동영상으로 인사청문회 절차 알아보기

-대통령의 국무총리 임명 및 국무총리 인사청문회

-대통령의 행정 각 부처 장관 임명

　(교육부, 미래창조과학부, 외교부, 통일부, 고용노동부, 환경부, 안전행
　정부, 기획재정부, 문화체육관광부 9개 부서)

-대통령의 대법원장 임명

-사법부 조직(판사, 검사, 변호사): 지원자가 많을 경우 모의 사법고
　시(헌법 외워서 쓰기)를 통해 선출

-국가인권위원회, 시민단체, 기자 등의 기타 역할 정하기

③ 정부 부처가 하는 일 알아보기

-자신이 맡은 역할 조사해서 PPT로 만들어 발표하기

(12) 어린이 관련 입법 활동, 법률 제안서 쓰기

정책이나 시설물을 바꾸어 낸 초등학생의 이야기
⇩
우리 주변 환경의 문제점과 아쉬운 점 생각해 보기
⇩
법률 제안서 쓰기
⇩
모둠, 학급의 대표 제안서 채택, 지역 국회의원에게 보내기

① 정책이나 시설물을 바꾸게 한 초등학생의 이야기

-서울 당산초등학교 아이들이 만들어 낸 자전거 길 이야기

-서울 수송초등학교 아이들이 만들어 낸 국립중앙박물관의 휴게 시
 설 이야기를 통하여 초등학생들의 노력으로 이룬 실제 사례를 접
 해 본다.

② 제안하고 싶은 법률 생각해 보기

-아이들의 눈에서 바라본 시설물이나 정책, 환경의 문제점과 아쉬
 운 점을 찾아본다.

③ 법률 제안서 쓰기

-생각해 본 문제점과 아쉬운 점을 바탕으로 법안의 이름, 제안 이유,
 주요 내용을 사회탐구 18쪽에 정리한다.

④ 모둠, 학급의 대표 제안서 채택, 지역 국회의원에게 보내기

-4명의 모둠원이 각자의 법률 제안서를 바탕으로 모둠의 법률 선정

-각 모둠의 법률 제안서를 바탕으로 학급의 대표 법률 제안서 선정

-선정된 법률 제안서 검토 후 지역구 국회의원 블로그에 법률 제안
서를 보낸다.

(13) '4대강 녹조' 국무회의, 환경운동연합 초청 강연

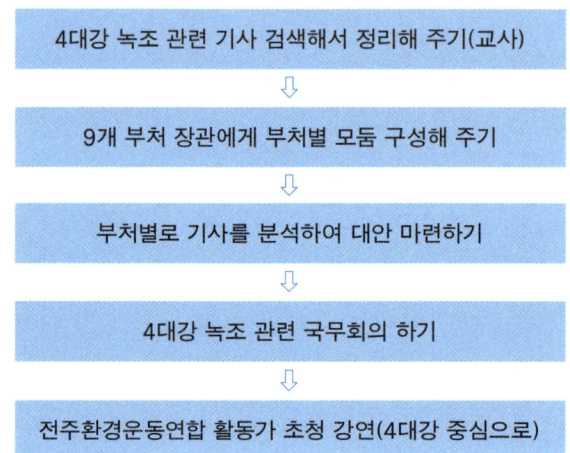

① 4대강 녹조 관련 기사 검색해서 정리해 주기

-교사들이 각 부처 9개중 한 개씩 맡아 기사 검색하여 정리해 주기
　※교육부, 미래창조과학부, 외교부, 통일부, 고용노동부, 환경부, 안
　정행정부, 기획재정부, 문화체육관광부 총 9개

② 9개 부처 장관에게 부처별 모둠 구성해 주기

-국무회의에 필요한 대통령, 국무총리를 제외한 다른 학생들은 임시
　적으로 9개 부처에 나누어 부처별 대안을 함께 고민하도록 하기

③ 부처별로 기사를 분석하여 대안 마련하기
-충분한 시간을 주어 괜찮은 대안이 나올 수 있도록 한다.
-어려운 주제이므로 교사가 각 부처를 돌아다니며 설명해 주고 생각
 을 넓힐 수 있도록 도와주기
-4절지에 기사를 붙이고 대안을 보기 좋게 정리하기

④ 4대강 녹조 관련 국무회의 하기
-대통령이 의장이 되어 국무회의 실시
-4절지에 정리된 결과를 가지고 서로의 의견을 교환하며 회의하기
-시민단체 환경운동연합 역할 맡은 학생도 국무회의 참여시키기

⑤ 전주환경운동연합 활동가 초청 강연
-환경에 대한 관심이 높아지는 계기가 될 수 있으므로 4대강을 중
 심으로 환경 관련 이야기를 전문적으로 해 줄 수 있는 강의를 마
 련한다.
-실제로 시민단체 활동가를 만나 봄으로써 시민단체에 대한 이해를
 높이는 계기가 되도록 한다.

(14) '층간 소음' 민사재판

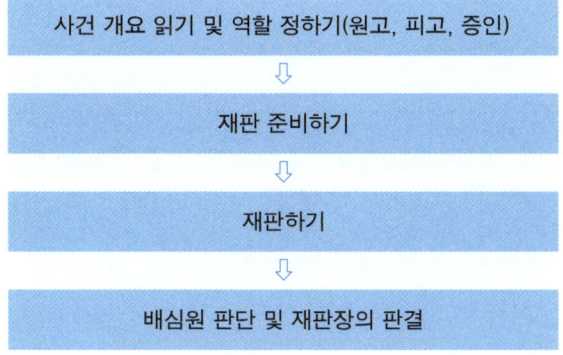

사건 개요 읽기 및 역할 정하기(원고, 피고, 증인)
⇩
재판 준비하기
⇩
재판하기
⇩
배심원 판단 및 재판장의 판결

① 사건 개요 읽기 및 역할 정하기
-사건 개요: 아파트 윗집과 아랫집의 충돌 과정에 대해 기록한 일지
-역할 정하기: 원고, 피고, 원고 측 증인, 피고 측 증인, 배심원
  ※판사, 변호사는 신동공화국 역할에서 정해진 아이에게 맡겨 '나
  는 시민이다' 통합수업이 연결되도록 한다. 또 배심원은 홀수로 하
  여 결론이 나올 수 있도록 한다.

② 재판 준비하기
-원고와 원고 측 증인, 피고와 피고 측 증인이 사건 개요를 보면서
  재판에서 이길 수 있는 전략을 짜고, 증인과 증거를 준비한다.

③ 재판하기
-판사 입장
-개정 선언 및 양측 진술
-신문 및 증인 신청
-양측 최후 변론

④ 배심원 판단 및 재판장의 판결
-배심원단의 판단 알아보기, 판결 선고

(15) 대통령 외교 활동

사전 과제: 복도별 화합을 도모하는 방안 고민하기

⇩

학급 회의: 복도별 화합을 도모하는 방안을 학급 내에서 회의하기

⇩

대통령, 외교부 장관 정상회담
⇩
학급별로 국회 비준하기(통과 못 할 경우 재협상)
⇩
조약 체결 및 실행하기

① 사전 과제: 복도별 화합을 도모하는 방안 고민하기

② 학급 회의: 복도별 화합을 도모하는 방안 나누기
- 학급별로 같은 복도를 사용하는 학급들과 화합을 도모하고 분쟁을 줄일 수 있는 방안, 대책, 전략 등을 논의하기

③ 대통령, 외교부 장관의 외교 활동
- 3학급씩 모여 각 학급의 대통령, 외교부 장관 6명이 외교 활동을 한다.

④ 학급별로 국회 비준하기
- 학급에 돌아와 협상된 조약에 대하여 이야기를 나누고 국회의 비준 얻기
- 동의를 얻지 못할 경우 재협상을 위한 학급 회의를 재개

⑤ 조약 체결 및 실행
- 결정된 조약 체결식 및 실행하기

(16) 인권과 인권 감수성 – 평화와 인권연대 초청 강연

몸 풀기 마음 열기 및 소개하기

⇩

인권 일반 및 인권 감수성

⇩

질의응답 및 인권단체 소개

① 몸 풀기 마음 열기 및 소개하기
- 참가자와 진행자 사이의 라포rapport 형성하기
- 몸 풀기 마음 열기 프로그램

② 인권 일반 및 인권 감수성
- 인권 일반에 대한 이해
- 인권 일반 이해를 위한 참여형 프로그램: '인권이란?' 주제로 모둠 문장 만들기
- PPT로 내용 정리 및 설명

③ 질의응답 및 인권단체 소개
- 인권 관련 질의응답 및 인권단체의 역할에 대한 이해

(17) 국가인권위원회 회의 – 학교 폭력 생활기록부 기재

학교 폭력 생활기록부 기재에 관한 자료 조사

⇩

찬반 토론

① 학교 폭력 생활기록부 기재에 관한 자료 조사

-학교 폭력 생활기록부 기재에 관한 기사 검색하여 홈페이지에 올
 리기
-학급 친구들이 찾은 기사 살펴보기

② 찬반 토론
-학교 폭력 생활기록부 기재에 대한 찬성 발제
-학교 폭력 생활기록부 기재에 대한 반대 발제
-작전 타임
-학교 폭력 생활기록부 기재에 대한 찬성 측 논박
-학교 폭력 생활기록부 기재에 대한 반대 측 논박
-반대 측/찬성 측 정리
 ※서로 감정을 자극하거나 흥분하지 않도록 한다.
 ※교사 참고: http://chamstory.tistory.com/1046

(18) 헌법학자와의 만남

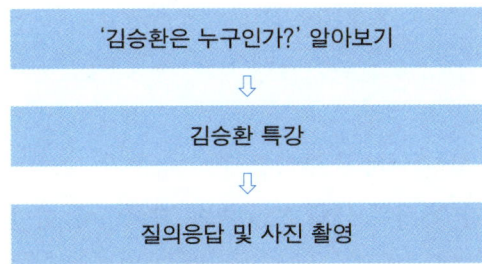

① '김승환은 누구인가?' 알아보기

② 김승환 특강
-자연법칙과 당위법칙(=법)
-모법, 헌법의 의미

- 법체계(헌법-법률-시행령-시행규칙)
- 헌법의 형태: 영국은 불문법, 대한민국은 성문법

③ 질의응답 및 사진 촬영
- 아이들의 질문에 대한 답변
- 학급별 사진 촬영

(19) '남북 교류 활성화' 국무회의

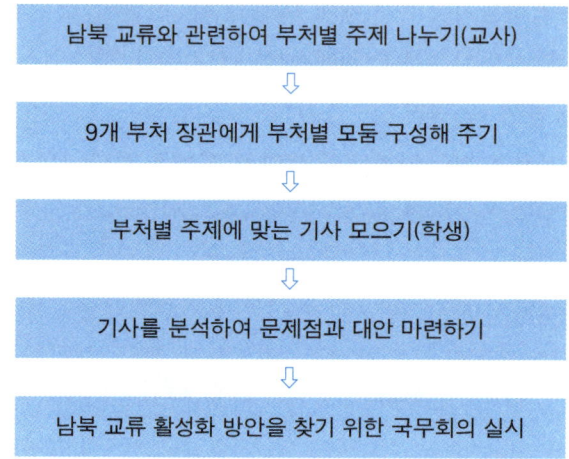

① 남북 교류와 관련하여 부처별 주제 나누기
- 교사들이 각 부서에서 남북 교류와 관련하여 고민해 볼 수 있는 주제를 정해 주기
- 교육부, 미래창조과학부, 외교부, 통일부, 고용노동부, 환경부, 안전행정부, 기획재정부, 문화체육관광부 총 9개

② 9개 부처 장관에게 부처별 모둠 구성해 주기
- 국무회의에 필요한 대통령, 국무총리를 제외한 다른 학생들은 임시

적으로 9개 부처에 나누어 부처별 대안 고민하기

③ 부처별 주제에 맞는 기사 모으기
-인터넷을 검색하여 주제와 관련된 뉴스 조사하기
　※충분한 시간을 주어 가능한 다양한 시각의 뉴스를 수집하도록
　한다.

④ 기사를 분석하여 문제점과 대안 마련하기
-수집한 기사를 자세히 읽어 보고 모르는 내용 조사하기
-부처 모둠원들이 모여 문제점을 분석하고 대안 마련하기
-심도 있는 대화가 이루어지도록 충분한 시간 주기

⑤ 남북 교류 활성화 방안을 찾기 위한 국무회의 실시
-대통령이 의장이 되어 국무회의 하기
-4절지에 정리된 결과를 가지고 서로의 의견을 교환하며 회의하기

(20) 저작권과 특허권 형사재판

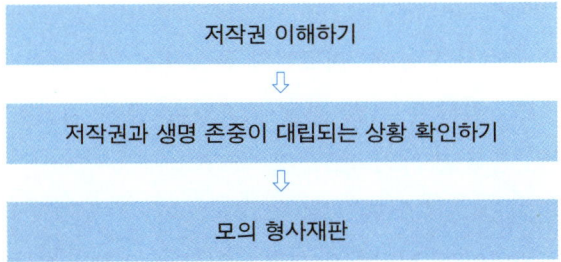

① 저작권 이해하기
-굿 다운로드 홍보 광고로 동기 유발
-저작권의 의미, 중요성, 시점과 지속 기한 알아보기

- 표절, 초상권, 특허권 알아보기

② 저작권과 생명 존중이 대립되는 상황 확인하기
- 저작권과 다른 가치가 충돌될 수 있는 상황 생각해 보기
- 가난과 질병, 내전 등으로 인해 죽어가는 아프리카 사람들의 상황
  파악하기
- 소아마비 백신을 발명한 후 보급한 미국의 의사 영상 시청

③ 모의 형사재판 하기
- 영화 「연가시」 예고편 시청
- 형사재판 상황 파악하기
  ※전염병이 유행하자 한 제약회사가 치료백신을 개발하였다. 그러
  나 높은 가격 탓에 이를 사 먹지 못한 사람들은 죽어간다. 이때 한
  연구원이 백신의 제조기술을 허가 없이 공개했다. 그는 많은 사람
  을 살렸지만 제약회사로부터 특허권 침해사범으로 기소된다.
- 판사, 배심원, 검사 측, 피고인 측 인원 배정하기
- 모의재판 준비하기
- 모의재판 하기
  ※검사의 공소사실 낭독-피고인의 공소사실 인정여부-증거 조사-
  피고인 신문-검사의 의견 진술-변호인의 변론-피고인의 최후 진
  술-배심원 판결-판사의 선고

(21) '나는 시민이다' 정리하기: 3권 분립, 대통령제와 의원내각제

3권 분립의 필요성 알아보기

⇩

대통령제와 의원내각제의 장단점 생각해 보기
⇩
내가 만들어 보는 정치 형태
⇩
'나는 시민이다' 통합수업에 관한 소감 나누기

① 3권 분립의 필요성 알아보기
- 이야기를 통해 3권 분립의 의미와 필요성 이해하기

② 대통령제와 의원내각제의 장단점 알아보기
- 민주주의의 대표적 정치 형태인 대통령제와 의원내각제에 대해 알아보기
- 각 정치 형태의 장단점 생각해 보기

③ 내가 만들어 보는 정치 형태
- 앞에서 알아본 정치 형태를 토대로 하여 내가 원하는 정치 형태를 구상해 보기
- 그렇게 구상한 이유에 대해서 나누기

④ '나는 시민이다' 통합수업에 관한 소감 나누기
- '나는 시민이다' 통합수업을 마무리하며 자신이 맡은 역할 되돌아보기
- 인상 깊었던 경험, 아쉬웠던 점들을 이야기하기

(22) '나는 시민이다' 뉴스 만들기

듣말쓰 3단원 공부하기
⇩
'나는 시민이다' 통합수업에서 뉴스거리 정하기
⇩
뉴스 스토리보드, 기상도 만들기
⇩
뉴스 촬영하기
⇩
발표하기

① 듣말쓰 3단원 공부하기
- 뉴스 만드는 방법 알기

② '나는 시민이다' 통합수업에서 뉴스거리 정하기

③ 뉴스 스토리보드, 기상도 만들기
- 뉴스 스토리보드 만들어 역할 정하기
- 기상도 만들기

④ 뉴스 촬영, 편집하기
- 뉴스 촬영하기
- 기상 캐스터의 날씨 뉴스 삽입
- 편집하기: 자막 넣기, 음악 넣기, 오프닝과 엔딩 넣기

⑤ 뉴스 발표하기
- 모둠별로 뉴스 발표하기

3) 통합수업 실행 사례

(1) '나는 시민이다' 개관

국민과 시민의 차이점을 생각해 보면서 시민이라는 개념을 어렴풋이나마 이해할 수 있는 계기가 되었고, 이 프로젝트를 만들게 된 계기와 앞으로의 실행계획에 대해 이해할 수 있었다.

다른 나라의 헌법 제1조 제1항을 살펴보면서, 각 나라에서 가장 중요하게 생각하는 가치를 알 수 있었다. 특히 독일의 경우, "인간의 존엄은 불가침이다. 존중하고 보호하는 것은 모든 국가권력의 의무이다."라고 되어 있다. 다른 나라와 달리 인간의 존엄이 가장 먼저 강조되고 있다. 그 이유에 대해 생각해 보는 시간을 가졌는데 유대인 학살을 반성하고 앞으로 인간의 존엄을 가장 중요하게 생각하고자 만든 것 같다는

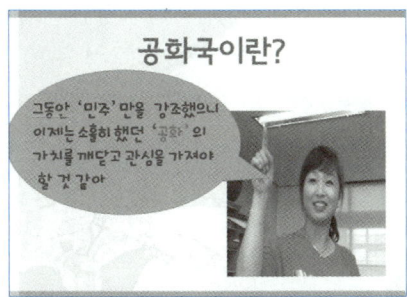
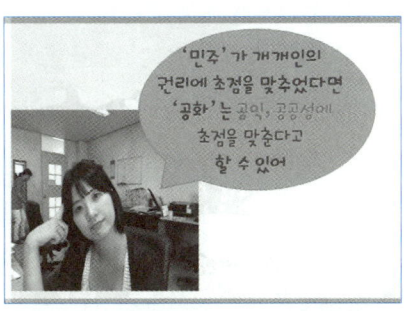

개관 수업 PPT

답변이 나왔다. 남아프리카 공화국의 경우 인종차별을 해서는 안 된다는 것이 강조되어 있는데 이 또한 이 나라의 역사 속에서 쉽게 이해되었다.

우리나라 헌법 제1조 제1항은 "대한민국은 민주공화국이다."이다. '민주'라는 단어는 쉽게 접해 왔고 잘 알고 있으나, '공화국'이 어떤 개념인지 잘 모르고 있었다. '공화국'이 무엇을 의미하는지 아이들에게 쉽게 이해시키고자 교사들이 대화하는 자료를 만들어 보았다.

민주공화국을 만들기 위해 '나는 시민이다' 통합수업을 한다는 것을 공유하고, 전반적인 이야기를 나누어 보았다.

(2) 세계 민주주의의 역사

우리나라의 민주주의는 광복이 되면서 제도적으로 외부에서 주입된 면이 크다. 5학년 사회(역사)에서는 우리나라의 민주화 과정을 다루고 있다. 그러나 민주주의 제도가 전 세계적으로 어떻게 만들어졌는지는 다루고 있지 않다. 우리나라의 민주화가 시민의 끊임없는 투쟁에 의해서 이루어졌고, 지금도 민주화를 위해 시민들이 노력을 하고 있듯이 다른 나라의 민주주의 역시 그러한 노력 끝에 성취된 것이라는 점을 알려주고자 하였다. 민주주의는 완성형이 아니라 시민이 지켜야 하는 과정형의 제도라는 점을 강조하였다. 또 우리 사회를 잘 이해하기 위해 세계의 역사와 정치에 대한 배경지식을 쌓는 것도 필요하다고 생각했다.

프랑스 혁명이 일어나게 된 배경과 삼부회의 소집, 테니스장 시위, 국민의회 결성, 바스티유 감옥 습격의 프랑스 혁명 과정을 살펴보았다. 그리고 그들이 주장했던 인권선언문과 민주주의의 원리를 함께 알아보았다. 프랑스 혁명 과정은 교사들도 고등학교 세계사 시간에 잠깐밖에

세계 민주주의의 역사 수업 PPT

배우지 못해 공부가 필요하였다. 공부를 하면서 아이들에게 너무 어렵게 느껴지지 않도록 내용을 단순화하였다. 보통 프랑스 혁명은 하나의 사건으로 알기 쉬운데 프랑스 혁명기라 할 정도로 긴 기간이었고, 나폴레옹이 나타나면서 다시 제정으로 돌아간 적도 있었다. 프랑스 혁명에 대해 배운 후에 아이들에게 질문을 하였다. "프랑스 혁명 이후에 프랑스 민주주의는 위기 없이 발전해서 지금과 같은 나라가 되었을까요?"라고 묻고 O, X로 자기 생각을 표시해 보라고 하였다. 아이들의 의견을 물어보면서 프랑스 혁명 이후에도 민주주의의 위기가 있었고, 우리 사회 역시 민주주의가 퇴보할 수 있다는 이야기를 해 주었다.

수업이 끝난 뒤 마무리로 「레미제라블」영화를 감상하였다. 「레미제라블」은 빵을 훔친 죄로 감옥에 간 장발장의 이야기다. 이 영화는 프랑스 혁명기를 배경으로 하고 있어 그 시대상을 잘 보여 준다. 영화를 보면서 혁명이 일어날 수밖에 없었던 비참한 하층민의 생활과 이들이 민주주의를 위해 결의하고 대항하는 상황에 대하여 잠깐씩 이야기를 나누었다. 끝부분에 나오는 '혁명의 노래'를 한참 동안 흥얼거릴 정도로 이 영화가 인상이 깊었던 것 같다. 우리 아이들이 정의로운 시민으로 성장하여 우리 사회의 민주주의를 잘 지킬 수 있는 어른으로 성장하길 바라 본다.

(3) 우리나라 민주주의의 역사

얼마 전 한 연예인이 라디오 방송에서 무심코 '민주화'라는 단어를 조롱, 제압의 의미로 사용했다가 네티즌들의 거센 비판으로 곤혹을 치른 적이 있었다. 그 연예인의 잘못을 탓하고자 이 이야기를 인용한 것은 아니다. 다만 한번쯤 생각해 보았으면 좋겠다. 그때 그 일, 그렇게 큰 잘못도 아닌 것 같은데, 왜 많은 이들의 지탄을 받아야만 했을까? 그것은 그녀가 우리나라 역사에 대한 뚜렷한 가치관이 부재했기 때문이다. 정치의식의 부재, 생각하는 능력이 부족한 것. 그것이 큰 문제였다.

많은 이들은 아직 기억하고 있었다. 이 땅의 민주화를 위해 얼마나 많은 이들이 피와 눈물을 흘렸는지를. 그래서 그들은 민주화의 의미가 그런 식으로 오염되는 것을 용납할 수 없었을 것이다.

그럼에도 불구하고, 우리나라의 민주주의는 아직 종결형(-ed)이 아닌 진행형(-ing)이라고 생각한다. 특히 최근 우리나라에 일어나고 있는 여러 논란 등과 그에 대한 국민들의 반응만 보아도 그렇다. 그래서 아직도 우리는 우리들 나름의, 교사만의 방식으로, 민주주의의 이름을 그려 본다.

① 우리나라의 민주화 과정 살펴보기

여러 번의 계기 교육을 통해 아이들은 민주화의 역사에 대해 익히 잘 알고 있었다. 그래서 PPT 자료를 통해 흐름을 익힌다는 느낌으로 수업을 진행하였다. 제2차 세계대전 종식과 함께 쟁취한 대한민국 광복에서부터 현재에 이르기까지 정치사에서 굵직한 사건들 위주로 공부하였다. 특히 우리나라 민주화에 큰 획을 긋는 사건인 4·19혁명, 5·18 민주화운동, 6월 민주항쟁에 대해 아이들과 생각을 나누며 민주화 운동의 중요성에 대해 역설하였다.

우리나라 민주주의의 역사 수업 PPT(인디스쿨 자료 발췌)

② 노래와 시로 불린 민주화 열망

처음엔 독재 정권의 배경 속에서 민주주의를 그리워했던 시 「타는 목마름으로」를 수업자료로 선정했다가 아무래도 민중의 저항 의지를 보여 주는 김수영 시인의 「풀」이 낫지 않을까 싶어 자료를 변경했다. 시를 함께 읽고 '이 시는 어떤 배경(정치적 상황) 속에서 탄생하게 되었을까?' 추측하는 활동을 통해, 당시의 역사적 배경에 대해 한층 더 깊이 이해할 수 있었다.

(4) 국민의 권리와 의무

지난 수업에서 아이들은 영화 「레미제라블」을 시청하고, 우리나라 민주화 과정에 대해 공부했다. 시민들의 피땀 어린 노력으로 우리가 누리게 된 권리는 무엇인지, 그리고 그 권리를 누리기 위해 우리가 지켜야 할 의무는 무엇인지 알아보았다. 교과서에 나온 내용이지만 많은 종류의 권리와 의무를 공부하다 보면 헷갈리고 지루할 수 있어 다양한 사진과 그림을 통해 실제 사례와 연관 지어 보았다.

권리와 의무가 여러 가지 있어 학생들이 헷갈리지 않을까 걱정을 했지만 사진 자료를 활용하니 생각보다 쉽게 의무와 권리를 이해했다. 다만, 청구권, 사회권이라는 용어는 생소하다는 반응이 있었다. 또한 뉴

'국민의 권리와 의무' 수업 PPT

스를 시청하며 실생활에서 의무를 다하지 않은 경우를 보고 올바른 시민의식을 갖고자 다짐하도록 하였다. 유명 연예인이 나오는 뉴스나 현금영수증 등과 같이 주변에서 쉽게 접할 수 있는 소재를 다룬 뉴스를 보며 국민의 의무가 나와 멀리 있는 것이 아님을 느낄 수 있었다.

권리와 의무는 동전의 양면과 같은 관계임을 알고, 의무를 다하지 않으면 권리를 주장할 수 없음을 이야기하며 수업을 마무리하였다.

(5) 대통령 선거

신동민주공화국의 대통령 선거를 하기 앞서 선거의 과정을 살펴보았다. 투표 참여를 통해 행복한 삶을 꿈꾸는 내용을 다룬 2012년 선거관리위원회의 「투표 참여」 동영상을 보았다. 이를 통해 투표의 중요성을 되새겨 보고 투표를 하는 이유를 살펴보았다. 그리고 지식채널e 「1.3cm」 시청을 통해 시민으로서 투표에 참여하는 권리에 대해 다시 생각해 보게 하였다.

직접, 비밀, 평등, 비밀 선거의 원칙을 알아보고 대통령 임기, 선거일, 기탁금 등 선거에 대한 대략적인 내용을 알아본 뒤 선거의 과정을 살펴봤다.

신동민주공화국 대통령 선거를 위해 선거인 명부 작성, 후보자 등록,

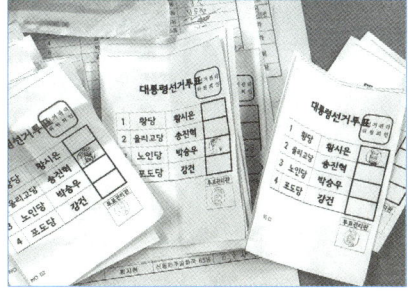

'대통령 선거' 과정

선거운동, 투표, 개표 및 당선인 확정, 당선증 발급에 이르기까지 자세히 안내한 후 자신이 생각하는 〈선거는 ○○이다.〉 한 문장으로 선거를 표현해 보고 선관위에서 대통령 선거를 준비하도록 하였다.

신동민주공화국의 대통령 선거를 위해 학급의 선거인 명부를 작성하고 후보 등록 신청을 받았다. 후보자들은 정당을 구성하고 선거 벽보를 만들고 선거 운동을 하였다. 듣말쓰 6단원 선거 유세하는 글쓰기와 연계하여 선거 유세문을 작성하고 선거 유세를 하였으며 학생들은 유세를 듣고 후보자의 주장과 근거의 적절성을 판단하였다. 직접 투표를 실시하고 개표를 한 뒤 아이들이 뽑은 대통령에게 당선증을 발급하였다. 직접 선거의 과정을 거쳐 민주 시민으로서 의식이 한층 더 성숙되어지길 기대해 본다.

(6) 대통령과 정부

대통령과 정부가 하는 일을 알아보기 위해 대통령에 관련된 간단한 내용을 OX 퀴즈로 풀어보았다. 다음 정부의 의미와 정부가 하는 일을 살펴 본 후 대통령이 하는 일을 알아보았다. 국무총리가 하는 일을 살펴보고 국무회의가 무엇인지 알아보았다. 후속 학습으로 4대강 문제 해결 및 남북 교류 활성화 방안에 대한 국무회의로 연결될 예정이다.

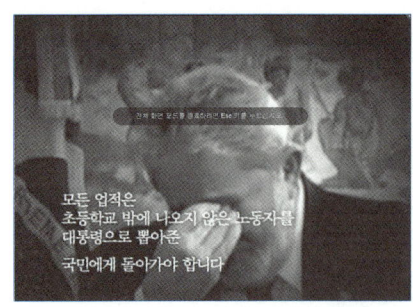

'대통령과 정부' 수업 PPT

국민을 대하는 역대 대통령의 자세에 대해 담은 「온 국민이 뿔났다」라는 동영상을 살펴보았으며 지식채널e 「눈물의 룰라」를 본 후 우리가 바라는 대통령에 대해 이야기를 나누었다. 마무리 활동으로 '내가 만약 대통령이라면?' 어떤 일을 하고 싶은지 간단히 공약을 생각해 보고 대통령이 되어 하고 싶은 일을 발표해 보도록 하였다.

(7) 국회와 국회의원

본격적인 수업에 앞서 국회에 대해 조사하는 학습지를 과제로 제시하였다. 인터넷이나 교과서 등을 이용하여 자유롭게 조사를 해 오도록 하였다.

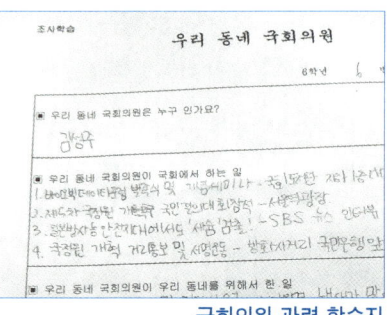

본 수업은 먼저 국가기관으로서 국회에 대해 알아본 후 국회의원에 대해서 자세히 알아보는 순서로 구성하였다. 국회에서 하

국회의원 관련 학습지

는 일을 안내하는 부분에서는 아이들이 이해하기 쉽도록 관련 내용에 뉴스를 링크하였다. 뉴스를 보면서 국회의원이 하는 일을 실감나게 알 수 있었다.

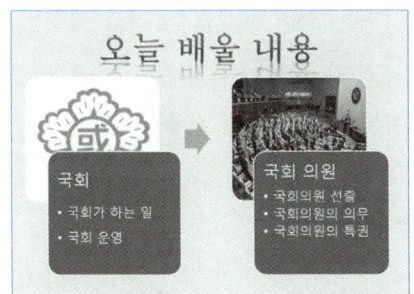

'국회와 국회의원' 수업 PPT

　수업 마지막에는 국회의원 감시 사이트를 보여 주고 실제로 학생들에게 우리 동네 국회의원에 대해 알아보는 과제를 주었다. 과제를 안내할 때 국회사이트와 국회의원 블로그를 참고하도록 자세히 설명했지만 학생들이 집에서 정보를 찾는 데 어려움을 겪었다. 아이들이 쉽게 국회에 대해 알아볼 수 있는 사이트가 없어서 아쉬움이 남았다.

(8) 법과 법원

　행정부(정부), 입법부(국회)를 배운 후 아이들이 배운 것은 사법부(법원)이다. 법원을 배우기 전 아이들이 법이 무엇인지 알아보는 것이 필요할 것 같아 이를 먼저 살펴본 후 법원을 배우는 것으로 수업을 조직하였다. 아이들은 작년 5학년 때 법원 견학을 가서 판사님과의 대화를 했었고 직접 재판을 본 경험이 있지만 법에 대해 어렵게 생각하는 경향이 있어 동화와 드라마(「너의 목소리가 들려」)를 활용하였다.

　'법은 왜 필요할까?'라는 주제로 공부했다. 아주 오래전부터 법은 존재했으며 단지 누군가를 벌주기 위해서가 아니라 모두 함께 행복하게 살아가기 위해 법이 필요하다는 것을 아이들에게 알려주고 싶었다.

　먼저 우리 생활 속에서 법을 찾아보았다. 아이들은 교통 규칙에 대해 이야기했고, 5학년 때 법원에 다녀와서인지 재판을 이야기하는 아이도 있었다. 사람 간의 다툼이나 돈 거래 등도 법으로 정해져 있다는 것을 알려주고 법이 없다면 어떨지 생각해 보았다. "자신의 마음대로만 하려는 사람들이 생겨나요.", "자동차 사고가 날 거예요.", "싸움을 말리기가 힘들어요." 등 다양한 이야기가 나왔다. 이런 이야기를 통해 법이 우리 사회에 꼭 필요하다는 것을 인식하게 되었다.

그 후 세계에서 가장 오래된 성문법인 함무라비 법전과 우리나라에서 가장 오래된 법인 고조선의 8조법을 살펴보고 대한민국 헌법을 같이 읽어 보았다. 개관에서 '헌법 제1조 제1항'에 대해 살펴보았기 때문인지 헌법에 높은 관심을 보였다(사법시험을 통해 판사, 검사, 변호사의 역할을 정한다고 안내했기 때문에 더 많은 관심을 가졌을 것이다).

통합수업 초반에 보았던 영화 「레미제라블」에서 장발장은 어린 조카들을 위해 빵을 훔치다 감옥에 가게 된다. 이와 비슷한 실제 사례를 아이들에게 들려주었다. 어린 손녀를 위해 빵을 훔치게 된 할머니가 재판을 받게 되는 이야기였다. 자신이 판사라면 어떤 판결을 내릴 것인지 아이들에게 생각해 보게 했다. "용서해 줘요.", "그래도 벌을 받아야 해요."라는 반응부터 "나라에서 벌금을 대신 내줘요."라고 말하는 아이도 있었다. 실제 판사의 판결은 이러하다. "할머니에게 10달러의 벌금을 선고합니다. 하지만 빵을 훔쳐야 하는 현실 사회의 문제에 대한 책임으로 자신과 배심원들에게도 벌금을 선고합니다." 이 대답을 본 후

'법과 법원' 수업 PPT

아이들은 "판사 멋지다~"를 외치고 살며시 미소를 지었다. 이를 통해 아이들이 법의 따뜻함을 느꼈기를 바란다.

'법에 따라 판단하고 심판하는 곳 법원'이라는 주제로 법원에 대해 공부했다. 이를 공부하기에 앞서 드라마 「너의 목소리가 들려」를 보며 재판이 어떻게 진행되는지 살폈다. 아이들이 좋아하는 배우가 나와서 인지 눈을 떼지 못하고 집중하며 드라마를 시청했다. 드라마를 통해 재판을 어려움이 없이 이해하는 모습이었다. 법원이 하는 여러 가지 일, 법원의 종류, 그리고 공정한 재판을 위한 3심제도를 살펴보았다. 아이들이 모의로 민사재판과 형사재판을 한 후 재판의 결과를 인정할 수 없다며 항소하겠다는 뜻을 내비치기도 했다.

법원에 대한 공부는 여기서 마무리되지 않고 이후 민사재판과 형사재판을 각자의 역할을 맡아 실제로 해 봄으로써 더 깊은 배움이 이루어질 수 있었다.

(9) 정부 조직 및 정부 부처가 하는 일, 인사청문회

우리나라 정부가 하는 일을 실제적으로 경험하기 위해서 대통령과 국회의원을 선출한 뒤 행정부(국무총리, 각부 장관), 사법부(대법원장, 판사, 검사, 변호사), 국가인권위원회, 시민단체, 기자 등의 역할을 정하였다. 아이들은 자신이 정부의 구성원이 된다는 것에 즐거워하고 어떤 역할을 맡게 될지 설레는 마음으로 수업에 참여하였다.

① 행정부 구성 알아보기

먼저 정부 조직도를 통해 행정부의 구성이 대통령, 국무총리, 행정 각부로 이루어진다는 것을 살펴보았다. 행정부가 여러 부처로 나누어진 이유와 대통령 직속기관에 대해서도 함께 알아보았다.

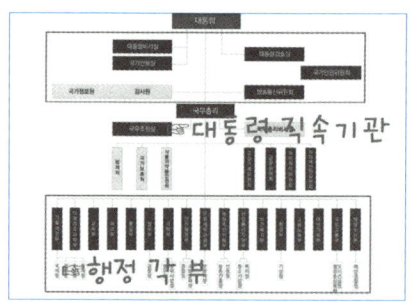

정부 수업 PPT

'정부 조직 및 인사청문회' 수업 PPT

② 정부 조직하기 및 인사청문회, 기타 역할 정하기

정부를 조직하기 위한 절차를 안내하고 인사청문회에 대해 살펴보았다. 인사청문회의 개념과 인사청문회의 절차를 PPT 및 동영상으로 알아본 뒤 국무총리를 선출하기 위해 모의 인사청문회를 실시하였다. 국회의원을 맡은 아이들이 국무총리 후보자를 검증하기 위해 여러 가지 질문을 하고 국무총리 후보자가 답변을 한 후 국회의원들이 표결하는 방식으로 진행하였다.

후보자에게 어떤 질문을 할까 궁금했는데 "평소에 지각을 많이 하는데 올바른 행동이라고 생각하십니까?"와 같이 후보자가 과거에 생활했던 모습을 고려하여 후보자를 검증하려는 모습이 인상적이었다. 또한, 학급에서 시행하고 있는 규칙에 대해 어떻게 생각하는지, 그리고 싸움이 일어났을 때 해결방안 등에 대해 날카로운 질문이 오고 갔다. 이러한 질문들을 혼자서 답변해야 하는 위치에 있어 국무총리 후보자가 된 아이들은 인사청문회를 하는 동안 긴장을 많이 했다.

평소 활발하거나 인기가 많은 아이가 국무총리가 될 것이라고

국무총리 인사청문회 활동 모습

예상했던 것과 달리 차분하지만 묵묵히 자신의 일을 수행하는 아이가 선정되었다. 아이들의 생각과 시선을 엿볼 수 있어 좋았다.

다만, 대통령을 맡은 아이가 친한 친구를 국무총리 후보자로 지명하는 경우가 발생하여 국회의원들이 불만을 가졌다. 남자 국회의원이 더 많은 학급에서 국무총리 후보자가 여자라는 이유로 3번이나 표결이 통과되지 않았고 결국 시간이 지체되어 3명 중에 한 명을 뽑는 투표로 국무총리가 결정되기도 했다. 학급 분위기에 따라 성별 안배 등을 고려하여 지도해야 할 것 같다.

사법부를 뽑을 때에는 지원자들을 대상으로 헌법을 직접 조사하여 외워서 쓰는 사법고시를 시행하여 가장 많이 적은 아이들을 판사, 검사, 변호사로 선정하였다. 학생들이 열의를 가지고 참여하는 모습이 좋았다.

그리고 국가인권위원회, 시민단체(참여연대, 환경운동연합, 전북평화와 인권연대) 대표, 기자 역할을 정하였다.

③ 정부 부처가 하는 일 알아보기
행정 각 부처와 기타 자신이 맡은 역할을 직접 조사하여 PPT로 만들어 발표하였다. 이를 통해 자신의 역할을 더 잘 알고 다른 아이들이 이해할 수 있도록 하였다.

(10) 입법 활동, 법률 제안서 쓰기

실제 초등학생들의 노력으로 변화된 사례를 살펴보고, '법률 제안서 쓰기' 활동을 통하여 우리 주변 어린이 시설의 문제점이나 아쉬운 점을 살펴보았다. 먼저 서울 당산초등학교에서 자전거 길을 만든 과정과 수송초의 박물관 이야기를 통하여 초등학생들도 정책이나 시설물

개선에 참여할 수 있다는 가능성을 확인하였다. 그리고 사전 과제인 우리 주변 시설이나 환경에 대하여 이야기하는 시간을 주었는데 대부분 법률상 존재하지만 지키지 않는 어른들 때문에 나오는 이야기가 많았다.

도로변 주정차 문제, 우범지역 CCTV 설치 문제 등 개인별 법률 제안서를 작성하고, 이를 바탕으로 모둠 토의, 전체 토의 과정을 통하여 각 반의 대표 법률 제안서를 채택하였다.

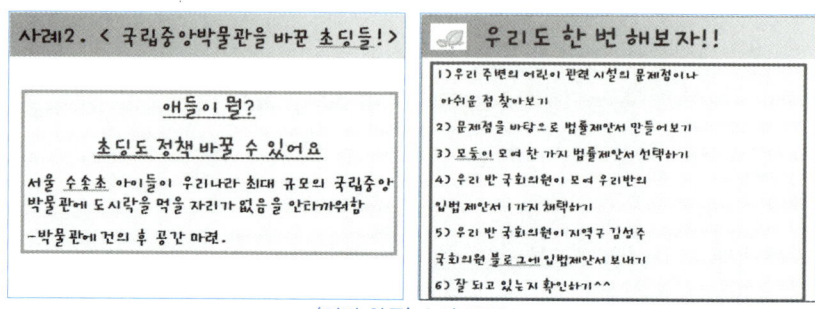

'입법 활동' 수업 PPT

각 반 대표 제안 법률 주제
송천동 주변 근린 공원 마련, 학교 주변까지 금연 구역 확대,
시내버스 안전벨트 의무화, 청소년 쉼터 마련, 재산에 따른 벌금 차등화 등

각 반의 국회의장이 지역구 국회의원인 김○○ 의원의 블로그에 쪽지나 메일 형식으로 법률 제안서를 전달하였다. 김○○ 의원 또한 우리들의 제안에 친절하게 답변을 해 주어 아이들이 뿌듯해했다.

법률 제안한 지역구 국회의원 블로그

(11) '4대강 녹조' 국무회의, 환경운동연합 초청 강연

　정부가 하는 일은 상당히 복잡하고 어려운 내용이기에 피상적으로 외우는 것은 의미가 없다는 생각이 들었다. 특히, 각 부처가 하는 일은 더더욱 어려운 내용이기에 어떻게 가르치는 것이 아이들이 이해하기 쉬울까 고민하다가 국무회의를 해 보는 것으로 결정하였다.

　각 부처 중 4대강 사업과 남북 교류 활성화와 관련된 교육부, 미래창조과학부, 외교부, 통일부, 고용노동부, 환경부, 안전행정부, 기획재정부, 문화체육관광부 총 9개 부처를 선정했다.

　처음에는 4대강으로 인한 문제점 중 각 부처에 관련된 자료조사를 과제로 제시하기로 하였다. 하지만 아이들에게 쉽지 않은 숙제라 생각되어 교사들이 한 개 부처씩 맡아 기사를 정리해 주었다. 쉽게 정책을 만들어 낼 수 있도록 쉬운 기사 중심으로 자료를 제시하였다. 각 부처 장관들 혼자서 대안을 만들기는 어렵다고 판단하여 학급 아이들을 9개 부처로 나누어 장관들을 돕게 했다. 충분히 토의·토론할 수 있는 시간을 준 후 국무회의를 개최하였다. 국무회의 이후에도 다른 아이들이 쉽게 알아볼 수 있도록 부처 회의에서 결정된 사항을 4절지에 쓰고 기사를 붙이게 했다.

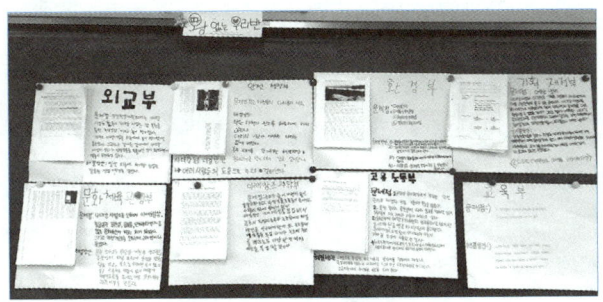

'4대강 녹조' 발표물

각 부서에서 내놓은 대안은 다음과 같다.

- 고용노동부: 4대강 사업으로 인해 발생한 안전사고와 임금체불에 대한 문제점을 지적하며 안전 점검을 하고 체불된 임금을 지급해야 한다.
- 기획재정부: 막대한 예산이 투입되었고 앞으로도 유지비가 많이 들어가므로 차라리 해체하는 것이 경제적이다.
- 미래창조과학부: 녹조가 늘어나면 수질이 악화되어 식수에도 문제가 생기므로 황토를 뿌리거나 녹조분해 미생물을 투입하는 것이 시급하다.
- 환경부: 4대강 사업으로 멸종 위기의 동식물이 많아졌으므로 하루 빨리 4대강을 복원해야 한다.
- 교육부: 4대강 관련하여 아이들에게 정확히 가르치고 복원된 4대강 그리기 대회를 열자.
- 문화체육관광부: 공주의 공산성 등 문화재가 훼손되고 있다. 그러므로

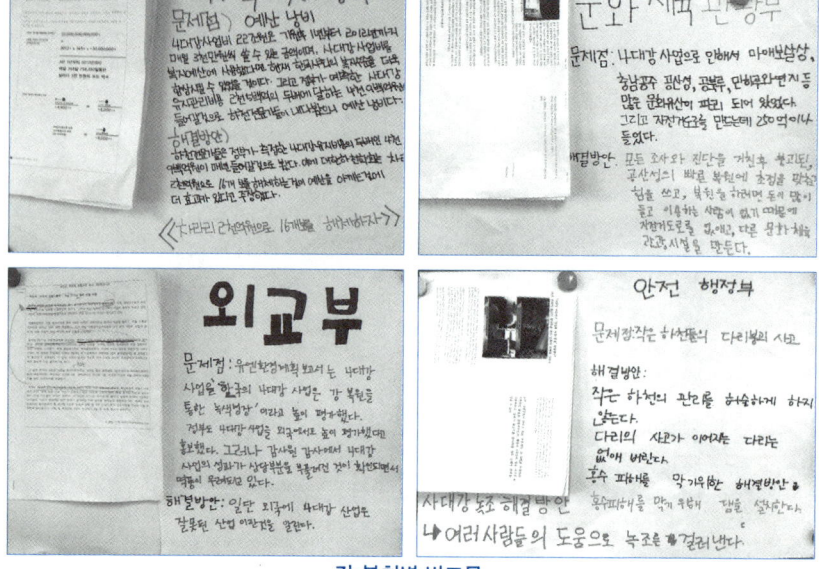

각 부처별 발표물

문화재를 하루빨리 복원해야 한다.

- 외교부: 잘못된 4대강 사업을 포장하여 외국에까지 수출하려고 하고 있는 것은 잘못된 일이다. 외국에 정확한 현실을 알려야 한다.
- 안전행정부: 작은 하천들의 다리가 붕괴되고 있는 것과 관련하여 빨리 대책을 세워 안전 점검을 해야 한다.

어려운 주제였음에도 불구하고 상황을 파악하고 대안을 마련하는 것이 기특하였다. 그냥 강의식으로 수업을 했다면 어려웠을 내용인데 실제 국무회의를 하며 각 부처가 무슨 일을 하는지 이해하는 것을 보니 보람이 느껴졌다.

(12) '층간 소음' 민사재판

'나는 시민이다' 통합수업이 활동 중심인 만큼 사법부 활동도 모의 재판으로 구성했다. 판사, 변호사, 검사는 통합수업을 시작할 때 정했던 역할을 그대로 살려 진행하되 나머지 아이들은 자신의 역할에 구애받지 않고 시민의 자격으로 국민참여재판에 임한다. 판사, 변호사, 검사 역할에 지원자가 많은 반에서는 사법고시를 치러 역할을 뽑았다. 암기를 해야 하는 가짜 사법고시였지만, 아이들이 자부심을 느끼고 다른 친구들에게 인정을 받을 수 있어 즐거워하였다.

① 사건 개요 읽기 및 역할 정하기

아파트 단지 내 학교인 특성을 살려 대부분의 아이들이 접하고 있는 층간 소음 문제를 사건으로 정하였다. 날짜별로 사건 개요를 작성하여 두 집안의 갈등을 짐작할 수 있도록 하였다. 역할을 분배할 때는 배심원을 홀수로 하여 판결이 확실히 날 수 있도록 하였고, 피고와 원고,

각 측의 변호사 이외에도 몇 명의 아이들을 양측에 나누어 재판을 돕도록 하였다.

② 재판 준비하기

양측 변호사와 피고, 원고가 사건 개요를 보고 재판에서 승소할 수 있는 전략을 짠다. 이 시간은 실제 재판 과정만큼 중요하다. 피고와 원고가 어떤 전략과 이야기를 만드느냐에 따라 증인과 증거가 달라지고, 이것이 재판에 큰 영향을 미쳤다.

③ 재판하기

재판을 원활하게 진행하기 위하여 대략적인 대본을 아이들에게 제공한다. 재판은 1) 판사 입장, 2) 개정 선언 및 양측 진술, 3) 신문 및 증인 신청, 4) 양측 최후변론 순으로 이루어진다. 개요에 있는 증인 외에 다양한 증인을 재판에 세울 수 있다고 하니 가족, 유치원 교사, 교육학 교수, 정신과 의사 등이 증인으로 등장하였다. 성적표나 소음 측정 결과 수치를 증거로 만들어서 제출하기도 했다. 어떤 반에서는 전략이 노출되어 전혀 다른 주장을 하는 같은 역할의 증인이 등장하여 재판이 혼란스럽게 되기도 했다. 가령 피고의 아이들이 여전히 소란스럽다고 주장하는 유치원 교사와 부모님이 지나치게 주의를 줘서 의기소침해졌다고 진술한 유치원 교사가 양측에서 나온다면 논의가 평행

원고 증인의 예	피고 증인의 예
•교육학 교수 •정신과 의사 •같은 아파트의 이웃 •경비 아저씨 •유치원 교사	•아들의 유치원 교사 •아들의 누나(동생들의 소란에도 불구하고 하버드에 입학했다. 소음과 성적은 무관) •같은 아파트의 이웃 •아파트 시공업자(원래 아파트를 부실 공사하여 소음 책임이 없다) •소음 측정 기사

선을 달리게 될 것이다. 이런 경우를 막기 위해 교사가 전략을 짤 때 변호인 측과 만나 증인을 조정하는 과정도 필요하다.

④ 배심원 판단 및 재판장의 판결

배심원은 재판 내내 소외되었다고 느끼기 쉬우므로 배심원이 판결을 좌우하는 중요한 존재임을 강조하고 메모를 할 수 있는 학습지를 제공하였다. 또, 재판 말미에는 배심원이 질문을 할 수 있는 기회를 주어 참여의 길을 마련하였다. 판사는 배심원의 학습지를 걷어 읽어 보고, 구체적인 형량 등 재판 결과를 결정하여 판결문을 작성한다.

'나는 시민이다' 통합수업 중 아이들은 민사재판을 재미있어하였고 또 하고 싶다는 말도 많이 했다. 국무회의나 입법 활동보다는 아이들에게 익숙한 활동이기도 하고, 쉽게 접하는 문제라서 몰입을 잘한 것 같다. 법이 우리 생활에 가까이 있다는 걸 깨달음과 동시에 법을 통한 문제 해결의 고충도 느낄 수 있었다.

(13) 대통령 외교 활동

대통령이 하는 일 중 '외교 활동'에 대해 아이들의 시각으로 접근하는 방법을 고민해 보았다. 요리 실습 때면 다른 반을 드나드는 몇몇 친구들로 인한 문제, 청결하게 관리되지 않는 복도 문제 등을 외교 활동의 주제로 생각해 보았다. 이를 바탕으로 같은 복도를 사용하는 3개 학급씩 복도 사용 및 관리 방안에 대해 각 반의 대통령 및 외교부 장관 6명이 정상회담을 갖는 것이 어떨까 하는 의견이 나왔다. 수업 전 정상회담 주제를 복도 사용에만 한정시키지 말고 3개 학급의 화합과 교류를 위한 방안으로 넓히자고 결정하였다. 정상회담을 앞두고 각 학급에서 같은 복도를 사용하며 불편했던 점, 개선하고 싶은 점 등을 사전회의를 통해 논의했다. 이 내용을 수렴하여 대통령과 외교부 장관이 정상회담에서 논의하기로 하였다.

총 9개 학급을 복도별로 3학급씩 3개 정상회담으로 나눴다. 한 학급당 대통령, 외교부 장관 2명이 참여하여 총 6명이 정상회담을 진행하였다. 시민들이 참관하는 가운데 2~4시간 남짓 정상회담이 실시되었다.

대표들의 성향에 따라 회의는 각기 다른 양상을 보였다. 1, 2, 3반의 회담은 학생 진행자를 선정하고 교사가 적절하게 개입하는 가운데 활발한 의견 교류가 이루어졌다. 반면 4, 5, 6반의 회의는 몇몇 대표가 의견을 나누는 데 소극적인 태도를 보이고 교사가 많이 개입하지 않아 회의가 다소 늘어지기도 하였다. 7, 8, 9반은 진행이 매끄럽지 않아 교사가 많이 개입한 측면이 있다.

대표들이 시민들의 의견을 충분히 전달하지 못하여 시민들이 직접 자신들의 의견을 적극적으로 전달하고 싶어 하는 경우도 있었다. 또한 대표들이 서로 입장을 절충하지 못하고 자신의 입장만을 반복하여 내세우자 회의가 지루해지는 양상을 띄었다. 이런 경우 3~5분의 작전 타임을 줘서 대표는 시민들의 의견을 수렴하고 학급별로 다시 대안을 생각하는 시간을 가졌다. 그래도 대안이 좁혀지지 않을 경우 국민 투표를 하여 시민들의 의견을 반영하기도 했다.

각 학급의 대통령, 외교부 장관이 의견을 나누는 모습

시민들의 의견을 수렴하는 작전 타임 시간

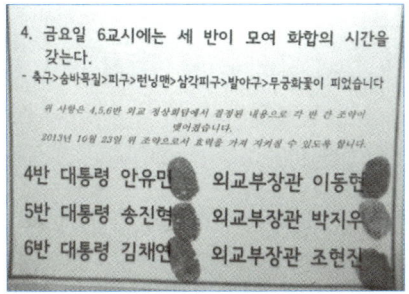

| 4, 5, 6반에서 체결된 조약 | 각 학급의 대표들이 지장을 찍는 모습 |

4, 5, 6반의 경우 1차 협상 조약이 5반 국회에서 비준을 얻지 못해 2차 협상이 이뤄지기도 했다. 2차 협상에서는 작전 타임이나 국민투표를 활용하자 정상회담이 좀 더 적극적으로 변했다.

3개 정상회담에서 협상된 조약은 다음과 같다.

공통적으로 논의된 사항은 복도 청소, 다른 반 출입 문제, 화합을 위한 특별 행사 갖기 등이었다. 협상 초반 몇몇 학급에서는 '우리 반은 청소를 하지 않겠다.'라는 이기적인 모습을 보이기도 하였으나 협상 논의가 지속되면서 자국의 이익만 주장하기보다는 3개 학급의 화합을 위한 방향으로 개선되었다.

최종 결정된 조약을 인쇄하여 시민들 앞에서 지장을 찍고 조약이 효력을 가짐을 선언하였다. 아이들은 본인들의 힘으로 학급 조약을 체결하고 이것이 실행되는 것이 흥미롭고 뿌듯하다고 했다.

다만 모두가 동의하는 조약을 맺지 못했다는 아쉬움이 있었다. 예를 들면 3개 학급 중 2개 학급은 동의하고 1개 학급은 반대하는 제안에서 다수가 동의하는 쪽으로 조약이 체결되자 "우리의 의견이 제대로 전달되지 않았다."라는 불평이 제기되었다. 하지만 현실에서 생각해 보면 국제조약도 그렇지 않을까? 현실에서도 힘이 있는 나라, 강대국이라 불리는 쪽에 유리한 조약이 맺어지는 것처럼 학생들이 했던 정상회담 역시 이와 유사했다.

우여곡절 끝에 맺어진 조약들, 이 중 아이들이 가장 만족스러워하는 내용은 복도별 화합 시간이다. 어떤 복도는 3개 반이 함께 모여 영화를 보기도 하고 또 다른 복도는 매주 금요일, 고정적으로 화합의 시간을 갖기도 한다. 처음엔 "90명이 어떻게 축구를 하느냐.", "90명이 하는 숨바꼭질은 말도 안 된다."는 반응이 있었다. 하지만 학교 구석구석 숨기도 하고 북적북적 좁은 공간에서 피구도 하며 신나게 웃고 뛰어놀았다. 한결 밝아진 아이들의 모습을 보는 교사들의 마음도 참 좋았다.

(14) 인권과 인권 감수성-평화와 인권연대 초청 강연

사회1-(4)단원은 '인권과 인권보호'로 교과서에서는 인권의 의미와 인권 발달 과정을 알아보고 우리들이 인권보호를 위해 노력할 점을 찾아보도록 구성되어 있다. 우리는 인권에 대해 이해하고 구체적인 인권 침해 사례에 대해 알아보고자 인권 강사를 초빙하고 학교 폭력 생활기록부 기재에 대한 찬반 토론을 진행하기로 하였다.

인권 관련 강의의 목표는 인권 전반에 대한 이해와 인권 감수성 높이기, 인권보장을 위한 사회적 노력과 인권단체의 역할에 대한 이해 증진이었다.

먼저 몸 풀기, 마음 열기 및 소개하기로 학생과 강사 사이의 라포

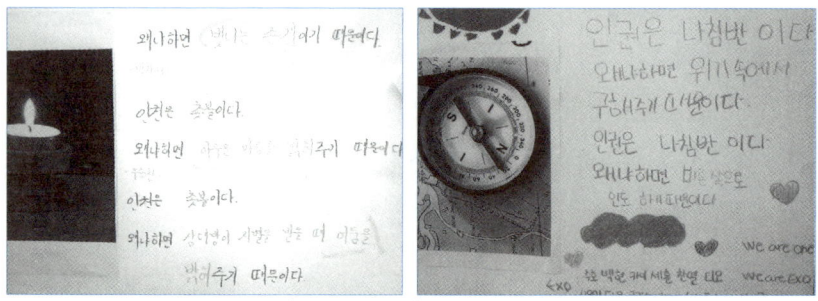

'인권은 ○○다' 아이들 작품

rapport를 형성했다. 그리고 인권에 대해 설명하였으며 참여형 프로그램으로 '인권이란?' 주제로 모둠 문장을 만들었다. 마무리 활동으로 질의 응답 및 인권단체를 소개하는 시간을 가졌다.

(15) 국가인권위원회 회의─학교 폭력 생활기록부 기재

인권 강사의 강의를 듣고 교과부와 전라북도교육청이 대립하였던 학교 폭력 생활기록부 기재와 관련하여 찬반 토론을 진행하였다.

사전 과제로 '학교 폭력 생활기록부 기재'에 관한 기사를 검색하여 홈페이지에 올리도록 하였다. 학급 친구들이 찾은 기사를 살펴보며 '학교 폭력 생활기록부 기재'에 대해 자신의 생각을 정리해 보도록 한 후 찬반 토론을 진행하였다.

찬반으로 나누어 서로의 의견을 나눈 후 중간 작전 시간을 주어 상대편 의견에 논박할 수 있도록 하였다. 처음에는 찬성 의견이 많았으나 서로의 의견을 나누는 과정에서 학생 인권의 소중함, 이중 처벌 등 다양한 이야기가 나왔다. 학교 폭력을 장난처럼 생각했던 학생들은 관대하게 처리해야 한다는 의견이 많았다. 반면 피해를 보거나 상처를 받았던 친구들은 학교 폭력 생활기록부 기재에 대해 찬성 의견을 보이기도 했다. 이에 서로의 감정을 자극하거나 흥분하는 경우가 있어 교사

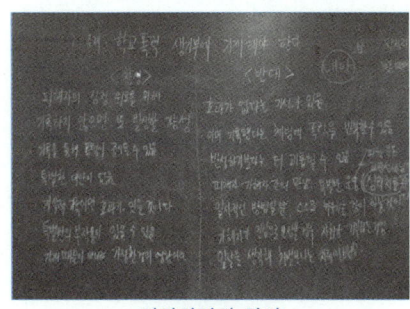

인권위원회 회의

강연 장면

의 중재가 필요하기도 했다.

토론 결과, 생활기록부 기재에 관해 반대하는 아이들이 늘었다. 이를 통해 인권 감수성이 한층 더 풍부해졌으리라 생각한다.

(16) 헌법학자와의 만남

아이들이 법과 인권에 대해 좀 더 쉽게 다가갈 수 있도록 하기 위해 전문가의 강의가 있었으면 좋겠다고 생각했다. 그러던 중 헌법학자이자 법학과 교수를 역임한 전라북도 김승환 교육감을 떠올리게 되었다. 10월 24일, 아이들을 위해 기꺼이 와 주셨다.

① '김승환은 누구인가?' 알아보기
사전에 헌법학자로서 어떤 분인지, 그동안 어떤 일을 하셨는지에 대해 아이들과 이야기를 나누는 시간을 가졌다.

② 김승환 특강
법체계에 대한 강의가 시작되었다. 강의 내용은 다음과 같다.

"봄 다음에는 여름이 오고, 여름 다음에는 가을이 오는 것처럼 자연현상에는 자연법칙이 존재한다. 그리고 사회 속에는 약자를 보호하고 생명을 존중하는 등, 인간이 지켜야 할 의무적인 것들이 존재하는데 이것이 당위 법칙이자 곧 법이다.
어머니가 자식을 낳듯, 나라에는 많은 법이 있지만 가장 근원이 되는 법인 모법mother law이 있고 우리나라의 모법은 바로 헌법이다. 우리나라 법은 헌법을 바탕으로 그 아래에 국회에서 제정하는 법률이 있고, 그 아래에 대통령의 명령인 시행령, 각부 장관이 정하는 시행규칙의 체계로 이루

③ 질의응답 및 사진 촬영

강의가 끝난 뒤 15분 정도 아이들이 교육감님께 질문하는 시간을 가졌다. 아이들은 유명하고 대단한 분을 만났다는 생각에서인지 여러 가지 질문을 했다. 교육감이 된 이유, 교육감을 하면서 가장 보람 있었던 일, 교육감 임기, 헌법학자로서 가장 관심을 가졌던 것, 존경하는 인물, 인권에서 가장 중요한 것 등 다양한 질문을 했고 교육감님은 성심성의껏 아이들을 위해 답변해 주셨다. 1시간 동안의 강의를 끝내고 아이들과 사진 촬영을 하고 마무리하였다. 이번 헌법학자와의 만남을 통해 아이들이 법에 대해 좀 더 쉽고 친근하게 다가갈 수 있었다. 그리고 눈높이에 맞는 강의, 질문에 대한 친절한 답변으로 아이들이 전라북도 교육에 대한 긍정적인 시각을 가지게 된 의미 있는 시간이었다.

김승환 교육감과의 기념 촬영

(17) '남북 교류 활성화' 국무회의

남북 교류와 관련한 국무회의를 계획한 이유는 학생들에게 통일에 대해 고민할 기회를 주기 위해서였다. 아울러 사회, 도덕에서 다루는 통일 내용을 이 국무회의에 녹여내고자 했다.

하지만 교사들도 남북 교류에 어떤 이슈가 있는지 잘 모르는 상황에서 학생들에게 주제를 찾게 하는 것이 무리라고 생각하여 교사들이 주제를 정해 주었다. 주제 선정의 기준은 현재 이슈가 되는 것, 앞으로 해결이 되어야 할 것들이었다. 교사들이 학생들에게 준 주제는 관련 부처에 맞게 조정이 되었다.

학생들을 관련 부처에 따라 모둠으로 구성해 준 뒤 주제에 맞는 기사를 검색하도록 하였다. 하지만 짧은 주제만 가지고 기사를 찾아 내용을 파악하는 것을 어려워하는 학생들도 있었다. 그래서 기사를 찾는 데 어려움을 겪는 학생들에게는 교사들이 도움을 주었다.

학생들은 기사를 읽고 내용을 종합하여 방안을 마련하는 과정을 거쳤다. 교사들은 진행상황을 확인하여 학생들에게 조언을 했고 부족한

교육부	통일 교육
미래창조과학부	핵 문제
외교부	러시아 대륙횡단 철도, 대북 경제 제제
통일부	이산가족
고용노동부	새터민 일자리
환경부	DMZ 환경 가치와 북한 자연 보호 방안
안전행정부	새터민 보호
기획재정부	개성공단 활성화와 노동자 임금
문화체육관광부	백두산 관광
인권위원회	북한 인권 문제 의식주 문제나 인권 탄압

부처별 주제

내용이 있다면 회의가 진행되는 자리에서 추가 기사를 찾아 주기도 하였다.

본격적으로 진행된 국무회의의 결과는 다소 아쉬웠다. 학생들은 통일의 필요성이나 굶주리고 있는 북한 동포를 도와주어야 한다는 생각보다는 북한을 적으로 생각하기도 했고, 자신의 부처와 관련 없는 주제에 대해서는 특별히 알고자 하는 태도도 보이지 않았기 때문이다.

「코리아」 영화 포스터

「크로싱」 영화 포스터

여러 반에서 공통적인 현상을 목격한 뒤 교사들은 남북관계와 관련된 영화를 보여 주었다. 첫 번째 영화는 「코리아」였고 두 번째 영화는 「크로싱」이었다. 영화를 보고 난 뒤에 학생들의 인식에는 약간의 변화가 생겼다. 내년에는 국무회의를 하기 전에 북한의 실상이나 남북관계에 관련된 영화를 먼저 관람하는 게 좋겠다고 생각했다.

국무회의를 통해서 학생들이 북한에 조금이나마 관심이 생겼고 북한의 실상에 대해 다시 생각해 볼 기회를 가졌다는 면에서 의미 있었다.

국무회의 활동 모습

국무회의 활동 모습

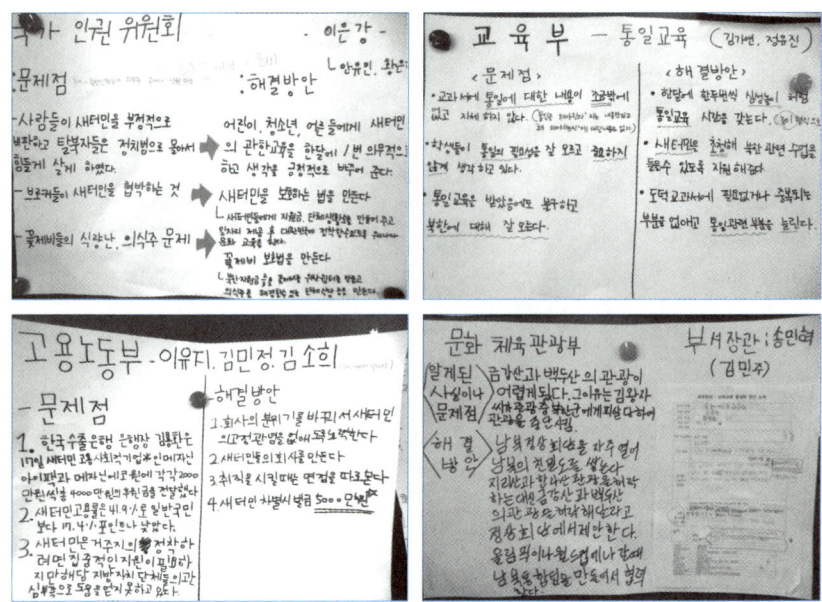

국무회의 수업 결과

(18) 저작권과 특허권 형사재판

민사재판에 이어, 이번에는 저작권과 관련된 문제를 형사재판의 형식으로 진행해 보았다. 재구성 초반에는 저작권을 소재로 형사재판을 경험해 보는 것에 초점을 맞추었으나, 협의 과정에서 저작권과 생명 존중이 대립되는 여러 상황을 확인하고 이를 토대로 '가치판단'에까지 이를 수 있도록 수업을 진행하였다. 형사재판에 등장하는 판사, 검사, 변호사의 역할을 해 보고, 국민참여재판의 배심원으로 참여하는 등 아이들의 모습이 사뭇 진지하였고, 아이들 나름의 논리도 날카로웠다.

① 저작권 이해하기

굿 다운로드 홍보 영상을 통하여 저작권에 대한 흥미와 관심을 가질 수 있었다. 이를 바탕으로 저작권의 사전적 의미, 중요성, 시점, 지속 기한 등을 살펴보면서 이해를 깊게 하였고, 저작권 보호가 문화산업의 발전과 밀접한 관련이 있다는 것을 공부하였다.

저작권 이해 영상

그리고 저작권과 연관된 개념인 표절, 초상권, 특허권 등에 대한 간단한 소개로 아이들의 생활과 배움이 연결될 수 있도록 진행하였다. 유명 가수들의 표절 시비나 초상권에 관한 문제 등은 아이들이 관심 있는 부분이었고, "표절도 저작권법 위반인가요?" 혹은 "내 얼굴도 초상권이 있으니까 사진 함부로 찍으시면 안 돼요~" 등의 이야기를 하며 즐거운 분위기로 수업이 진행되었다. 그리고 굿 다운로드 캠페인이 진행된 2009년 이후 불법다운로드 횟수가 3분의 1로 줄어들고 있다는 반가운 뉴스도 보았다. 마지막으로 사회과탐구 75쪽을 활용하여 저작권법을 잘 지키고 있는지에 대한 반성을 해 보았다.

② 저작권과 생명 존중이 대립되는 상황 확인하기

저작권의 중요성에 대해 충분히 공감한 후, 저작권이나 특허권으로 인해 어려움을 겪고 있는 사람들의 상황을 살펴보았다. 저작권(특허권)의 중요성을 충분히 공감하지만 이보다 더 중요한 가치가 있는 상황은 없는지 알아보았다. 가난, 내전, 질병 등으로 죽어가는 아프리카 사람들의 삶이 저작권(특허권)에 의해 부풀려진 약품의 가격으로 인해 더욱 힘들어지지는 않는지 이야기해 보았다.

그리고 1953년 소아마비 백신을 개발한 미국의 세균학자 조나단 소크의 영상을 시청하며, 인류의 이익을 위해 특허권을 포기한 예도 알아보았다. 저작권과 특허권이 우리 생활에 밀접한 관계가 있다는 것을

확인한 아이들은 조금씩 진지해지는 태도를 보였고, 서로 의약품 특허에 대해 이야기를 나누었다.

③ 모의 형사재판 하기

재판에 앞서 영화 「연가시」 예고편을 시청하였다. 저작권 교육 이전의 영화 「연가시」가 '무서운 벌레 나오는 영화'였다면 저작권 교육 이후의 영화 「연가시」는 '특허권과 생명 존중의 대립을 그린 영화'로 비춰졌다.

영화 시청 이후 형사재판 기본 시나리오가 제시되고, 판사/배심원/검사/피고인 측의 인원을 배정하였으며, 배심원은 홀수로 선정하였다. 이 사건은 법을 위반한 명백한 범죄 상황을 제시하는 한편, 무죄와 유죄의 대결보다는 '생명의 존엄성'과 '법질서 확립'이라는 가치에 중점을 두고 추후 재판을 진행해 보았다.

검사 측과 변호인 측의 인원을 배정하고 각 측의 전략회의를 통하여 증인(검사 측: 백신 개발자, 제약회사 관련자/변호인 측: 불법 유포를 통해 살아난 사람, 병에 걸렸는데 백신을 살 돈이 없어서 가족이 죽은 사람 등)을 채택하였고, 재판에 승소할 수 있는 방법을 고민하였다. 전략회의의 중요성을 알고 있는 우리 아이들은 어느 때보다 자신의 입장을 뒷받침할 논리와 증거를 열심히 준비하였고, 지난번 민사재판보다

더욱 열심히 참여하였다. 원활한
재판 진행을 위하여 재판 상황
과 진행과정에 대한 양식을 제공
하였고, 민사재판을 경험한 이후
라서 재판은 더욱 매끄럽게 진행
되었다.

아이들 재판 모습

④ 배심원의 판단 및 재판장의 판결

배심원은 제시된 학습지를 이용하여 자신의 입장을 정리하였다. 또
한 민사재판 때처럼 재판의 말미에 배심원이 질문할 수 있는 기회를
주어 참여의 길을 마련하였다.

배심원의 판단이 판사의 판결에 큰 영향을 줄 수 있는 만큼 아이들
도 신중하게 재판의 과정에 참여하였으나, 일부 배심원들은 재판이 진
행되기도 전에 자신의 생각대로 학습지를 작성하는 아쉬운 면도 보였
다. 배심원 판결이 끝난 후에 판사는 배심원의 학습지를 걷어 읽어 보
고 판결문을 작성하였다. 반별로 다양한 판결이 내려졌다.

형사재판을 진행하는 아이들을 보며, 또 '나는 시민이다' 통합수업
을 하나하나 수행해 가는 아이들의 모습을 보며, 세상을 바로 보고 지
혜롭게 자라는 아이들의 모습이 기특했다.

> 본 법정은 피의자 측에 검사 측이 제시한 100억 원의 손해배상을 선고한다. 하지만 범죄의 목
> 적이 선하고 다른 사람들의 생명을 위함이었으므로, 실제 처벌은 의료 관련 봉사 100일로 하
> 고 의료회사에게 지불할 100억 원은 전 국민 모금 활동으로 모아야 할 것이며 이를 채우지 못
> 했을 경우에는 국가에서 보조한다. 이상. 땅. 땅. 땅
>
> －이진명 판사의 판결문

(19) '나는 시민이다' 정리: 3권 분립, 대통령제와 의원내각제

　다양한 활동들로 즐겁게 진행한 '나는 시민이다' 통합수업도 어느덧 마무리해야 할 시간이 왔다. 아이들에게 그동안의 활동을 되돌아볼 수 있는 시간을 제공하였다. '나는 시민이다'에서 각자가 맡은 역할 및 활동을 떠올려보고, 더불어 삼권분립의 필요성과 대통령제의 특징을 스스로 생각해 보는 수업을 계획하였다. 아이들에게는 조금 어려운 내용일 수도 있겠으나 대통령제의 특징을 다루며 영국, 일본 등의 정치형태인 의원내각제와도 비교해 보았다. 이 내용을 바탕으로 각자가 원하는 정치 형태가 어떤 것인지 고민할 시간을 갖기도 했다. 마지막으로 '나는 시민이다'에서 자신이 맡았던 역할을 돌아보고 인상 깊은 경험 및 소감 등을 나누는 것으로 마무리하였다.

　수업은 간단한 학습지를 활용하였다. 시작 부분은 아이들의 눈높이에 맞춘 이야기를 실어 삼권분립 및 대통령제와 의원내각제의 의미를 쉽게 이해하는 데 도움이 되도록 했다.

　삼권분립의 필요성에 대해서는 쉽게 답했다. 이 과정에서 현재 우리 대한민국은 행정부, 입법부, 사법부가 독립적으로 운영되고 있는가에 대해서도 한번쯤 생각해 보기도 했다. 그리고 각 부서의 독립적인 활동이 불가능할 때의 문제점도 함께 이야기 나눠 보았다.

　대통령제의 장단점은 그동안의 활동을 통해 쉽게 찾아낼 것이라고 예상했었다. 하지만 몇 개 반을 제외하고는 '독재의 위험이 있다.' 외에는 특별한 내용이 나오지 않았다. 우리와 예상과는 다르게 학생들에게는 어려운 내용이었던 듯하다. 사전 과제를 제시하거나 스마트폰을 활용하여 이 부분에 대하여 조사하는 시간을 갖는 것이 좋겠다. 또한 통합수업이 길어짐으로써 대통령이 국무총리, 국무위원을 임명하는 등의 막대한 권한을 가지고 있다는 것을 잊게 되었다. 실제 정치 형태와는 다르게 교실에서 대통령이 큰 권한을 가지지 못했다는 의견도 나왔다. 다음 해 실행 때 단기간에 몰입 진행하여 학생들이 민주공화국 활동에 더 깊게 빠져들도록 환경을 조성하면 좋을 것 같다는 개선안이 나왔다.

학생들이 원하는 정치 형태로는 대통령제, 의원내각제 가릴 것 없이 다양한 의견들이 나왔다. 또 하나 의견은 언론에 관한 것이었다. 제4의 권력이라 부를 수 있는 언론이 어떤 위치에서 어떤 역할을 해야 하는지 고민해 보았다. 언론이 공정한 역할을 하지 못하면 어떻게 될지 생각해 보고, 작년에 다뤘던 방송국 파업 문제까지도 떠올려 보았다.

마지막으로 자신이 맡은 역할에 대해 되돌아보고 소감을 나눴다. 대부분의 아이들이 인상적인 경험으로 자신이 주인공이었던 활동들을 꼽았다. 활동을 준비하고 실행하는 과정에서 진짜 공화국의 주체가 된 것 같아 보람 있었다는 의견이 많았다. 비슷한 이유로 활동이 많아 이번 통합수업이 재밌었다는 소감도 많았다. 역시 아이들은 본인이 주체가 되는 수업을 즐거워한다.

다만 기자나 참여연대 등 몇 가지 역할을 맡은 아이들은 본인이 이끌어 가는 활동이 적은 점을 아쉬워했다. 다음 실행 때는 소외되는 역할이 없도록 활동을 보완해야 하겠다.

(20) '나는 시민이다' 뉴스 만들기-듣기·말하기·쓰기

올바른 의식을 가지고 깨어 있는 시민으로 살기 위해서는 언론의 비판 기능이 살아 있어야 하고, 시민 개개인은 언론에서 쏟아 내는 정보를 비판적으로 받아들여야 한다. 듣·말·쓰 3단원과 관련된 국가 수준 성취 기준은 '듣기 ⑴ 뉴스를 듣고 정보에 관점이 반영됨을 안다.'로 뉴스를 만들어 보는 활동으로 단원이 이루어져 있다. '나는 시민이다' 통합수업과 이 단원을 통합하면서 시민으로서의 비판적 사고와 매체를 다룰 수 있는 능력을 동시에 기를 수 있으리라 생각하였다. 또 이 주제를 주제통합수업의 마지막 순서에 배치하여 신동공화국 안에서 일어난 여러 가지 사건과 활동에 대해 아이들이 느낀 생각을 표현하도록 하였다.

뉴스의 제재는 통합수업에서 했던 활동과 사건으로 삼되, 학교생활과 관련해 다루고 싶은 제재가 있다고 하면 자유롭게 허용했다. 그리고 모둠끼리 제재가 겹칠 경우에는 관점을 다르게 하여 만들도록 조정하였다. 가령 정상회담 결과에 대해 두 모둠이 뉴스를 만들고 싶어 한다면 한 모둠은 부정적 관점으로, 다른 모둠은 긍정적 관점으로 뉴스를 만들도록 했다. 같은 활동에 대한 다양한 입장을 들으며 뉴스에서 전달하는 정보가 절대적인 것이 아니라 가치가 포함되어 있기 때문에 비판적으로 받아들여야 한다는 이야기를 나눴다.

모둠별로 구상 시간을 충분히 주어 주제와 관점을 정하고 스토리보드가 완성되면 교사에게 점검받도록 하였다. 단순한 사실 전달에 그치지 않고 활동에 대해 고민한 내용을 담을 수 있도록 사건의 원인이나 전망을 포함하여 뉴스를 만들도록 격려하였다.

'나는 시민이다'를 주제로 뉴스를 만드니 통합수업에 몰입할 수 있을 뿐 아니라 우리들이 했던 활동을 돌아보는 계기가 되기도 했다.

정상회담, 인사청문회, 「레미제라블」 관람, 정부 구성, 교육감 특강, 민·형사 재판 등이 주제로 선택되었다. 각 반에서 잘 만들어진 뉴스는 다른 반과 공유하여 서로 배울 수 있도록 하였다. 실제 놀이 시간을 촬영한 모둠, 종이로 가리거나 자체 음성 변조를 하여 방송 효과를 대체한 모둠, 전화 인터뷰를 실시한 모둠 등 다양하였다.

뉴스 만들기를 원활히 하기 위해 컴퓨터 시간을 이용하여 미리 동영상 편집 프로그램 수업을 하였다. 하지만 컴퓨터실에서 소리를 들을 수 없어서 편집 수업에서 음향을 고려한 편집은 연습할 수 없었다. 아이들이 스마트폰을 많이 가지고 있기 때문에 촬영에는 문제가 없었지만 핸드폰을 컴퓨터로 옮기는 과정에서 실수와 기계적 오류가 잦았다. 핸드폰 상에서 웹하드에 동영상을 올렸다가 사라졌다든가, 지원하는 파일 형식이 달라서 진행이 늦어졌다든가 하는 문제들이다. '핸드폰 촬영-컴퓨터 편집' 과정에서 필요한 인코딩 같은 내용을 편집 프로그램을 가르칠 때 함께 가르칠 수 있도록 꼼꼼하게 사전 교육을 짜면 기계적인 문제를 어느 정도는 해결할 수 있을 것 같다.

내용적으로 아쉬웠던 점은 신동공화국에서 시민단체를 부각시키는 활동이 없었기 때문에 뉴스 제작에서도 시민단체는 소외되었다는 점이다. 통합수업에서 시민단체가 적극적인 역할을 할 수 있도록 활동을 보완한다면 뉴스 같은 표현 활동에서도 시민단체가 자연스럽게 부각될 수 있을 것이다.

'층간 소음 문제에 대한 민사재판' 활동을 제재로 만든 뉴스.
원고와 피고의 입장을 골고루 인터뷰하였고 통계자료를 넣어 설득력을 높였다.

4) 통합수업을 마치며

이 통합수업의 목표는 장차 미래의 주인이 될 학생들의 가슴속에 시민의 씨앗을 심는 것이다. 씨앗을 심기 위해 선택한 방법은 체험이었다. 우리가 시민으로 살 수 있게 된 과정을 알고 우리의 권리와 의무를 알아본 뒤 각종 기관이 하는 일을 직접 체험해 본 것이다. 이를 통해 민주주의를 잘 이해하고 실천할 수 있는 어른으로 자라길 바랐다.

체험이 중심이 된 이번 통합수업은 학생들이 직접 참여하고 실행하는 것이 많아서 자발성이 꽃을 피웠다. 사전 과제와 조사 학습이 많았지만 역할 중심의 수업이 진행되자 흥미롭게 참여했다.

하지만 오랜 기간 진행되면서 자신의 역할을 망각하는 경우가 생기기도 했다. 특히 기자나 시민단체 역할을 하는 아이들은 자신의 존재가 잊힌 것 같다며 푸념도 했다. 수업 자료를 만들며 통합수업을 진행하다 보니 기간이 길어져서 생긴 일이었다. 다음에는 단기간에 집중해서 진행하는 것이 좋을 것 같다.

교사들도 이번 통합수업을 준비하면서 생각해 보지 않았던 국무회의 절차나 외국과의 조약 맺기 등을 알게 되었다. 또한 아이들이 스스로 참여할 때 수업이 빛난다는 것을 다시 한 번 깨달았다.

아이들이 시민의 씨앗을 품게 되었다는 것을, 우리 아이들이 진정한 미래의 주인이 되어 가고 있다는 것을 느끼며 우리는 어느 때보다 뿌듯했다.

5) 이렇게 평가했어요

1. 다음은 훈이네 모둠에서 방송을 하기 위해 쓴 뉴스 원고입니다. 뉴스 기사의 구성을 생각하며 인터뷰 대상을 선정하고, 인터뷰 내용을 만들어 봅시다. 또, 기자의 중심 생각이 시청자에게 잘 전달되도록 마무리 말을 완성해 봅시다.

• 주제: 정상회담 이후 학교생활

화면 번호	뉴스 기사
1	아나운서: 안녕하십니까? 신동 뉴스 이우익입니다. 각 복도마다 정상회담이 열렸는데요. 정상회담 이후 달라진 학교 생활을 하늘빛 기자가 취재해 보았습니다.
2	기자: 네, 저는 지금 4, 5, 6반 복도에 나와 있습니다. 지나가는 시민에게 인터뷰해 보겠습니다.
3	기자: 학생:
4	기자 : 그렇다면 (　　　)의 생각은 어떤지 한번 들어 보겠습니다. 기자: (　) :
5	기자의 마무리 말: 이상으로 하늘빛 기자였습니다.
6	아나운서: 공동회담 이후 학교생활에 대한 하늘빛 기자의 취재였습니다. 이상으로 신동 뉴스를 마치겠습니다. 고맙습니다.

2. 다음 예화를 읽고 물음에 답하세요.

〈국민의 권리와 의무〉

권리: 평등권 , 자유권 , 참정권, 청구권 , 사회권

의무: 교육의 의무, 근로의 의무, 국방의 의무, 납세의 의무, 환경 보전
　　의 의무

〈가〉

'청렴한 이미지의 연예인' 하 모 씨 탈세 의혹

만능 엔터테이너로 알려진 연예인 하 모 씨(28)가 약 2억여 원의 세금을 내지 않아 탈세 의혹에 시달리고 있습니다. 지금 하 모 씨는 탈세 논란을 부인하며 국세청의 세무조사를 받고 있는 것으로 알려졌습니다. 이윤미 기자가 취재했습니다.

이윤미 기자: 지금 하 모 씨의 소속사에서는 "아는 바 없다."고 이야기하고 있는데요. 저희 신동 뉴스에서는 하 모 씨와 전화 통화를 3번 시도한 끝에 전화 인터뷰에 성공했습니다.

(하 모 씨 인터뷰)

하 모 씨: 진실이 언젠가는 밝혀지겠지만, 저는 결코 그런 적이 없습니다. 아마 소득을 신고하는 과정에서 착오가 있었던 것 같습니다.

(시민 인터뷰)

정 모 씨: 세상에 믿을 놈 하나 없다더니…… 대중에게 엄청난 영향을 미치는 연예인이 국민의 의무를 게을리했다는 게 말이나 됩니까? 앞으로 방송국에서는 하 모 씨에 대한 TV 출연도 금지시켜야 된다고 생각합니다.

〈중략〉

〈나〉

신동 시장 보궐선거 18.6% 최악의 투표율 기록

신동시 시장 보궐선거가 18.6%라는 최악의 투표율을 기록했다. 후보를 낸 여야 각 당이 총력을 기울였음에도 전체 유권자 25만 2,000여 명 중 5만여 명만이 투표에 참가하는 결과를 초래하고 말았다. 이번 선거의 18.6%라는 투표율은 정치인에 대한 실망감과 국민들의 불신의 결과라고 지적하고 넘어가기에는 많은 문제점이 있다고 하겠다. 여기서 우리가 우려하는 것은 신동 시민을 비롯한 국민들의 투표권 행사 포기가 점차 늘어나고 있다는 점이다.

(1) 예화 〈가〉의 시민은 하 모 씨가 국민의 어떤 의무를 다하지 않았기 때문에 비판한 것일까요? 위의 〈국민의 권리와 의무〉를 참고하여 써 봅시다.

_____

_____

(2) 예화 〈나〉의 신동 시민들은 어떤 권리를 포기한 것인지 찾아 쓰고, 이러한 일이 계속될 경우 어떤 문제점이 생길 것인지 예상하여 써 봅시다.

· 포기한 권리: _____

· 예상되는 문제점: _____

_____

_____

3. 다음은 국무회의의 한 장면입니다. 예시에서 부서를 선택하여 각 행정 부서에 알맞는 '학교 폭력 해결 방안'을 논의하여 봅시다.

대통령: 지금부터 '학교 폭력 어떻게 해결할 것인가?'에 관한 국무회의를 시작하겠습니다. 학교 폭력을 해결하기 위한 각 행정 부서의 의견을 말씀해 주십시오.

국무총리: 마음 놓고 다닐 수 있는 학교를 만들기 위해 여러 행정 부서 간의 의견을 듣고 협력하도록 하겠습니다.

환경부 장관: 학생들은 여러 가지 입시 환경으로 인하여 많은 학업 스트레스를 받는 것 같습니다. 마음이 불편하니 친구들에게 불친절하게 대하는 경우도 수두룩하지요. 그래서 환경부에서는 학교 근방에 학생들이 걸으면서 스트레스를 날리고, 에너지를 충전할 수 있는 미니 숲과 미니 정원 등을 조성할 수 있도록 하겠습니다.

_____부 장관 _____

_____부 장관 _____

4. 다음 대화를 읽고 물음에 답하세요.

혜진: 민주야, 내가 어제 뉴스를 보다가 "현재 우리나라는 삼권분립이 잘 이루어지고 있는가?"라는 말을 들었어. 그런데 '삼권분립'이라는 말을 잘 모르겠더라고. 혹시 무슨 뜻인지 알고 있니?

민주: 아. 그 말이 궁금했구나. 민주주의 국가에서는 그림과 같이 대부분 국가의 권력을 입법부, 행정부, 사법부로 나누어 나라 일을 맡도록 하고 있어. 이것을 삼권분립이라고 해.

(1) 위 대화를 읽고 비어 있는 민서의 대사를 완성해 보세요.

이 제도를 실시하는 이유는 _____

_____

(2) 국회는 행정부를 견제하기 위한 많은 권한을 가지고 있습니다. 우리가 했던 '나는 시민이다' 통합수업의 활동 내용들을 떠올리며 국회가 행정부를 견제하기 위하여 할 수 있는 일을 한 가지 이상 적어 보세요.

_____

_____

5. 다음은 민사재판의 한 장면입니다. 재판 내용을 읽고 물음에 답하시오.

특허권 침해에 대한 손해배상 청구 소송

〈사건 개요〉 2013년 초겨울, 대한민국에 치사율 80% 전염병이 발생했다. 온 국민이 공포에 떨며 죽음을 기다리고 있을 때 대한민국의 이 박사가 백신을 개발한다. 하지만 이 박사의 백신 특허권을 갖고 있는 제약회사에서 백신 하나를 1,000만 원에 판매한다. 치료제의 가격이 비싸 돈이 없는 사람은 허망하게 죽는다. 돈이 없어 사람들이 죽는 것을 보다 못한 이 박사의 조수 우 실장은 백신 개발 기술을 일방적으로 공개한다. 다량 생산된 백신으로 수많은 사람들이 치료를 받는다. 사람들이 기쁨에 취해 있을 때 검찰은 우 실장을 특허권 침해사범으로 기소했다. 검찰이 우 실장에게 손해배상액 100억 원을 구형했다.

(중략)

3) 검사의 구형
검사: 재판장님, 피고인이 생명을 살리기 위해 백신을 공개한 것은 좋은 의도였을 것입니다. 하지만 피고인은 이 과정에서 평생을 바쳐 백신 개발에 노력한 이 박사의 동의를 얻지 못했습니다. 이런 행동은 '새롭게 생산된 지식과 정보가 곧 부가가치를 창출할 수 있는 수단이 되기 때문에 독특한 아이디어나 기술은 보호받아야 한다.'라는 특허

권 보호법안 취지에 어긋나는 일입니다. 본 검사는 우 실장의 이 박사에 대한 특허권 침해에 대해 재산상, 윤리상의 책임을 물어 100억의 손해배상을 청구합니다.

4) 변호인의 변론
피고측 변호인: 재판장님, 피고가 이 박사의 특허권을 침해했으나 이는 공공의 이익을 위한 일이었습니다. 지적 재산권의 보호 및 개인의 이익 추구가 국민들의 생명보다 우선시될 수는 없습니다. 이 사건은 많은 국민들의 생명이 관련된 특수한 경우였으며 이 과정에서 피고인은 아무런 이익도 취하지 않았습니다. 그리고 충분히 이 박사에게 미안한 마음을 가지고 있으며 사과도 몇 차례 했습니다. 특수한 상황과 피고인의 선한 의도를 참고하여 현명한 판결을 내려 주시길 부탁드립니다.

5) 피고인의 최후 진술
피고인: 존경하는 재판장님, 제가 특허권을 침해하여 백신 개발 정보를 공개하여 이 박사에게 피해를 끼친 점은 인정하고 미안하게 생각합니다. 하지만 100억 원이라는 손해배상액은 저에게 너무 가혹합니다. 저는 사람들의 생명이 돈보다 더 귀중하다고 생각했습니다. 저 자신의 이익을 위한 행동이 아니었고 백신을 구하지 못해 죽어 가는 많은 국민들을 생명을 살리기 위한 일이었음을 참고하여 판결을 내려주시길 간절하게 부탁드립니다.

6) 판사의 선고
재판장: 이상으로 변론을 마치고 판결을 선고합니다.
_____를 선고합니다.

(1) 다음 판결 예시문을 참고하여 내가 판사라면 어떤 판결을 내릴지 판결문을 써 보세요.

<이진명 판사의 판결문>

본 법정은 피의자 측에 검사측이 제시한 100억 원의 손해배상을 선고합니다. 하지만 범죄의 목적이 선하고 다른 사람들의 생명을 위함이었으므로, 실제 처벌은 의료 관련 봉사 100일로 하고 의료회사에게 지불할 100억 원은 전국민 모금활동으로 모아야 할 것이며 이를 채우지 못했을 경우에는 국가에서 보조합니다. 이상입니다. (땅, 땅, 땅.)

(2) 우리나라는 같은 사건을 지방법원, 고등법원, 대법원의 순서로 세 번까지 재판받을 수 있게 한 제도가 있습니다. 이것을 삼심제도라고 합니다. 이 제도를 실시하는 이유는 무엇일까요?

_____

_____

6. 다음 조건을 참고하여 '민주공화국'으로 5행시를 만들어 보세요.

조건
진정한 '민주주의'에 대한 의미를 담은 내용
참여의 정신과 시민의식이 담긴 내용

민	
주	
공	
화	
국	

5. 세계 여행

1) 통합수업을 시작하며

6학년 2학기 사회 2단원은 '세계 여러 지역의 자연과 문화'이다. 성취 기준은 세계 각 지역의 위치 및 자연적·인문적 특성을 알아보고 지구촌이 되고 있는 세계 속에서 우리가 가져야 할 태도를 생각해 보는 것이다. 2학기 시작 전 진행한 학년 교육과정 워크숍에서 위 내용으로 흥미로운 프로젝트를 진행할 수 있을 거라는 의견이 나왔다. 각 나라의 음식, 의상, 대표 건축물 등 아이들이 흥미로워하는 다양한 주제를 다룰 수 있기 때문이다. 세계 여러 지역의 문화를 어떤 방식으로 가르칠까 고민하다가 각 학급을 세계 여러 나라로 만들어 보자고 했다. 학생들은 자신이 맡은 국가에 대해 발표를 하고 발표를 하지 않을 때는 다른 반으로 가서 그 나라에 대한 수업을 듣는 방식으로 말이다.

3개 학급씩 사용하는 복도를 대륙으로 설정하고 각 복도를 유럽, 아시아, 아프리카와 아메리카로 정했다. 오세아니아 대륙은 포함된 국가가 적어 생략하기로 하였다. 9개 반이 1개씩, 총 9개의 나라만 다루면 체험해 볼 수 있는 나라가 적을 것 같아 학급당 2개 나라를 맡아 총 18개국을 만들어 보자고 결정했다.

학습의 전반적인 흐름은 다음과 같다. ① 학급 내에서 자신이 맡을 나라를 정하고, ② 그 나라에 대한 전문가가 되어 수업을 준비하는 시간을 충분히 갖고, ③ 그리고 정해진 시간표에 따라 각 대륙들을 여행하며 16개의 나라 설명을 들어 보고, ④ 배낭여행 계획 세워 보고, ⑤ 골든 벨 게임 하기이다. 미리 만든 아이들의 여권에 각 학급(나라)의 입국 도장을 받도록 하면서, 이 기간 동안은 교실과 복도 어느 곳이든 세계 여행을 하고 있는 것 같은 기분이 들도록 진행해 보고자 했다.

또, 2학기에 예정된 꿈나무한마당(학예회)을 별도로 진행하지 않고 세계 여행 통합수업과 연결하자고 하였다. 별도의 시간을 내어 연습하고 몇몇 학생들만 무대에 올라가는 전통적인 방식에서 벗어나 각 학급에서 준비한 설명 자료들을 한 자리에서 공유하고 맛있는 음식도 맛볼 수 있는 축제의 시간을 계획하였다.

세계 여행 통합수업 구조도

2) 통합수업 개요

(1) 수업 설계

학년 초 교육과정 회의에서 사회의 2단원을 아이들에게 맡겨 수업을 진행하기로 하였지만, 막상 때가 다가오자 어떻게 진행을 해야 할지, 아이들이 과연 잘 해낼 수 있을지 막막했다. "각 반이 몇 개의 국가를 맡고, 나머지 모든 반이 그 반을 여행하면서 수업을 듣게 하자." "우리나라를 소개하고 여러 나라를 서로 배우는 '회전 수업'을 하자." 정도까지 이야기되어 있었다.

세계 여행 수업을 앞둔 교육과정 회의에서 우리들은 교사가 어느 정도 개입할 것인가를 우선 논의하였다. 아이들에게 전적으로 자유를 준다면 나라 선정, 조사할 영역과 발표 방법을 아이들이 정할 것이고, 교사의 개입 정도를 높인다면 조사할 대상과 형식을 정해 줄 수도 있을 것이다. 전자를 택한다면 아이들의 흥미와 몰입도는 높아질 수 있지만, 다른 반과 국가가 중복될 수 있고 내용 선정이 그 나라의 전체적인 자연, 인문환경을 포용하지 못하고 일부분에 편중될 수 있다는 단점이 있다. 후자를 선택한다면 교사 중심의 수업에서 조사학습을 하고 발표하는 데 그쳐 아이들이 사전 조사를 통해 얻게 되는 지식과 경험을 놓치게 될 것이다. 그래서 우리는 두 경우의 중간 정도에서 아이들의 선택권과 흥미를 유지하며 누락되는 내용이 없도록 대략의 틀을 만들어 제공하기로 하였다.

먼저 국가의 수를 정해야 했다. 한 반 당 한 나라를 한다면 교실 전체에 통일감을 줄 수 있긴 하지만, 28~29명이 한 나라를 발표한다면 내용이 너무 세분화되어 책임감이 떨어질 것이고, 국가의 수도 9개 국가밖에 되지 않아 세계의 다양한 모습을 살피기에 어려움이 있다고 판단했다. 그래서 한 반에서 두 나라를 발표하기로 하고 우리들은 총 18개 국가를 선정하는 작업을 시작했다. 먼저 아시아, 아메리카, 아프리카, 유럽 대륙을 선정하고 각 대륙에서 우리와 밀접한 관계가 있는 나라, 역사 문화적으로 생각할 거리가 있는 나라를 골랐다. 세계에 워낙 많은 국가가 있는 만큼 선정이 쉽지만은 않았다. 오세아니아와 북극해, 남극을 제외하는 과정에서도 큰 고민이 있었다. 독특한 기후와 자연환경을 가지고 있어 다루어야 할 가치는 크지만, 조사할 거리가 충분하지 않을 것이라는 지적이 있었다. 그리고 다룰 가치가 이보다 더 크다고 생각하는 나라가 많아 자연스럽게 빠지게 되었다.

반	대륙	나라	영역
1	아시아	인도, 필리핀	경제(화폐, 특산품, 주요 생산품, 무역), 정치(외교, 우리나라와의 관계, 국가원수, 복지, 인구, 수도 국기)
2		터키	
3		중국, 베트남	
4	아메리카, 아프리카	이집트, 남아공	의상, 음식, 건축
5		미국, 브라질	
6		멕시코, 페루	
7	유럽	영국, 스웨덴	자연환경과 여행지(출입국), 역사, 위인, 동화, 축제(춤, 노래, 놀이, 풍습, 종교)
8		프랑스, 스위스	
9		독일, 이탈리아	

국가를 선정한 후에는 각 반에 조사할 국가를 배정하였다. 이때, 한 통로에 3반씩 묶여 있는 우리 학교 건물의 특성상 각 통로를 대륙으로 잡아 아이들이 지리적 인접성이 있는 곳을 무의식적으로 연결할 수 있도록 하였다. 나라 선정 후에는 각 나라에 관한 정보가 영역별로 고르게 나올 수 있도록 대략적인 내용과 내용에 따른 인원수를 결정하였다. 나라의 기본 정보나 경제, 정치 같은 분야는 작품보다는 설명 위주의 발표가 될 것이기에 4명으로 정하였고, 인문환경 중 일부인 의식주를 4명, 자연환경과 그 나라의 특색을 드러낼 문화를 찾는 팀을 6명으

로 넉넉하게 배정하였다. 또한 의식주에서 아이들이 가장 기대할 '식' 부분은 교실 수업에서 일일이 만들기 어렵다고 생각하여 회전 수업이 끝난 후 강당에서 모여 한바탕 잔치를 벌이기로 결정했다. 그리고 세계 여행의 마무리는 모둠별 세계 골든 벨 퀴즈를 하기로 하였다. 미리 골든 벨을 한다는 사실을 공지해서 열심히 준비하고, 공부할 수 있도록 하기로 했다.

(2) 발표 준비

다음으로는 세계 여행 프로젝트를 시작하면서 아이들의 관심을 이끌어 내고 흥미를 돋우기 위한 수업을 계획하였다. 먼저, 특별 이벤트로 1학기에 교육청 다문화 교육의 일환으로 우리 학교에 왔던 외국인 선생님들을 모셔 이야기를 듣기로 하였다. 교육청을 통해 선생님의 연락처를 물어 인도인 선생님의 강연을 들었다. 사리 같은 의상이나 반디, 인도 화폐 등을 직접 가져와서 보여 주시고, 책에는 나와 있지 않은 인도의 이야기를 실제 인도인에게 들으니 신기했다. 아이들도 무척 집중하는 모습이었다. 가능한 여러 선생님을 섭외하여 아이들과 만나게 해 주고 싶었지만, 여러 여건상 특별 강연은 1회로 마무리되었다.

다음으로는 교실에서 아이들과 지도 위치 찾기 게임을 하였다. 아이들에게 다양한 나라에 대한 관심을 높이고 지리적 감각을 키울 수 있는 간단한 게임이었다. 세계 여러 나라의 음식에 대한 동영상, 죽기 전에 가 봐야 할 50개 풍광 등의 이미지를 준비하여 보여 주었다. 슬라이드가 넘

특별 강연

어갈 때마다 아이들의 감탄이 터져 나왔고, 자신이 알고 있는 내용을 친구들에게 말해 주고 싶어 입이 근질근질한 녀석들도 있었다. 그런 아이들에게는 충분히 말할 수 있게 하여 세계에 대한 서로의 지식을 나누는 기회가 되도록 하였다. 지도 위치 찾기 게임은 두 명당 한 장씩 세계 지도를 나누어 주고 교사가 부르는 나라를 손가락으로 가리키는 단순한 게임이다. 사회과 부도를 처음 받았을 때 누구나 한번쯤 했을 법한 게임이다. 스티커를 나누어 주어 먼저 찾은 아이가 스티커를 떼서 친구의 얼굴에 붙이는 벌칙을 주었더니 게임 시간 내내 웃음이 끊이지 않았다. 인터넷에 있는 세계지도는 너무 자세하고 게다가 출력했을 때 흐려지기 때문에 아이들 수준에 맞추어 그려진 사회과 부도 세계 지도를 활용했다.

각 반에 배정된 컴퓨터 시간을 활용하여 그 반이 맡은 나라에 대해 조사하도록 하였다. 이때 우리 반이 발표하고 싶은 내용, 발표 방식을 고민하여 학교 홈페이지에 올리도록 하면 아이들이 그 나라에 가지고 있는 생각을 알 수 있고, 우리 반이 발표할 형식도 조금 짐작해 볼 수 있다. 컴퓨터 발표와 더불어 책을 통해서 자료 조사를 할 수 있도록 각 국가에 관련된 책을 교사들이 도서관에서 빌려 두거나 구입하여 교실에 비치하였다. 아침 시간이나 점심시간에 한번씩 책을 펼치며 교사가 감탄하는 모습을 보여 주면 아이들이 책을 열심히 보기도 하고, 자기가 맡은 나라에 대한 자부심도 갖는 것 같다.

이렇게 어느 정도 아이들이 그 나라에 대한 공부가 되었다 싶으면 반 전체가 함께 그 나라에 대한 마인드맵을 만든다. 마인드맵을 통해 영역별로 조사할 때 중요하게 다룰 내용을 선정할 수 있었다. 이 과정을 통해 아이들은 '내가 어떤 분야를 조사해 보고 싶다.'라는 마음도 어느 정도 정하게 된다. 반별 나라, 분야 선정은 아이들의 희망에 따르되 교사가 아이들의 특성과 능력을 고려하여 조금씩 변경하기도 하였

학습 주제		차시
초청 강연	인도	1
동기 유발	지도 위치 찾기 게임	1
나라 정하기, 프로젝트 학습 개관		1
컴퓨터실 자료 조사		1
나라별 마인드맵		2
역할 정하기		1
전문가 되기(각 영역)		10
여권 만들기(스탬프)		1
세계 여행 다니기(각 반 교체 수업)		18
정리하기	골든 벨, 배낭여행 계획 짜기	5
	학예회(12월 18일)	4
총 수업 차시		45

다. 어떤 반은 나라와 분야를 칠판에 표로 만들어 놓고 점심시간에 아이들이 원하는 곳에 자기 이름을 쓰도록 했다.

이렇게 완전히 아이들에게 맡길 경우에는 자연스럽게 평소에 잘 참여하지 않는 녀석들이 한곳에 모이게 된다. 이 친구들의 맡은 부분을 채근하느라 교사가 애를 먹기도 했지만, 다른 친구들이 차려 놓은 밥상에 숟가락만 놓는 식으로 참여했던 아이들이 부족하나마 주도적으로 발표했다는 점에 의미가 있었다고 한다.

이렇게 영역이 정해지고 나면 모둠이 모여 계획을 짤 수 있는 시간을 준다. 이때 계획서를 만들어 제출하게 해야 한다. 계획서를 쓰면서 아이들은 자신이 만들 내용을 계획할 수 있고, 필요한 준비물도 정리할 수 있다. 또 교사가 아이들의 누락시킨 부분에 대한 힌트를 주거나 조언을 할 때에도 계획서가 있으면 유용하다. 하지만 아이들은 계획서를 엉성하게 작성하고 무작정 만들기 시작하는 경향이 크다. 그래서 만들다가 허물고 다시 시작하는 경우도 많은데 이때에도 계획서를 바탕으로 교사와 이야기하며 해결해 나갔다.

발표 준비

　이렇게 교사가 할 일은 아이들의 진행 상황을 점검하고 아이들의 힘으로 해결하기 어려운 문제에 대한 실마리를 제공하는 일뿐이다. 하지만 일주일 동안 오후 수업 시간을 아이들에게 온전히 맡기고 있는 일이 쉽지만은 않았다. 자료 조사를 한다며 교사용과 연구실의 컴퓨터는 온종일 아이들의 차지가 되기 일쑤였고 교실은 항상 만들고 있는 작품과 재료들로 어지럽혀 있었다. 필요한 재료는 학교 앞 문구점에서 외상으로 가져다 쓰게 했다. 모둠별로 일정 금액을 정해 주고 필요할 때마다 사서 쓰도록 했다. 아이들이 직접 필요한 것을 골라서 사 오니 한결 수월했다. 최종 수업이 끝난 후 한꺼번에 품의해서 결제하였다. 문구점 사장님도 기꺼이 도와주셔서 별 탈 없이 준비물을 구입할 수 있었다. 지역사회의 도움도 매우 필요하다.

　일주일이 지난 후에는 교실에서 리허설 발표를 시작했다. 자기 영역을 친구들 앞에서 발표하는 것인데, 이때 다른 친구들이 새로운 아이디어를 주거나 고쳤으면 하는 부분에 대한 조언을 해 주었다. 물론 진행이 느린 모둠에 대해서는 교사의 잔소리도 덧붙여진다. 그래서인지 이 발표 전에는 시행착오를 계속하던 아이들이 발표 후 긴장감을 갖고 빠른 속도로 완성해 나가는 모습을 볼 수 있었다. 또 이 이후에는 영역이 아니라 나라별로 모여 발표 콘셉트나 의상 등을 상의하여 일관성 있는 발표가 되도록 하였다.

리허설 발표 후부터 다른 반 친구들이 우리 반을 방문하는 회전 수업에 들어가기 전까지 교사는 학생들의 발표 태도나 방법을 점검해 주어야 한다. 모두가 발표에 참여해야 하기 때문에 평소에 소극적인 친구들도 용기를 내도록 꾸준히 격려했다. 이번 발표는 이 순간만 넘기면 되는 1회성 발표가 아니라 8반에게 모두 발표해야 하는 것이니 우리가 발전하는 기회로 삼자고 말하였다. 이 기간 동안 "목소리 크게, 또박또박, 천천히." 이 말이 교사들의 입을 떠나지 않았다.

(3) 회전 수업

1주는 통로에서 3개 반씩 회전 수업을 하면서 남는 시간에 발표 준비를 보완하였다. 다른 반 수업을 듣고 돌아오면 그 반에서 우리가 배울 점이 무엇인지, 귀에 잘 들어오지 않은 설명은 그 이유가 무엇인지 이야기하면서 자기 반의 발표 내용과 태도를 고쳐 갔다. 그 다음 주에는 본격적인 회전 수업으로 다른 대륙의 수업을 보며 많은 자극을 받기도 하고, 마치 교사가 된 것처럼 아이들에게 설명을 하기도 했다.

이런 수업 방법은 교사 입장에서는 '회전 수업'이지만, 아이들 입장에서는 '세계 여행'이다. 아이들의 여행이 듣고 흘리는 여행이 아니라 의미 있는 시간이 되도록 하기 위해서 또 정말 여행을 하는 기분을 느

회전 수업

아이들 여권

끼게 하기 위해 교사들은 여권을 준비했다. A4 용지 몇 장을 반으로 접어 스테이플러로 찍은 간단한 여권이었지만, 표지를 스스로 꾸미고 필기를 하는 동안 가치 있는 기념품이 되었다. 각 나라는 출입국 관리소라고 쓴 책상을 하나 마련하여 그 나라의 상징을 담은 지우개 스탬프를 여권에 찍어 주었다.

우리 반에 여행 온 낯선 친구들이 한꺼번에 자신을 쳐다보자 처음에는 얼굴에 긴장이 역력했지만, 몇 번의 수업 발표가 반복되자 아이들은 "이제 긴장이 풀린 것 같아요."라며 자신 있는 웃음을 지었다.

회전 수업은 대성공이었다. 여권에 발표 내용을 적어 가며 열심히 듣는 아이들이 대견했다. 교사가 혼자 설명하는 수업과는 비교할 수 없는 생동감이 있었다. 아이들도 선생님도 신나는 수업이었다.

(4) 음식 축제와 골든 벨 퀴즈

세계 여행의 마무리는 음식 축제와 골든 벨 퀴즈 대회였다. 각 나라의 음식을 그대로 재현하기에는 아이들의 능력과 재료, 시설이 뒷받침이 되지 않기에 요리를 간소화하여 만들기로 하였다. 아이들은 자기들이 만들 요리의 조리법을 찾아서 정리하고, 우리가 쉽게 구할 수 있는 재료, 안전하게 조리할 수 있는 방법으로 바꾸었다.

음식 축제

　아이들이 세워온 계획표를 바탕으로 재료는 교사들이 일괄 구입해 주었다. 한 국가가 250명이 넘는 전학생이 먹을 수 있는 음식을 만들기에는 무리가 있어서 각 국가별로 60인분의 음식을 준비하고, 아이들에게는 한 명당 2장의 음식쿠폰을 주어 원하는 음식 2개를 골라 먹도록 진행하였다.

　기존의 골든 벨 퀴즈는 문제의 답이 틀린 학생은 퀴즈 대회에서 제외되는 방식이지만, 그럴 경우 일찍 탈락한 학생은 소외감을 느낄 수 있고, 끝까지 모든 학생이 집중력 있게 참여하기도 어렵다. 그래서 이름은 골든 벨이지만, 모둠별로 맞은 것과 틀린 것을 칠판에 표시하도록 하여 끝까지 모두 참여하도록 하였다. 문제는 모두 아이들이 발표한 내용으로 각 나라에서 2~3문제씩 출제하였다. 한 문제 한 문제 나올 때마다 배웠던 내용을 기억해 내느라 애쓰는 모습이 보기 좋았다.

골든 벨

3) 통합수업 아이들 작품

사우디아라비아의 의상

멕시코의 의상

이탈리아의 밴드

스위스의 밴드

이집트 파라오 역할극

스웨덴의 역할극

중국의 요리 딤섬

베트남의 쌀국수

이집트의 피라미드

에펠탑과 개선문

중국의 천안문

베트남의 하롱베이

터키의 위인 인터뷰

중국의 차 시음 코너

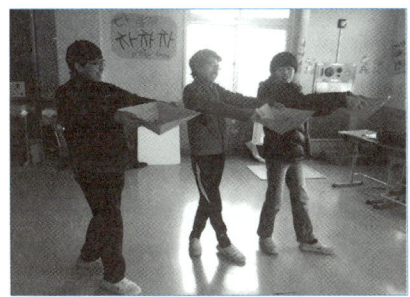

베트남의 모자춤

페루의 춤

독일의 축구게임

중국의 수건돌리기 게임

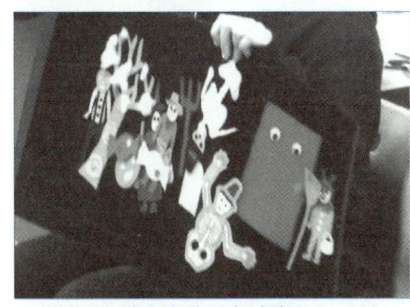

미국의 할로윈 인형극

터키의 인형극

프랑스의 명화 감상

복도의 환영 현수막

4) 통합수업을 마치며

'세계 여행' 주제통합수업은 아이들에게 주도권을 가장 많이 넘긴 수업이었다. 지금까지의 주제통합수업이 교사가 미리 계획하고 아이들이 이에 따라 활동을 하며 배우는 형태였다면 이번 주제통합수업은 계획에서부터 모든 것을 아이들이 구성하며 활동하는 형태였다. 처음 이를 계획할 때는 걱정도 많았다. 모둠 활동에 적극적이지 않은 아이들이 배움에서 소외되지는 않을까, 일부 아이들에 의해서 모든 것이 결정되는 것은 아닐까, 또래 친구들에게 의미 있는 수업을 할 수 있을까…… 하지만 이런 걱정은 잠시 접어 두고 아이들을 믿어 보기로 했다. 역시 아이들은 우리의 기대를 저버리지 않았다. 예상했던 것보다 훨씬 좋았다. 다른 모둠, 다른 반의 계획에서 아이디어를 얻어 더 멋지게 만들기도 했고, 서서 읽어 나가는 발표가 아닌 전체적인 시나리오를 만들어 발표하는 맥락성을 보이기도 했다. 아이들이 한층 성장했음을 느낄 수 있었다.

2주 동안 수업을 준비하는 과정에서 아이들의 무질서함을 지켜보는 것이 힘들기도 했지만 이 무질서함은 가까이서 보면 무엇인가를 만들고 자료를 수집하며 수업을 준비하는 모습이었음을 알 수 있었다. 서로의 의견을 조율하기 위해 애쓰는 모습이 결국 우리가 추구해야 할 교육의 목적이지 않은가!

많이 준비했음에도 또래 친구들에게 수업을 하는 것은 쉬운 일은 아니었다. 자신감이 부족해 목소리가 작아지기도 하고 계획했던 것이 생각나지 않기도 했으며, 예상한 것과 다른 친구들의 반응에 당황하는 모습도 보였다. 하지만 수업을 하면 할수록 자신감을 되찾고 발전했으며 친구들의 수업에 즐겁게 참여하고 집중하는 아이들이 많았다. 또래 친구들에게 좋은 수업을 하기 위해 계속해서 자신들의 수업을 수정하는 모습은 '좋은 수업을 만들기 위해 나는 얼마나 노력했던가?'라는 자기반성을 하게 만들었다.

초등학교를 마무리하기에 '세계 여행'은 매우 적합한 주제였다고 생각한다. 모두 힘을 합쳐 수업을 구성하고 준비하여 실제 수업을 진행하는 경험을 통해 아이들은 얼마나 많은 것을 배웠을까. 또래친구들에게 자신이 준비한 것을 자랑스럽게 보여 주고 가르치는 것도 좋은 경험이었겠지만, 서로의 의견이 맞지 않아 진행이 잘 되지 않고 싸우기도 했던 경험에서도 아이들은 서로의 의견을 조율하는 방법, 함께 협력하여 일을 해결하는 방법 등 많은 것을 배웠을 것이다.

작년 3월 주제통합수업을 처음 접한 아이들은 새로운 수업에 눈을 반짝였고 친구들과 협력하여 활동을 하는 것에 즐거워했다. 하지만 자신들이 주도적으로 수업을 이끌어 나가는 것에 불안감을 느끼기도 했고 친구들과 협력하는 것에 어려움을 겪기도 했다. 이렇게 2년 동안 함께 부대끼며 울고 웃었던 아이들이 많이 성장했음을 세계 여행을 통해 느낄 수 있었다. 교사만이 수업의 주도권을 가지고 있는 것이 아니라 아이들에게 주도권을 나누고 점차 더 많은 주도권을 갖게 하는 것, 그래서 모두가 주인공이 되는 수업 그것이 바로 우리가 꿈꾸는 수업이다. '세계 여행' 주제통합수업을 통해 우리들은 꿈에 한 걸음 더 다가갈 수 있었다. 그리고 우리 아이들도 자신들의 꿈에 한 걸음 더 다가가지 않았을까……

5장

함께 가자 우리 이 길을

어떤 것에 대해 철저히 논했다는 것,
이야기를 나누었다는 것 자체가 충분한 결과이다.
결론이 있어야만 의미가 있는 대화가 아닌 이런 대화가 우정의 대화이며
'우정은 그들이 공통으로 가진 것에 대한' 이런 대화로 구축된다.
_한나 아렌트

취향을 공유하는 사적인 친밀감으로서의 우정이 아니라
공동의 세계를 창조하는 평등한 이들의 우정이 정치를 가능하게 한다.
_엄기호

행복한 1년을 되돌아보며……

교육과정 분야에서 새로운 시도를 하고 있다는 인근 신동초의 이야기를 듣고 힘께하고 싶은 마음에 학교를 옮겼다. 늦깎이로 합류했기에 마음의 준비가 단단히 필요했다. 내 교실에서의 작은 재구성 경험은 있지만, 학년교육과정 전체의 그림을 새롭게 그리는 게 어떤 것일지 가늠이 되지 않았다. '교육과정 재구성'을 직접 실천해 본다는 설렘에 가슴이 뛰기도 했지만 '과연 잘할 수 있을까?' 하는 두려움도 상당했음을 고백한다.

지난 1년은 새로운 생각으로 여러 가지 도전을 하는 선후배 교사들의 눈빛에서 희망, 용기, 위안을 얻는 시간이었다. 지금 돌아보니 좌충우돌했지만 참 소중했던 1년이었다. 앞으로 남은 교직 기간 동안 어지간한 어려움은 이겨낼 수 있는 자신감도 갖게 되었다.

올해 개인적으로 가장 의미 있는 수확은 함께 연구하고 실천·반성하는 과정 속에서 우리 교육이 나가야 할 방향에 대해 고민하게 되었다는 것이다. 내 교실의 내 아이들만 잘 가르치는 것을 넘어 우리 아이들이 어떤 교육을 받고, 어떤 삶을 살아야 하는지 교사로서 소신을 갖게 되었다. 감사할 따름이다.

교육과정을 바라보는 관점에도 변화가 생겼다. 예비 교사 시절부터 "교과서는 하나의 참고자료다."라고 배웠고, 새로운 교육과정이 발표될 때마다 같은 말을 반복해서 들었지만 쉽게 실천하지 못하고 있었다. 그러나 이제는 두렵지 않다. 교과서는 하나의 자료일 뿐이라고 아이들에게도 학부모들에게도 당당히 말할 수 있게 되었다. 신념을 갖고 당당히 실천하는 교사가 되었다고나 할까?

열심히 주제통합수업을 하면서도 "선생님! 공부는 언제 해요?"라고 묻는 아이들! 다양한 방법으로 즐겁게 공부하는 모습에 흐뭇해하면서도 막상 "중학교에 진학해서 뒤처지는 것은 아닐까?" 불안감을 갖는 학부모들! 학기가 끝날 때마다 왠지 모르게 허전하고 교과서의 마지막 장을 넘겨야만 진짜 학기가 끝난 것 같은 경험을 가지고 있는 교사들! 이러한 선입견과 불안감은 극복되어야 한다.

학교는 배움이 일어나는 곳이고, 그 배움은 즐거워야 한다. 진정한 내적 동기가 생겼을 때 학습 효과는 엄청나다. '자기 주도적 학습'이란 스스로 배움의 필요를 느껴 즐겁게 공부하는, 그리고 서로 도우면서 나눔을 실천하는 것이라는 것을 새삼 느꼈다.

지난 1년을 돌아보면 우리의 시도가 결코 어려운 일이 아니었기에 다른 학교에서도 특색을 살린 다양한 교육과정 재구성 시도가 이루어지길 바란다. 나아가 초등 교사들이 교육과정 전문성을 키우고 교육과정 개정과 교과서 집필에서 우리의 목소리를 높일 수 있기를 바란다.

우리 교육의 패러다임은 서서히 바뀌어야 하고 학교는 교육의 본질을 찾아가야 한다. 학교는 선발 효과보다는 아이들의 성장 그 자체를 중시해야 하고, 우리가 지향하는 교육철학은 경쟁이 아닌 협력이어야 한다. 그래야만 아이들에게 그들만의 삶을 돌려줄 수 있다. 공교육을 제자리로 돌려놓기를 위해서는 찾아가는 다양한 방법이 있을 것이고, 다양한 모색과 실천이 이어질 것이다. 우리의 실천이 민들레 홀씨가 되어 교육의 패러다임을 긍정적으로 변화시키는 데 조금이라도 도움이 되기를 소망해 본다.

졸업식을 앞둔 하루 전날 학부모로부터 편지 한 통을 받았다.
정말 감사한 내용의 편지이기에 학부모님의 동의를 얻어 책에 싣기로 했다.

선생님께

'처음'이 만드는 기억의 발자국은 나이가 들수록 더 깊어지고 선명해지는 것 같습니다. 그 처음이 자신의 분신인 아이를 통해서 경험한 것이라면 더욱 그러할 것입니다.

내일이면 첫아이인 여름이가 졸업을 합니다. 처음 맞았던 생일, 걱정과 설렘으로 보냈던 입학, 그리고 어느덧 6년의 세월이 지나 졸업식장에 서는 여름이, 여름이는 우리 부부에게 늘 잊을 수 없는 '처음'을 선물해 준 소중한 아이입니다.

이제 내일이면 여름이가 졸업을 합니다. 곧 중학생이 되지만 키는 그의 별명인 '도토리'만큼이나 작네요. 하지만 정신의 키는 그때의 부모보다도 훨씬 큰 것 같습니다. 선생님 덕분입니다. 졸업시즌에 지나가는 바람처럼 가볍게 건네는 인사치레가 아닙니다. 지난 2년 씨앗 학년의 교육과정을 관심 있게 지켜본 학부모가 마음을 담아 드리는 말씀입니다. 선생님의 아름다운 도전과 뜨거운 열정이 여름이와 신동 아이들의 마음밭에 더불어 살아가는 따뜻한 마음과 세상을 보는 정직한 눈이라는 소중한 씨앗을 뿌려 주셨습니다. 이제 그 씨앗이 싹이 트고 꽃이 피고 열매를 맺게 하는 것은 가정과 상급 학교를 비롯한 교육공동체의 몫이겠지요.

선생님에 대한 고마움과 감사함을 편지로 전합니다.

움츠렸던 민들레 홀씨가 기지개를 켜는 여름 같은 늦겨울에
여름이 엄마, 아빠

저자 소개

열 사람의 한 걸음

'함께 꾸는 꿈은 현실이 된다'는 희망을 품고 모인 전주신동초 교사들의 모임. 2012년 5학년에서 학년 단위의 교육과정 개발을 시작하였고, 2013년에는 6학년에서 주제통합수업을 개발하였다. 아이들이 주인공이 되는 수업을 만들고 싶은 열정으로 똘똘 뭉쳐 희망을 일구고 있다.

이윤미

벌떡윤미. 불의를 못 참는 자타공인 벌떡 교사이자 호랑이 부장. 따뜻하고 주변을 잘 챙기는 신동의 안방마님으로 신규 교사도 울고 갈 체력과 에너지를 지닌 40대.

서정아

팜파정아. 전입해 눈물의 적응기를 거치고 이제는 아이들과 교사들의 사랑을 독차지하는 팜프파탈 매력녀.

노현주

세심현주. 강해 보이는 외모 안에 세심함과 부드러움이 숨겨진 외강내유형 교사.

정남주

새침남주. 내숭100단에 낯가리는 여자. 회식 자리에서 술 마시는 척하며 안 마시는 게 특기. 알고 보면 정과 사랑이 넘치고 만남과 배움을 사랑하는 솔직털털 교사.

이우익

돌쇠우익. 텃밭 일 같은 궂은 일 전문. '마중물' 야학 교장쌤을 겸직 중. 덩치와는 달리 다정다감하고 꼼꼼한 교사.

이길화

골골길화. 폭발적인 에너지는 없지만 '골골 팔십'으로 위안하는 느림보 교사. 특기는 상대방을 방심시켰다가 날카로운 시선으로 맥을 못 추게 만드는 질문 던지기!

하늘빛

덜렁늘빛. 과제 내는 건 꼴찌. 지각횟수는 1등. 그러나 애교와 반짝이는 아이디어로 쌤들의 사랑을 독차지하는 막내.

박미영

똘똘미영. 얼핏 보면 똘똘해 보이지만 자세히 보면 허당. 열정을 불태우다가도 저질 체력에 시들거리는 롤러코스터형 교사.

원혜진

꼼꼼혜진. 시멘트 다리도 두드려 보고 건너는 고양이형 교사. 바른 생활 아가씨. 하지만 의외로 속상한 일은 금세 털어버리는 쿨한 면도 있음.

송민주

시끌민주. 평소엔 조용하다가도 애들 이야기만 나오면 엄청 시끄러워지는 천상 교사. 동영상을 제작하는 솜씨로는 방송국에 가야 할 재주 많은 교사.

박현혜

동안현혜. 아이들 눈높이에 맞추어 신나게 놀고 공부하는 최강 동안 교사.

정광순

씨크광순. 냉철한 이미지의 소유자. 하지만 마음은 따뜻한 경상도 아낙네. 조용한 카리스마로 분위기를 평정하는 우리들의 멘토 교수님.

삶의 행복을 꿈꾸는 교육은 어디에서 오는가?

미래 100년을 향한 새로운 교육   혁신교육을 실천하는 교사들의 **필독서**

▶ 교육혁명을 앞당기는 배움책 이야기
혁신교육의 철학과 잉걸진 미래를 만나다!

한국교육연구네트워크 총서

 01 핀란드 교육혁명
한국교육연구네트워크 엮음 | 320쪽 | 값 15,000원

 02 일제고사를 넘어서
한국교육연구네트워크 엮음 | 284쪽 | 값 13,000원

 03 새로운 사회를 여는 교육혁명
한국교육연구네트워크 엮음 | 380쪽 | 값 17,000원

 04 교장제도 혁명
한국교육연구네트워크 엮음 | 268쪽 | 값 14,000원

 05 새로운 사회를 여는 교육자치 혁명
한국교육연구네트워크 엮음 | 312쪽 | 값 15,000원

 06 혁신학교에 대한 교육학적 성찰
한국교육연구네트워크 엮음 | 308쪽 | 값 15,000원

 07 진보주의 교육의 세계적 동향
한국교육연구네트워크 엮음 | 324쪽 | 값 17,000원
2018 세종도서 학술부문

 08 더 나은 세상을 위한 학교혁명
한국교육연구네트워크 엮음 | 404쪽 | 값 21,000원
2018 세종도서 교양부문

 09 비판적 실천을 위한 교육학
이윤미 외 지음 | 448쪽 | 값 23,000원

 10 마을교육공동체운동:
세계적 동향과 전망
심성보 외 지음 | 376쪽 | 값 18,000원

 혁신학교
성열관·이순철 지음 | 224쪽 | 값 12,000원

 행복한 혁신학교 만들기
초등교육과정연구모임 지음 | 264쪽 | 값 13,000원

 서울형 혁신학교 이야기
이부영 지음 | 320쪽 | 값 15,000원

 혁신교육, 철학을 만나다
브렌트 데이비스·데니스 수마라 지음
현인철·서용선 옮김 | 304쪽 | 값 15,000원

한국교육연구네트워크 번역 총서

 01 프레이리와 교육
존 엘리아스 지음 | 한국교육연구네트워크 옮김
276쪽 | 값 14,000원

 02 교육은 사회를 바꿀 수 있을까?
마이클 애플 지음 | 강희룡·김선우·박원순·이형빈 옮김
356쪽 | 값 16,000원

 03 비판적 페다고지는
세상을 변화시킬 수 있는가?
Seewha Cho 지음 | 심성보·조시화 옮김 | 280쪽 | 값 14,000원

 04 마이클 애플의 민주학교
마이클 애플·제임스 빈 엮음 | 강희룡 옮김 | 276쪽 | 값 14,000원

 05 21세기 교육과 민주주의
넬 나딩스 지음 | 심성보 옮김 | 392쪽 | 값 18,000원

 06 세계교육개혁:
민영화 우선인가 공적 투자 강화인가?
린다 달링-해먼드 외 지음 | 심성보 외 옮김 | 408쪽 | 값 21,000원

 07 콩도르세, 공교육에 관한 다섯 논문
니콜라 드 콩도르세 지음 | 이주환 옮김 | 300쪽 | 값 16,000원

 대한민국 교사, 어떻게 가르칠 것인가?
윤성관 지음 | 320쪽 | 값 15,000원

 아이들을 어떻게 가르칠 것인가
사토 마나부 지음 | 박찬영 옮김 | 232쪽 | 값 13,000원

 모두를 위한 국제이해교육
한국국제이해교육학회 지음 | 364쪽 | 값 16,000원

 경쟁을 넘어 발달 교육으로
현광일 지음 | 288쪽 | 값 14,000원

혁신교육 존 듀이에게 묻다
서용선 지음 | 292쪽 | 값 14,000원

 다시 읽는 조선 교육사
이만규 지음 | 750쪽 | 값 33,000원

 대한민국 교육혁명
교육혁명공동행동 연구위원회 지음 | 224쪽 | 값 12,000원

 독일 교육, 왜 강한가?
박성희 지음 | 324쪽 | 값 15,000원

  핀란드 교육의 기적
한넬레 니에미 외 엮음 | 장수명 외 옮김 | 456쪽 | 값 23,000원

 한국 교육의 현실과 전망
심성보 지음 | 724쪽 | 값 35,000원

▶ 비고츠키 선집 시리즈
발달과 협력의 교육학 어떻게 읽을 것인가?

 생각과 말
레프 세묘노비치 비고츠키 지음
배희철·김용호·D. 켈로그 옮김 | 690쪽 | 값 33,000원

 도구와 기호
비고츠키·루리야 지음 | 비고츠키 연구회 옮김
336쪽 | 값 16,000원

 어린이 자기행동숙달의 역사와 발달 I
L.S. 비고츠키 지음 | 비고츠키 연구회 옮김
564쪽 | 값 28,000원

 어린이 자기행동숙달의 역사와 발달 II
L.S. 비고츠키 지음 | 비고츠키 연구회 옮김
552쪽 | 값 28,000원

 어린이의 상상과 창조
L.S. 비고츠키 지음 | 비고츠키 연구회 옮김
280쪽 | 값 15,000원

 비고츠키와 인지 발달의 비밀
A.R. 루리야 지음 | 배희철 옮김 | 280쪽 | 값 15,000원

 수업과 수업 사이
비고츠키 연구회 지음 | 196쪽 | 값 12,000원

 비고츠키의 발달교육이란 무엇인가?
비고츠키교육학실천연구모임 지음 | 412쪽 | 값 21,000원

 비고츠키 철학으로 본 핀란드 교육과정
배희철 지음 | 456쪽 | 값 23,000원

 성장과 분화
L.S. 비고츠키 지음 | 비고츠키 연구회 옮김
308쪽 | 값 15,000원

 연령과 위기
L.S. 비고츠키 지음 | 비고츠키 연구회 옮김
336쪽 | 값 17,000원

 의식과 숙달
L.S 비고츠키 | 비고츠키 연구회 옮김
348쪽 | 값 17,000원

 분열과 사랑
L.S. 비고츠키 지음 | 비고츠키 연구회 옮김
260쪽 | 값 16,000원

 성애와 갈등
L.S. 비고츠키 지음 | 비고츠키 연구회 옮김
268쪽 | 값 17,000원

 관계의 교육학, 비고츠키
진보교육연구소 비고츠키교육학실천연구모임 지음
300쪽 | 값 15,000원

 비고츠키 생각과 말 쉽게 읽기
진보교육연구소 비고츠키교육학실천연구모임 지음
316쪽 | 값 15,000원

 교사와 부모를 위한 비고츠키 교육학
카르포프 지음 | 실천교사번역팀 옮김 | 308쪽 | 값 15,000원

▶ 살림터 참교육 문예 시리즈
영혼이 있는 삶을 가르치는 온 선생님을 만나다!

 꽃보다 귀한 우리 아이는
조재도 지음 | 244쪽 | 값 12,000원

 성깔 있는 나무들
최은숙 지음 | 244쪽 | 값 12,000원

 선생님이 먼저 때렸는데요
강병철 지음 | 248쪽 | 값 12,000원

 서울 여자, 시골 선생님 되다
조경선 지음 | 252쪽 | 값 12,000원

아이들에게 세상을 배웠네
명혜정 지음 | 240쪽 | 값 12,000원

 밥상에서 세상으로
김흥숙 지음 | 280쪽 | 값 13,000원

 우물쭈물하다 끝난 교사 이야기
유기창 지음 | 380쪽 | 값 17,000원

 행복한 창의 교육
최창의 지음 | 328쪽 | 값 15,000원

 북유럽 교육 기행
정애경 외 14인 지음 | 288쪽 | 값 14,000원

▶ 4·16, 질문이 있는 교실 마주이야기
통합수업으로 혁신교육과정을 재구성하다!

 통하는 공부
김태호·김형우·이경석·심우근·허진만 지음
324쪽 | 값 15,000원

 내일 수업 어떻게 하지?
아이함께 지음 | 300쪽 | 값 15,000원
2015 세종도서 교양부문

 인간 회복의 교육
성래운 지음 | 260쪽 | 값 13,000원

 교과서 너머 교육과정 마주하기
이윤미 외 지음 | 368쪽 | 값 17,000원

 수업 고수들 수업·교육과정·평가를 말하다
박현숙 외 지음 | 368쪽 | 값 17,000원

 도덕 수업, 책으로 묻고 윤리로 답하다
울산도덕교사모임 지음 | 320쪽 | 값 15,000원

 체육 교사, 수업을 말하다
전용진 지음 | 304쪽 | 값 15,000원

 교실을 위한 프레이리
아이러 쇼어 엮음 | 사람대사람 옮김 | 412쪽 | 값 18,000원

 마을교육공동체란 무엇인가?
서용선 외 지음 | 360쪽 | 값 17,000원

 교사, 학교를 바꾸다
정진화 지음 | 372쪽 | 값 17,000원

 함께 배움
학생 주도 배움 중심 수업 이렇게 한다
니시카와 준 지음 | 백경석 옮김 | 280쪽 | 값 15,000원

 공교육은 왜?
홍섭근 지음 | 352쪽 | 값 16,000원

 자기혁신과 공동의 성장을 위한
교사들의 필리버스터
윤양수·원종희·장군·조경삼 지음 | 280쪽 | 값 14,000원

 미래교육의 열쇠, 창의적 문화교육
심광현·노명우·강정석 지음 | 368쪽 | 값 16,000원

 주제통합수업, 아이들을 수업의 주인공으로!
이윤미 외 지음 | 392쪽 | 값 17,000원

 수업과 교육의 지평을 확장하는 수업 비평
윤양수 지음 | 316쪽 | 값 15,000원
2014 문화체육관광부 우수교양도서

 교사, 선생이 되다
김태은 외 지음 | 260쪽 | 값 13,000원

 교사의 전문성, 어떻게 만들어지나
국제교원노조연맹 보고서 | 김석규 옮김 392쪽 | 값 17,000원

 수업의 정치
윤양수·원종희·장군 지음 | 280쪽 | 값 14,000원

 학교협동조합,
현장체험학습과 마을교육공동체를 잇다
주수원 외 지음 | 296쪽 | 값 15,000원

 거꾸로 교실,
잠자는 아이들을 깨우는 수업의 비밀
이민경 지음 | 280쪽 | 값 14,000원

 교사는 무엇으로 사는가
정은균 지음 | 292쪽 | 값 15,000원

 마음의 힘을 기르는 감성수업
조선미 외 지음 | 300쪽 | 값 15,000원

 작은 학교 아이들
지경준 엮음 | 376쪽 | 값 17,000원

 아이들의 배움은 어떻게 깊어지는가
이시이 준지 지음 | 방지현·이창희 옮김 | 200쪽 | 값 11,000원

 대한민국 입시혁명
참교육연구소 입시연구팀 지음 | 220쪽 | 값 12,000원

함께 배움 이렇게 시작한다
니시카와 준 지음 | 백경석 옮김 | 196쪽 | 값 12,000원

 함께 배움 교사의 말하기
니시카와 준 지음 | 백경석 옮김 | 188쪽 | 값 12,000원

 교육과정 통합, 어떻게 할 것인가?
성열관 외 지음 | 192쪽 | 값 13,000원

 학교 혁신의 길, 아이들에게 묻다
남궁상운 외 지음 | 272쪽 | 값 15,000원

 프레이리의 사상과 실천
사람대사람 지음 | 352쪽 | 값 18,000원
2018 세종도서 학술부문

 혁신학교, 한국 교육의 미래를 열다
송순재 외 지음 | 608쪽 | 값 30,000원

 페다고지를 위하여
프레네의 『페다고지 불변요소』 읽기
박찬영 지음 | 296쪽 | 값 15,000원

 노자와 탈현대 문명
홍승표 지음 | 284쪽 | 값 15,000원

 선생님, 민주시민교육이 뭐예요?
염경미 지음 | 244쪽 | 값 15,000원

 어쩌다 혁신학교
유우석 외 지음 | 380쪽 | 값 17,000원

 미래, 교육을 묻다
정광필 지음 | 232쪽 | 값 15,000원

 대학, 협동조합으로 교육하라
박주희 외 지음 | 252쪽 | 값 15,000원

 입시, 어떻게 바꿀 것인가?
노기원 지음 | 306쪽 | 값 15,000원

 촛불시대, 혁신교육을 말하다
이용관 지음 | 240쪽 | 값 15,000원

 라운드 스터디
이시이 데루마사 외 엮음 | 224쪽 | 값 15,000원

 미래교육을 디자인하는 학교교육과정
박승열 외 지음 | 348쪽 | 값 18,000원

 흥미진진한 아일랜드 전환학년 이야기
제리 제퍼스 지음 | 최상덕·김호원 옮김 | 508쪽 | 값 27,000원

 교사를 세우는 교육과정
박승열 지음 | 312쪽 | 값 15,000원

 전국 17명 교육감들과 나눈
교육 대담
최창의 대담·기록 | 272쪽 | 값 15,000원

 들뢰즈와 가타리를 통해
유아교육 읽기
리세롯 마리엣 올슨 지음 | 이연선 외 옮김 | 328쪽 | 값 17,000원

 학교 민주주의의 불한당들
정은균 지음 | 276쪽 | 값 14,000원

 교육과정, 수업, 평가의 일체화
리사 카터 지음 | 박승열 외 옮김 | 196쪽 | 값 13,000원

 학교를 개선하는 교장
지속가능한 학교 혁신을 위한 실천 전략
마이클 풀란 지음 | 서동연·정효준 옮김 | 216쪽 | 값 13,000원

 공자던, 논어는 이것이다
유문상 지음 | 392쪽 | 값 18,000원

 교사와 부모를 위한
발달교육이란 무엇인가?
현광일 지음 | 380쪽 | 값 18,000원

 교사, 이오덕에게 길을 묻다
이무완 지음 | 328쪽 | 값 15,000원

 낙오자 없는 스웨덴 교육
레이프 스트란드베리 지음 | 변광수 옮김 | 208쪽 | 값 13,000원

 끝나지 않은 마지막 수업
장석웅 지음 | 328쪽 | 값 20,000원

 경기꿈의학교
진흥섭 외 지음 | 360쪽 | 값 17,000원

 학교를 말한다
이성우 지음 | 292쪽 | 값 15,000원

 행복도시 세종, 혁신교육으로 디자인하다
곽순일 외 지음 | 392쪽 | 값 18,000원

 나는 거꾸로 교실 거꾸로 교사
류광모·임정훈 지음 | 212쪽 | 값 13,000원

 교실 속으로 간 이해중심 교육과정
온정덕 외 지음 | 224쪽 | 값 13,000원

 교실, 평화를 말하다
따돌림사회연구모임 초등우정팀 지음 | 268쪽 | 값 15,000원

폭력 교실에 맞서는 용기
따돌림사회연구모임 학급운영팀 지음 | 272쪽 | 값 15,000원

학교자율운영 2.0
김용 지음 | 240쪽 | 값 15,000원

그래도 혁신학교
박은혜 외 지음 | 248쪽 | 값 15,000원

학교자치를 부탁해
유우석 외 지음 | 252쪽 | 값 15,000원

학교는 어떤 공동체인가?
성열관 외 지음 | 228쪽 | 값 15,000원

국제이해교육 페다고지
강순원 외 지음 | 256쪽 | 값 15,000원

교사 전쟁
다나 골드스타인 지음 | 유성상 외 옮김 | 468쪽 | 값 23,000원

미래교육, 어떻게 만들어갈 것인가?
송기상·김성천 지음 | 300쪽 | 값 16,000원

인공지능 시대의 사회학적 상상력
홍승표 지음 | 260쪽 | 값 15,000원

선생님, 페미니즘이 뭐예요?
염경미 지음 | 280쪽 | 값 15,000원

혁신교육지구와 마을교육공동체는 어떻게 만들어지는가?
김태정 지음 | 376쪽 | 값 18,000원

시민, 학교에 가다
최형규 지음 | 260쪽 | 값 15,000원

▶ 교과서 밖에서 만나는 역사 교실
상식이 통하는 살아 있는 역사를 만나다

전봉준과 동학농민혁명
조광환 지음 | 336쪽 | 값 15,000원

교과서 밖에서 배우는 역사 공부
정은교 지음 | 292쪽 | 값 14,000원

남도의 기억을 걷다
노성태 지음 | 344쪽 | 값 14,000원

팔만대장경도 모르면 빨래판이다
전병철 지음 | 360쪽 | 값 16,000원

응답하라 한국사 1·2
김은석 지음 | 356쪽·368쪽 | 각권 값 15,000원

빨래판도 잘 보면 팔만대장경이다
전병철 지음 | 360쪽 | 값 16,000원

즐거운 국사수업 32강
김남선 지음 | 280쪽 | 값 11,000원

영화는 역사다
강성률 지음 | 288쪽 | 값 13,000원

즐거운 세계사 수업
김은석 지음 | 328쪽 | 값 13,000원

친일 영화의 해부학
강성률 지음 | 264쪽 | 값 15,000원

강화도의 기억을 걷다
최보길 지음 | 276쪽 | 값 14,000원

한국 고대사의 비밀
김은석 지음 | 304쪽 | 값 13,000원

광주의 기억을 걷다
노성태 지음 | 348쪽 | 값 15,000원

조선족 근현대 교육사
정미량 지음 | 320쪽 | 값 15,000원

선생님도 궁금해하는 한국사의 비밀 20가지
김은석 지음 | 312쪽 | 값 15,000원

다시 읽는 조선근대 교육의 사상과 운동
윤건차 지음 | 이명실·심성보 옮김 | 516쪽 | 값 25,000원

걸림돌
키르스텐 세룹-빌펠트 지음 | 문봉애 옮김
248쪽 | 값 13,000원

음악과 함께 떠나는 세계의 혁명 이야기
조광환 지음 | 292쪽 | 값 15,000원

역사수업을 부탁해
열 사람의 한 걸음 지음 | 388쪽 | 값 18,000원

논쟁으로 보는 일본 근대 교육의 역사
이명실 지음 | 324쪽 | 값 17,000원

 진실과 거짓, 인물 한국사
하성환 지음 | 400쪽 | 값 18,000원

 우리 역사에서 사라진 근현대 인물 한국사
하성환 지음 | 296쪽 | 값 18,000원

 꼬물꼬물 거꾸로 역사수업
역모자들 지음 | 436쪽 | 값 23,000원

 다시, 독립의 기억을 걷다
노성태 지음 | 320쪽 | 값 16,000원

 한국사 리뷰
김은석 지음 | 244쪽 | 값 15,000원

 경남의 기억을 걷다
류형진 외 지음 | 564쪽 | 값 28,000원

▶ 더불어 사는 정의로운 세상을 여는 인문사회과학
사람의 존엄과 평등의 가치를 배운다

 밥상혁명
강양구·강이현 지음 | 298쪽 | 값 13,800원

 도덕 교과서 무엇이 문제인가?
김대용 지음 | 272쪽 | 값 14,000원

 자율주의와 진보교육
조엘 스프링 지음 | 심성보 옮김 | 320쪽 | 값 15,000원

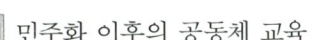
 민주화 이후의 공동체 교육
심성보 지음 | 392쪽 | 값 15,000원
2009 문화체육관광부 우수학술도서

 갈등을 넘어 협력 사회로
이창언·오수길·유문종·신윤관 지음 | 280쪽 | 값 15,000원

 동양사상과 마음교육
정재걸 외 지음 | 356쪽 | 값 16,000원
2015 세종도서 학술부문

 교과서 밖에서 배우는 철학 공부
정은교 지음 | 280쪽 | 값 14,000원

 교과서 밖에서 배우는 사회 공부
정은교 지음 | 304쪽 | 값 15,000원

 교과서 밖에서 배우는 윤리 공부
정은교 지음 | 292쪽 | 값 15,000원

 한글 혁명
김슬옹 지음 | 388쪽 | 값 18,000원

 우리 안의 미래교육
정재걸 지음 | 484쪽 | 값 25,000원

 왜 그는 한국으로 돌아왔는가?
황선준 지음 | 364쪽 | 값 17,000원

 좌우지간 인권이다
안경환 지음 | 288쪽 | 값 13,000원

 민주시민교육
심성보 지음 | 544쪽 | 값 25,000원

 민주시민을 위한 도덕교육
심성보 지음 | 500쪽 | 값 25,000원
2015 세종도서 학술부문

 교과서 밖에서 배우는 인문학 공부
정은교 지음 | 280쪽 | 값 13,000원

 오래된 미래교육
정재걸 지음 | 392쪽 | 값 18,000원

 대한민국 의료혁명
전국보건의료산업노동조합 엮음 | 548쪽 | 값 25,000원

 교과서 밖에서 배우는 고전 공부
정은교 지음 | 288쪽 | 값 14,000원

 전체 안의 전체 사고 속의 사고
김우창의 인문학을 읽다
현광일 지음 | 320쪽 | 값 15,000원

 카스트로, 종교를 말하다
피델 카스트로·프레이 베토 대담 | 조세종 옮김
420쪽 | 값 21,000원

 일제강점기 한국철학
이태우 지음 | 448쪽 | 값 25,000원

 한국 교육 제4의 길을 찾다
이길상 지음 | 400쪽 | 값 21,000원

 마을교육공동체 생태적 의미와 실천
김용련 지음 | 256쪽 | 값 15,000원

▶ 평화샘 프로젝트 매뉴얼 시리즈
학교폭력에 대한 근본적인 예방과 대책을 찾는다

 학교폭력 어떻게 만들어지는가
문재현 외 지음 | 300쪽 | 값 14,000원

 아이들을 살리는 동네
문재현·신동명·김수동 지음 | 204쪽 | 값 10,000원

 학교폭력, 멈춰!
문재현 외 지음 | 348쪽 | 값 15,000원

 평화! 행복한 학교의 시작
문재현 외 지음 | 252쪽 | 값 12,000원

 왕따, 이렇게 해결할 수 있다
문재현 외 지음 | 236쪽 | 값 12,000원

 마을에 배움의 길이 있다
문재현 지음 | 208쪽 | 값 10,000원

 젊은 부모를 위한 백만 년의 육아 슬기
문재현 지음 | 248쪽 | 값 13,000원

 별자리, 인류의 이야기 주머니
문재현·문한 외 지음 | 444쪽 | 값 20,000원

 우리는 마을에 산다
유양우·신동명·김수동·문재현 지음 | 312쪽 | 값 15,000원

 동생아, 우리 뭐 하고 놀까?
문재현 외 지음 | 280쪽 | 값 15,000원

 누가, 학교폭력 해결을 가로막는가?
문재현 외 지음 | 312쪽 | 값 15,000원

▶ 남북이 하나 되는 두물머리 평화교육
분단 극복을 위한 치열한 배움과 실천을 만나다

 10년 후 통일
정동영·지승호 지음 | 328쪽 | 값 15,000원

 선생님, 통일이 뭐예요?
정경호 지음 | 252쪽 | 값 13,000원

 분단시대의 통일교육
성래운 지음 | 428쪽 | 값 18,000원

 김창환 교수의 DMZ 지리 이야기
김창환 지음 | 264쪽 | 값 15,000원

 한반도 평화교육 어떻게 할 것인가
이기범 외 지음 | 252쪽 | 값 15,000원

▶ 창의적인 협력 수업을 지향하는 삶이 있는 국어 교실
우리말 글을 배우며 세상을 배운다

 중학교 국어 수업 어떻게 할 것인가?
김미경 지음 | 340쪽 | 값 15,000원

 토론의 숲에서 나를 만나다
명혜정 엮음 | 312쪽 | 값 15,000원

 토닥토닥 토론해요
명혜정·이명선·조선미 엮음 | 288쪽 | 값 15,000원

 인문학의 숲을 거니는 토론 수업
순천국어교사모임 엮음 | 308쪽 | 값 15,000원

  어린이와 시
오인태 지음 | 192쪽 | 값 12,000원

 수업, 슬로리딩과 함께
박경숙 외 지음 | 268쪽 | 값 15,000원

 언어던
정은균 지음 | 268쪽 | 값 15,000원

 민촌 이기영 평전
이성렬 지음 | 508쪽 | 값 20,000원

참된 삶과 교육에 관한
생각 줍기